中国基本经济制度的理论创新与演进历程

马立政 著

上海社会科学院出版社

CONTENTS 目录

第一章　导论 ·· 001
　　第一节　研究对象、背景、价值与意义 ······························· 002
　　第二节　研究思路与研究框架 ·· 005
　　第三节　主要创新点和不足 ··· 009

第二章　文献综述 ·· 012
　　第一节　国外相关研究 ··· 013
　　第二节　国内相关研究 ··· 015
　　第三节　相关研究的价值与不足 ·· 032

第三章　中国特色社会主义基本经济制度理论 ························· 036
　　第一节　中国特色社会主义基本经济制度的实践历程 ·········· 037
　　第二节　中国特色社会主义基本经济制度理论的孕育
　　　　　　和形成 ··· 043
　　第三节　基本经济制度理论考察 ·· 045
　　第四节　中国特色社会主义基本经济制度的理论机制 ·········· 048
　　第五节　基本经济制度理论的模型构建 ······························ 059
　　第六节　中国特色社会主义基本经济制度理论的普遍意义 ···· 082

第四章　基本经济制度指标体系研究 ······································· 086
　　第一节　科学构建基本经济制度指标体系 ·························· 088

第二节　中国基本经济制度指标体系的优化 …………………… 094
第三节　基本经济制度指数计算 ………………………………… 099
第四节　中国基本经济制度演进趋势 …………………………… 104
第五节　中国基本经济制度指数的结论 ………………………… 118

第五章　中国省域基本经济制度实证研究 ………………………………… 125
第一节　中国省域基本经济制度体系相关指数测算 …………… 126
第二节　中国省域基本经济制度体系比较 ……………………… 133
第三节　中国省域基本经济制度变迁的最优路径 ……………… 148

第六章　基本经济制度框架下国有企业发展逻辑探析 …………………… 152
第一节　新中国 70 多年国有企业实践历程 …………………… 153
第二节　国有企业在中国社会主义实践的贡献 ………………… 160
第三节　新时代中国共产党国有企业改革逻辑 ………………… 167
第四节　新时代深化国有企业改革的思考 ……………………… 182

第七章　中国基本经济制度演进趋势预测 ………………………………… 188
第一节　预测方法介绍 …………………………………………… 189
第二节　GM(1, 1)预测模型介绍 ………………………………… 192
第三节　运用 GM(1, 1)模型预测 ………………………………… 195
第四节　中国基本经济制度演进趋势预测结果的特征
　　　　与分析 …………………………………………………… 198

第八章　结论、建议与展望 ………………………………………………… 205
第一节　本书的主要结论 ………………………………………… 205
第二节　相关政策建议 …………………………………………… 212
第三节　展望 ……………………………………………………… 217

参考文献 ……………………………………………………………………… 219

第一章

导　论

改革开放以来,中国逐步探索出以公有制为主体,多种所有制经济共同发展的所有制形态。中国基本经济制度的所有制形态不同于以欧美资本主义为代表的以私有制为主体,他种所有制经济共同发展;也不同于以苏联为代表的完全公有制经济条件下的所有制形态。可以说,中国改革开放以来所取得的一切成绩都是建立在基本经济制度的基础之上。基本经济制度是经济制度的核心,其不仅决定着经济制度,也深刻影响着非基本经济制度。相对于中国基本经济制度的日趋完善,基本经济制度理论的相关研究还比较缺乏。尤其是,一方面基本经济制度产生于中国,国外的相关研究很少;另一方面国内的相关研究也处于起步阶段,对基本经济制度的整体研究还鲜有涉及,国内诸多研究通常注重于中国基本经济制度中的某一个要点,比如:公有制经济的主体地位如何衡量,不同所有制经济的效率比较,基本经济制度的原因,等等。特别是在针对中国基本经济制度实证研究的文献,几乎都是运用工业数据。虽然工业数据相对比较全面,能够刻画不同所有制经济的特征,但随着经济的发展,第三产业比重不断上升,再局限于工业数据的实证研究就显得不那么科学严谨了。当前,鲜见对中国基本经济制度体系进行研究的文献。那么中国基本经济制度的运行机制是什么?中国基本经济制度的理论依据是什么?中国基本经济制度的演进趋势又是怎样?显然,解答这些重要的问题,需要从基本经济制度体系着手,通过理论模型的构建进行论证,进而通过实证模型进行验证与模拟。

改革开放以来,中国经济取得了举世瞩目的成就,截至2021年年末,中国经济总量已经突破110万亿元,人均突破8万元,经济总量位居世界第二。中国的改革涉及方方面面,但其中最为核心、最为关键的改革是经济制度的改革。在经济制度改革的进程中,中国又逐步探索出具有中国特色的基本经济制度。实践层面,在中国经济不断增长、综合国力不断增强和人民生活水平不断提高的过程中,基本经济制度起到了十分重要的作用;理论层面,中共十八届三中全会指出,基本经济制度是中国特色社会主义制度的重要支柱,也是社会主义市场经济体制的根基。

不管是从实践视角还是从理论视角,对基本经济制度理论和其演变过程的研究都是具有重要意义的。特别是中共十九届四中全会将基本经济制度内涵拓展至所有制、收入分配制度和社会主义市场经济三个维度之后,对基本经济制度的理论与实践的研究就更具有必要性。当前,中国基本经济制度的实践历程比较清晰,但基本经济制度的运行机制还很模糊,关键的逻辑脉络又相对复杂。因此,本书主要从两个方面对中国基本经济制度进行深入的研究:一方面是从经济理论上严格论证中国基本经济制度的科学性;另一方面是构建基本经济制度指标体系,进而测算出中国基本经济制度指数,用以描述中国基本经济制度的演进趋势。本书通过上述两方面的研究,从理论层面论证了中国基本经济制度的逻辑脉络,从实证层面描述了中国基本经济制度的演进趋势,并在实证层面进一步研究了中国省域层面贯彻基本经济制度的情况。

第一节 研究对象、背景、价值与意义

一、研究对象与背景

(一) 研究对象

在原社会主义阵营中,苏联、东欧、南斯拉夫、匈牙利等国没有很好地解决基本经济制度的相关问题,最终导致这些国家的经济体制改革出现这样或者那样的问题。纵观全球,以欧美为代表的资本主义国家也没有提出基本经济制度理论,但不代表现实中没有基本经济制度。资本主义国家的所有制形态就是私有制为主体,他种所有制经济共同发展,这种所有制形态在工业革命以

来的资本主义时期中取得了很多成绩。苏联解体以后,社会主义发展遇到了诸多困难。在此背景下,以美国为代表的欧美资本主义试图输出其制度及价值观——政治上民主制、经济上市场经济、思想上自由化。西方国家试图将这些制度和价值观移植到东欧与阿拉伯国家,在东欧国家通过颜色革命进行移植,在阿拉伯国家通过"阿拉伯之春"进行移植,还试图在苏联输出其价值观。但实践证明,这种经济制度并不符合这些转型国家的实际情况,纷纷以失败而告终。在试图输至中国时,遇到了中国道路的抵制,结果证明中国的模式是成功的。进而树立了中国理论自信、道路自信、制度自信和文化自信。与此同时,随着社会化大生产的推进,以私有制为主体的所有制形态产生了越来越多的问题,相比而言,中国的基本经济制度却逐渐取得了很多成绩。所以本书才会将中国基本经济制度作为研究对象,进行中国基本经济制度实证研究。

(二)研究背景

本书的研究背景包括客观背景和主观背景。

就全球的客观背景而言,以中美贸易战和英国脱欧为标志,全球化出现不明朗的前景,逆全球化趋势抬头。与此同时,中国正在积极推进以"一带一路"、举办国际进口博览会、打造人类命运共同体等为标志的新型经济全球化。在全球化的进程中,基本经济制度的理念也会进一步得到发展与传播。从国内的客观背景来看,改革开放后,随着经济的发展,主要矛盾也逐渐发生变化,能够解决主要矛盾的关键制度是中国基本经济制度。在新时代,以五位一体和四个全面为代表的国家总体布局和战略布局,同样需要在中国特色社会主义思想指导下持续推进,因此仍然需要研究根本的制度,特别是基本经济制度。因此,不论是从全球背景还是国内背景来说,基本经济制度的研究都意义重大。

当前,学界研究的主观背景是:第一,西方经济学遇到危机。不论是边际效用理论、经济政策理论还是新制度经济学理论等,这些理论都没办法解释中国的发展模式。它们不能从理论上论证中国式的民主、中国特色社会主义市场经济和中国先进文化的思想。西方经济理论在政治上民主制、经济上市场经济、思想上自由化,在与中国模式的交锋过程中出现理论失灵,这是西方经济理论不得不面临的问题,而基本经济制度正是解答这一问题的关键因素。第二,随着经济发展,中国经济规模不断增大,相应发展的硕果累累。客观上就需要经济理论创新,特别是经济制度中的核心——基本经济制度的创新。基本经济制度偶然在中国出现,其实践的发展已经远远超越了相关理论的进展。因此,这些都迫切需要学者从实践中逐步提炼出中国基本经济制度理论,进而推广至基本经济制度理论。所以说,对基本经济制度的研究,不仅有利于指导今后中国基本经济制度实践,也有利于其他经济体运用基本经济制度理论解决他们所面临的问题。

二、研究价值与意义

(一) 理论价值

对中国基本经济制度的研究其理论价值主要体现在以下几个方面:

第一,通过理论研究,理顺了中国基本经济制度理论的逻辑脉络。以公有制为主体,多种所有制经济共同发展的基本经济制度形成不是一蹴而就的,是随着中国实践不断演化,实践与理论螺旋推进的。目前,对中国基本经济制度理论的研究明显滞后于实践的进展。本书通过构建基本经济制度一般静态模型和一般动态模型,理顺了中国基本经济制度的逻辑脉络,对中国基本经济制度理论的升华与飞跃奠定了理论基础,为基本经济制度在全球范围内的传播与运用提供了理论依据。

第二,通过实证研究,证明了中国基本经济制度理论的科学性。相对于其他方面的实证研究,中国基本经济制度的实证研究一直没有质的飞跃,其研究不能突破的主要瓶颈就是没有一个统一的分析工具与方法,不能有效刻画出中国基本经济制度的特征。本书构建的基本经济制度指标体系填补了这一空白,为今后关于基本经济制度的实证研究提供了一种有效的、规范的实证分析方法。

第三,总结改革开放以来中国基本经济制度的演进规律。对中国基本经济制度的研究有利于阐明中国基本经济制度不断演变的过程,在不同的发展阶段通过基本经济制度指数的比较分析,挖掘出中国基本经济制度变迁路径及其动力源泉。

第四,科学预测中国基本经济制度的演进趋势。依据中国基本经济制度指数的演进规律,本书构建了基本经济制度预测模型,预测中国基本经济制度在近期、中远期的演化趋势,进而论证中国基本经济制度对于"两个一百年"奋斗目标的重要性和对于国家安全、稳定和风险防范的重要性。

第五,这一研究方法和分析工具还可以用于不同地区,甚至全球主要经济体的基本经济制度研究,可以与国际主要经济体的基本经济制度进行量化的比较,从而验证中国基本经济制度的科学性和优越性。

(二) 实践意义

第一,通过对中国基本经济制度的实证研究,有力论证了中国道路的正确性。

第二,在科学描绘出中国基本经济制度变迁的基础上,对中国道路的正确性的宣传与解释提供了理论支撑。

第三,为中央及地方政府制订相关经济政策提供依据。

第四,为基本经济制度在不同行业、地区贯彻奠定了理论基础。

第二节 研究思路与研究框架

一、研究思路

当前,对中国基本经济制度的研究一般侧重于以下四个方面:中国基本经济制度的合理性研究(以"三个有利于"作为判断标准);不同所有制经济占比的测量,特别是针对公有制经济主体地位的测量;不同所有制经济的效率、贡献等方面的比较分析;中国基本经济制度的实践历程。

本书的研究主要集中于中国基本经济制度运行机制的研究和逻辑脉络的梳理两方面,侧重于将经济学理论模型定性分析和计量经济学实证模型定量分析方法作为研究的重点,本书的研究思路按照以下脉络逐层展开:

第一,本书首先对中国基本经济制度的实践历程进行归纳,在探寻中国基本经济制度的实践过程中抽丝剥茧。在这部分的阐述过程中,我们主要从整体层面的角度认知中国基本经济制度的孕育和形成。在此基础上,进一步提出本书研究的几个主题:(1)所有制作为基本经济制度的核心,秉持什么样的所有制理念,就对应什么样的基本经济制度模式,理顺了基本经济制度的思想脉络。(2)中国基本经济制度的运行机制是什么?如何从理论上证明中国基本经济制度理论的合理性和科学性?(3)在理论论证的基础上,对中国基本经济制度进行实证分析。(4)在理论和实证研究的基础上,深入研究中国不同地区基本经济制度的贯彻情况,进而探究出中国不同省域基本经济制度最优的变迁路径。(5)科学认知中国基本经济制度框架下公有制经济的主体地位,回应现实中的几个重大问题。(6)在论证了基本经济制度作为一般规律的基础上,进一步对中国基本经济制度的演进趋势进行预测。

第二,在明确了具体的研究内容后,本书对国内外学者的相关研究进行了梳理和归纳。通过相关文献的梳理,汲取相关研究的重要理论成果,弥补相关研究的不足,在此基础上确定本书的研究主题和方法。

第三,本书对基本经济制度理论、实证和运用三方面的内容进行了深入的研究。在此过程中分别构建了基本经济制度一般静态模型和一般动态模型,构建了基本经济制度指标体系。在此基础上运用中国改革开放以来的相关数据计算了中国基本经济制度指数,并利用理论与实证的分析框架研究了基本经济制度在中国不同省域的运用状况。在理论推演和实证验证基础上,最后对中国基本经济制度的演进趋势进行了科学的预测。

第四,在基本经济制度理论、实证和运用三方面研究基础上,本书阐明了中国基本经济制度的运行机制,理顺了中国基本经济制度的逻辑脉络,针对基本经济制度的进一步完善和其在不同省域的贯彻提出了相关建议。

二、研究框架

第一章导论明确了研究的主题,依据所研究的主题提出了研究的对象、背景、价值和意义。

第二章是文献综述,围绕本书研究的主题,以及深入研究的需要,详细归纳了中国基本经济制度的相关研究进展,为本书的研究奠定了基础。

第三章是基本经济制度理论部分,通过对中国基本经济制度的实践与理论的升华,构建了具有一般意义的基本经济制度模型,进而对基本经济制度一般静态模型进行拓展,进一步构建了基本经济制度一般动态模型。通过理论模型,对典型的几种基本经济制度进行了比较分析。

第四章,以中国为例,在基本经济制度理论基础上对中国基本经济制度进行实证研究。本书构建了基本经济制度指标体系,并运用中国改革开放以来的数据进行相关研究。

第五章是省域基本经济制度的实证研究,深入研究了中国省域基本经济制度的具体特征,并在此基础上探索了中国不同省域基本经济制度最优的变迁路径。

第六章是基于中国基本经济制度框架下,对当前中国国有企业发展的状况进行分析,以更好地阐明为什么公有制经济占主体地位。

第七章对中国基本经济制度演进趋势进行预测,通过界定乐观、基准、保守三种情景,运用GM(1,1)模型,对"两个一百年"奋斗目标期间的中国基本经济制度演进趋势进行了预测和分析,论证了基本经济制度对于实现"两个一百年"奋斗目标的重要性。

第八章指出本书得出的关于中国基本经济制度的几个重要结论,并提出了相关建议和展望。

本书的研究框架如下图所示:

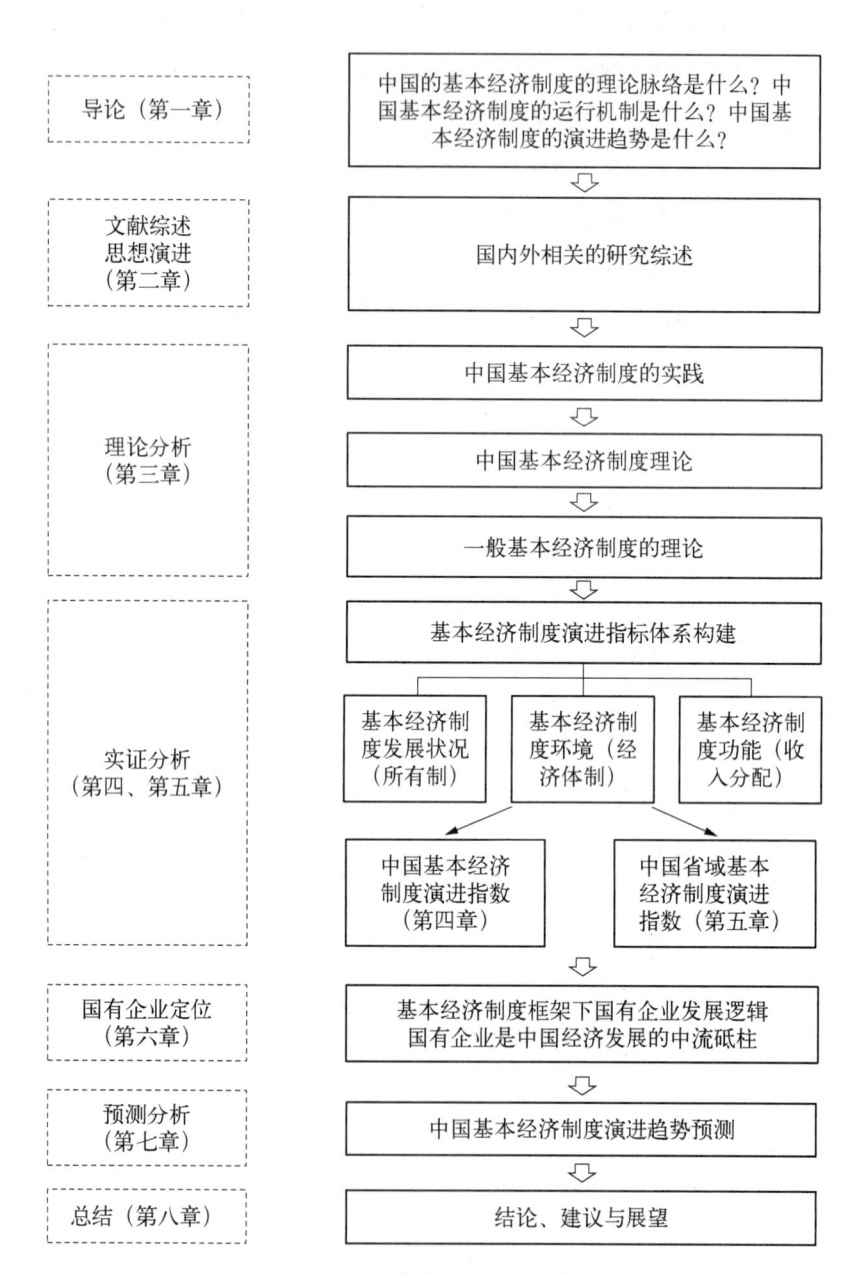

导论（第一章）	中国的基本经济制度的理论脉络是什么？中国基本经济制度的运行机制是什么？中国基本经济制度的演进趋势是什么？
文献综述 思想演进（第二章）	国内外相关的研究综述
理论分析（第三章）	中国基本经济制度的实践 → 中国基本经济制度理论 → 一般基本经济制度的理论
实证分析（第四、第五章）	基本经济制度演进指标体系构建：基本经济制度发展状况（所有制）、基本经济制度环境（经济体制）、基本经济制度功能（收入分配）→ 中国基本经济制度演进指数（第四章）、中国省域基本经济制度演进指数（第五章）
国有企业定位（第六章）	基本经济制度框架下国有企业发展逻辑 国有企业是中国经济发展的中流砥柱
预测分析（第七章）	中国基本经济制度演进趋势预测
总结（第八章）	结论、建议与展望

图1-1 本书的研究框架示意图

第三节　主要创新点和不足

一、本书的创新点

（一）研究视角的创新

当前对中国基本经济制度的研究一般都是从以下四个视角进行研究：

第一，从"三个有利于"的视角出发，即是否有利于发展社会主义社会的生产力，是否有利于增强社会主义国家的综合国力，是否有利于提高人民的生活水平。[①] 此类视角的研究更多地关注基本经济制度的功效。

第二，从公有制主体经济的视角出发，主要关注公有制主体地位的测算。

第三，从不同所有制经济比较分析的视角出发，通过对不同所有制经济的经济效率、创新、就业等多方面进行比较分析。

第四，侧重于基本经济制度的实践轨迹和文件文献梳理的视角。但对于基本经济制度的运行机制和逻辑脉络的研究几乎没有，本书的创新就是致力于对运行机制的阐述和对逻辑脉络的梳理。

基本经济制度在所有制层面的着力点应该是两方面：公有制经济的主体地位；多种所有制经济共同发展。本书认为研究视角应该侧重于"发展"，没有发展，公有制经济的主体地位就没有任何价值，没有发展，多种所有制经济共存就是一个悖论。因此，本书认为，从"发展"的视角研究基本经济制度更为恰当，不仅没有脱离前人的四个研究视角，而且在理论上更加深化。那么，不同所有制经济发展的必要条件是什么？不同所有制经济发展的目的是什么？从"发展"的视角而言，不同所有制经济发展的必要条件就是优越的基本经济制度环境，不同所有制经济发展的目的就是基本经济制度功能的实现。

本书创造性地从"发展"视角对基本经济制度进行研究，就会自然而然延伸至基本经济制度环境和基本经济制度功能，进而也就创造性地形成了"基本

[①] 邓小平.在武昌、深圳、珠海、上海等地的谈话要点[M]//邓小平.邓小平文选：第3卷.北京：人民出版社，1993：372.

经济制度体系"。本书并将这种具有一般意义的基本经济制度理论体系结合中国的具体国情进行了进一步的优化,将基本经济制度发展与所有制维度相对应,将基本经济制度环境与社会主义市场经济体制相对应,以及将基本经济制度功能与收入分配相对应。

(二)理论与实证模型的创新

本书在基本经济制度理论模型层面的创新是在"发展"视角的基础上,创造性地从不同基本经济制度的生产要素配置层面进行研究。本书将生产要素在典型的基本经济制度的条件下进行排序,进而对创造的国民收入进行比较分析,构建出了"三位一体"的基本经济制度一般静态模型,此模型能够对不同类型基本经济制度进行比较分析。在基本经济制度一般静态模型的基础上,本书进一步构建出了基本经济制度一般动态模型,深入研究了在不同类型基本经济制度相互转化的前置条件与转化的可行性,而且在基本经济制度一般动态模型中引入非经济因素,推论出基本经济制度诱致性制度变迁和强制性制度变迁需要满足的条件。

本书在基本经济制度实证模型层面的创新依然是在"发展"视角的基础上,强调了基本经济制度不是孤立的,其应属于基本经济制度体系,这样一个体系包括三个维度:基本经济制度发展状况、环境和功能。并且,本书在这三个维度的基础上首创了基本经济制度指标体系。在此基础上,结合中国国情进行优化后,进而以中国数据为例,利用熵权法计算了中国基本经济制度体系的各级指数,构建了中国基本经济制度指数。本书在中国基本经济制度指数的基础上,又运用GM(1,1)模型,创造性地对中国基本经济制度的演进趋势进行了模拟。

(三)基本经济制度运用的创新

基本经济制度可以在不同产业、不同地区进行贯彻。在理论模型和实证模型的基础上,本书首次对中国省域基本经济制度进行了研究,梳理了中国省域基本经济制度的典型特征。本书首创性地将中国不同省域的基本经济制度按照一定标准分为三大类:基本经济制度发达区,基本经济制度发展区和基本经济制度待发展区,并在此基础上,结合不同基本经济制度类型的特征,探究了中国不同省域基本经济制度最优的变迁路径,为不同省域基本经济制度的进一步完善提供理论支撑和政策工具。

二、本书的不足

本书的不足主要体现在三个方面。

第一,由于中国统计数据结构的不完全,本书没能将中国基本经济制度的演进趋势进行完整的测算。

第二,同样由于受到数据结构和研究精力的限制,本书的基本经济制度实证研究还未涉及国际比较。

第三,对于中国基本经济制度在不同区域的贯彻,本书的相关研究目前着力于省域层面。由于受到数据结构的限制,我们没有能够更进一步地研究中国基本经济制度在各大城市的贯彻情况。

针对以上研究的不足,笔者将在今后的研究中进行改进。首先,尽全力补齐中国基本经济制度历史轨迹研究;其次,对国际主要的基本经济制度类型进行实证研究和比较分析;最后,深入研究主要城市中国基本经济制度的贯彻情况并探究其特征。

第二章

文献综述

基本经济制度属于经济制度的子集,经济制度又属于制度的子集,由此基本经济制度的文献以制度的研究作为起点。制度经济学有两条发展主线:一是从德国历史学派到旧制度经济学再到新制度经济学;二是从空想社会主义到马克思主义政治经济学。道格拉斯·诺斯认为,制度是一系列被制定出来的规则、程序和行为的道德伦理规范,对个体进行约束。以诺斯为代表的经济学家更多的是从法律和自由的视角,将制度作为经济增长的内生变量,他们所研究的经济制度对经济增长产生激励。[1] 马克思主义经济学中的制度范畴包括两个方面:一是作为经济制度的生产关系,如产权、所有制理论等;二是与经济制度相适应的上层建筑,如国家理论、意识形态理论等。[2] 瑞典学派的林德贝克在《新左派政治经济学》一书中研究了各个国家的经济制度,他指出,一种经济制度就是用来就某一地区内的生产、投入和消费作决定并完成这些决定的一整套的机制和组织结构。作者通过八个方面对经济制度进行了概括:决策的结构、资源配置机制、财产的所有权归属、商品分配机制、调动积极性的刺激制度、人与人之间非竞争的合作关系的制度、企业之间竞争和垄断的制度、经济开放性制度。[3] 阿兰·格鲁奇提出制度是构成统一整体的各个项目相互依存或相互影响的综合体或图式,认为经济制度的核心是资源分配,指出:"如果资源的配置是以市场为基础,通过竞争使得供给与需求匹配,客观上就要求私有财产、承认自由贸易和通过法律保护契约;同理,如果资源的配置是

---

[1] 道格拉斯·C.诺斯.制度、制度变迁与经济绩效[M].刘守英,译.北京:生活·读书·新知三联书店,1994:3-4、226.
[2] 马克思,恩格斯.马克思恩格斯选集:第2卷[M].北京:人民出版社,1995:32-33.
[3] 阿萨·林德贝克.新左派政治经济学[M].北京:商务印书馆,2013.

以计划为导向,则必然要求资源被征服或集团掌握,以行政命令等方式调节;还存在介于这两种经济制度之间的国家。"①

研究者很少专门研究基本经济制度,他们研究的框架一般是从制度出发,大多止步于经济制度。张兴茂(2001)《制度、经济制度与基本经济制度》指出经济制度研究忽视了经济制度本质的不同,这是其理论的局限。生产资料所有制处于最基本的层次,它决定了它的法律表现形式是产权制度,而产权制度则对资源配置的调节机制产生影响。

基本经济制度的核心和基础就是所有制,马克思认为,所有制是对生产条件的所有权,"所有制是对他人劳动力的支配"②。因此,所有制是在劳动的过程中规定稀缺的劳动条件隶属关系的制度。中国基本经济制度是公有制为主体、多种所有制经济共同发展,自中共十五大以来,一直强调"两个毫不动摇",必须毫不动摇巩固和发展公有制经济,毫不动摇鼓励、支持、引导非公有制经济发展。

第一节 国外相关研究

国外的相关研究一般不提及基本经济制度,但是所有制作为基本经济制度中的重要因素,国外一直都有相关研究。

关于所有制经济思想的起源可以追溯到20世纪的讨论。以奥地利学派的自由主义经济学家米塞斯和哈耶克为代表,认为公有制经济不可能存在充分的竞争,公有制体制下的企业家没有激励捕捉市场中的机会,经济的发展就会遇见问题。但以布鲁斯(1989)为代表的经济学家认为,生产资料所有制是一种通过人对物的关系,特别是对物质生活条件的再生产过程中物质要素的关系实现的社会关系。其中,社会利益的实现程度、方式和社会对生产资料有效支配的联系形式,是不同所有制的根本区别,也是社会主义生产资料的社会

---

① Gruchy、Allan Garfield、徐节文、王连生. 比较经济制度[M]. 北京:中国社会科学出版社,1985.
② 马克思,恩格斯. 马克思恩格斯选集:第1卷[M]. 北京:人民出版社,1972:37.

所有制与公有制即传统国家所有制的差别所在。① 其主张实现公有制、市场机制和经济效率的统一,进而解决兰格模型的微观基础缺陷。萨缪尔森则认为,要建立以国有经济和私有经济混合形成的混合经济(也指计划与市场两种手段的混合)。

国外有关公有制存在的理论依据主要是市场失灵理论,市场失灵理论的研究主要围绕公共物品、外部效应、垄断、风险和不确定性等方面,代表人物主要有斯蒂格勒(1971)、加尔布雷思(1977)、萨缪尔森(1985)、斯特恩(1991)、科勒(1992)等。除了市场失灵理论之外,产权理论、不完全竞争理论、委托代理理论等,都对公有制经济的存在进行了相关研究。在国外的相关研究中,一般分为三大类。第一类是对于公有制经济的效率提出质疑,其中有代表性的就是 Megginson and Netter J M(2001)研究指出的,国企私有化有利于提高效率,且在财务绩效方面表现优越;Domberger S, Piggott J(2010)研究认为,从所有权视角出发,国有企业实现经济效率最大化目标的可能比较低。第二类是对于公有制经济合理性的研究,相关代表就是 Scott J(1991),他指出,哪怕是在资本主义国家,企业的非个人占有由来已久;Laffont and Tirole(1993)研究指出,某些条件下纯粹公有制比私有制更有利,比如在私有制出现垄断或者寡占时;Hart and Vishny(1997)以不完全契约的视角研究指出,当存在某些特定条件时,比如:成本控制规定不详尽、服务品质创新不重要等,政府自营的效率更高;Yair Aharoni(2000)认为,国有企业追求的是社会福利最大化,或者说其目标是多样性的,因此应该采取社会会计方法,不应只关注经济效率;哈佛大学教授 Roe M J(2003)研究指出,那些在政治上利益相关者利益高于私人财产权的国家容易形成集中的所有权体制。第三类是认为没有最优所有制形式,比如 Boardman and Vining(1989)研究指出,私有企业绩效略高于国有企业,但除了竞争性行业之外,效果不是十分明显;David Parker(2004)总结英国私有化的经验发现,引入竞争比改变所有权重要;Sappington and Stiglitz(1987)和 Cook and Fabella(2002)研究认为,不存在抽象的最优所有制形式。

---

① 布鲁斯(Brus, W.).社会主义的所有制与政治体制[M].郑秉文,等,译.北京:华夏出版社,1989.

第二节　国内相关研究

国内对中国基本经济制度的研究根植于中国多种所有制经济并存的实践，也根植于对马克思、恩格斯关于所有制的理论、苏联国家所有制、南斯拉夫自治的社会所有制、匈牙利改良的国家所有制等历史经验和教训的借鉴和吸收。早在1985年董辅礽就提出了"董氏八宝饭理论"和"董氏市场经济公式"，主张民企、国企和外企要并存、要混合。中国学界的研究主要集中在以下领域。

一、对中国基本经济制度理论的初步探讨

国内对中国基本经济制度的研究主要基于中国多种所有制经济并存的实践，在研究的过程中，一部分主要利用马克思、恩格斯关于所有制的理论和苏联斯大林模式的国家所有制理论，也有一部分学者利用当前主流经济学的相关理论、制度经济学的理论等。中国学界的研究主要集中在以下领域。

（一）社会主义初级阶段中国基本经济制度的理论基础

对中国基本经济制度的理论探讨离不开当时的客观发展环境，在改革开放初期，我国尚处于社会主义初级阶段，生产力不发达，单一公有制不适合当时中国国情，需要调整和完善所有制结构以推动社会主义市场经济发展和现代化建设，此类观点的代表人物有：张卓元(1997)、李玉堂(2000)、孙运福(2002)、宋醒民(2003)、汤在新(2004)、卫兴华、胡若痴(2009)、胡钧(2009)、李成勋(2010)、张乾元(2010)、孙蚌珠(2011)和汤在新(2014)。也有学者从所有制演变的辩证规律出发，剥离出所有制功能的概念，提出只有从所有制功能出发才能深刻认识和把握社会主义初级阶段的基本经济制度，如：张文魁(2003)、李正图(2005，2008)等。程言君(2009)指出，单一公有制和新自由主义，都可能葬送中国特色社会主义伟大事业，建构中国特色社会主义成熟型基

本经济制度是重要而迫切的历史任务;宗寒(2010)提出,我国人口多,人均生产力低,生产力水平具有不同层次,城乡地区之间严重不平衡,决定了我们不能实行单一公有制,必须支持鼓励和引导多种所有制经济共同发展;Bai C E, Li D D, Tao Z, et al.(2000)、郭洪涛(2011)从社会责任的角度出发,论证了以公有制为主,多种所有制共同发展的基本经济制度的合理性。

(二) 步入新时代后中国坚持基本经济制度的理论原则

郑志国(2014)认为,坚持和完善基本经济制度是全面深化改革的重要任务,也是牵引各方面改革的关键环节。基本经济制度现有内容表述为公有制为主体、多种所有制经济共同发展,反映了现阶段生产力对所有制结构和形式的要求,应当毫不动摇地坚持和完善。但是,现有内容没有全面反映生产力的基本要求,未能完整体现社会主义根本原则,存在一定的扩容空间。

李太淼(2015)提出公有制为主体、多种所有制经济共同发展的基本经济制度,是中国特色社会主义制度的重要支柱,也是社会主义市场经济体制的根基。基本经济制度与传统社会主义单一公有制之间既有一定联系又有重大区别;基本经济制度与资本主义经济制度之间既有共同之处又有本质区别;以公有制为主体与多种所有制经济共同发展之间,存在着相互依存、相互促进、不可或缺、不可替代的辩证关系。

杨承训(2016)认为,我国生产力发展水平较低且不平衡,不能违背生产关系一定要适合生产力发展水平的经济规律,因而其基本经济制度为:以公有制为主体,多种成分共同发展。同时,应该注意的是,非公有经济具有两重性,不能对其政治经济上的分化视而不见,不能对其违法行为听之任之,更不能受其腐蚀受贿贪污,形成一股冲击社会主义的暗流。

李淑和李松龄(2017)提出,建设社会主义市场经济需要发展生产力,需要确立多元化的市场主体,需要保证社会主义性质、方向和道路,需要兼顾我国的基本国情,因而设计和确立起社会主义基本经济制度。对相对剩余价值理论的深化认识,能够揭示以公有制为主体、多种经济成分共同发展的内在逻辑和理论依据。

周新城(2019)认为,社会主义初级阶段基本经济制度的确立,是我国经济体制改革的重大成果,是社会主义所有制理论的重大突破和创新。它是中国共产党几代领导集体把马克思主义基本原理同中国具体实际相结合的理论成果,是马克思主义揭示的生产力与生产关系相互之间的原理,是从社会主义初级阶段的实际出发提出来的。公有制是社会主义制度的基本特征,反映所有制结构的基本经济制度是一个社会的制度体系的基础。

(三) 中国基本经济制度演进的结构特征与理论拓展

龚三乐、王胤奎(2020)从基本经济制度的结构性变迁角度,开拓性理解、阐析中国特色社会主义基本经济制度新概括。中国特色社会主义基本经济制度的结构性变迁,涵括3个基本事实:源于苏联模式的中国社会主义基本经济制度的构建、基本经济制度的改革探索、中国特色社会主义基本经济制度的初步完善。基本经济制度的结构性变迁是基于生产力持续进步、生产关系不断完善的经济制度完善过程,是基于生产关系与生产力矛盾从冲突到协调的制度设计和完善过程,是推动、引领中国特色社会主义经济建设理论持续发展的过程。

葛扬(2019)认为,中国共产党从所有制的角度提出两个毫不动摇到两个都是的判断,体现了我们党在理论上对社会主义初级阶段基本经济制度的深化,通过构建新型政商关系、推动两个健康对基本经济制度进行了理论拓展,将混合所有制经济作为基本经济制度重要实现形式进行理论突破。所有这些,不仅推进了基本经济制度理论的发展,而且为新时代中国特色社会主义砥砺前行提供了根本制度保障。

裴晓鹏(2019)认为,中国特色社会主义基本经济制度的演变逻辑是:充分吸取所有制调整的教训,准确定位我国的基本国情,深刻认识社会主义本质,以生产关系要适应生产力发展为客观依据,以解放和发展生产力为目的,以共同富裕为价值追求,最终科学地确立了社会主义初级阶段基本经济制度。我国发展的实践证明,初级阶段基本经济制度是适应我国生产力发展的。

二、所有制层面的论证

(一) 公有制与非公有制效率研究

在理论探讨的基础上,许多学者还深入研究了与中国基本经济制度密切相关的公有制与非公有制。

一般研究认为,公有制的效率低于非公有制的效率,其主要体现在生产效率[李响(1996),刘伟、李绍荣(2001),贺聪、尤瑞章(2008),张铁男、刘爱丽、徐莹莹(2012)]、技术创新能力[吴延兵(2014),李长青、周伟铎、姚星(2014),李占芳、许静(2015)]、生产率影响差异及企业出口竞争力[田敏、刘海云(2014)]、产业集聚水平[关利欣(2014)]、资本配置效率[曲三省(2015)]等方面。

还有学者从多个角度对公有制与私有制之间进行了对比,如:任毅、丁黄艳(2014)研究指出,国有及国有控股工业企业在体制等因素的作用下使得规模效率要优于私营工业企业,部分区域私营工业出现规模相对过大的情况;两者的管理水平都不理想,均未能对企业经济效率的提升发挥持续稳定的贡献作用;私营工业企业技术创新效率在整体上要强于国有及国有控股工业企业,在时间序列上比后者具有更好的稳定性。刘瑞(2014)研究指出,国企成功是因其制度优势:不把利润最大化当作唯一经营目的,具有内在的组织协调性和利益共同体,采取了市场经济通行的治理方式即两权分离下的委托代理制。但国企成功不等于已近完美,还要通过混合所有制继续市场化。发展混合所有制经济可以满足国企和民企各自不同的需要;混合经营公司引导和改造民间资本,可以增强我国经济实力;将利益内部化,可以降低国资与民资的外部利益冲突;可以避开国际垄断资本政治集团对我国企业加入经济全球化的打压限制。

王国平(1992)指出,公有产权是否具有效率的优势,这是必须予以澄清的,否则,坚持公有产权就成了单纯的信念需要,而不是遵循社会发展的客观规律。郑美华(2004)指出,当考虑到信息不对称时,只要发展充分竞争的市场结构、清晰界定现有公有产权的结构、建立完善的诚信制度和法律制度以及促进信息传递,公有产权同样可以实现高效率增长。王小文(2000)在分析公有产权与经济效率内涵的基础之上,详细考察了现有公有产权的经济效率,并认为只要清晰地界定现有公有产权的结构、发展充分竞争的市场结构、国家对公有产权实施有效的保护,公有产权同样可以实现高效率的增长。王弟海、叶航(2001、2004)指出,当新古典的假设不能满足时,公有产权和私有产权孰高孰低,取决于效用函数和生产函数的性质。一般情况下,两种产权形式下都会偏离社会最优劳动投入量水平并导致社会净福利的损失,私有产权主要表现在资源所有者的剩余(租金)最大化,但它往往可能会侵蚀其他资源和要素的剩余,而公有产权正好相反。

(二) 中国基本经济制度中的主体地位研究

随着中国基本经济制度的演化,关于到底公有制是否占据主体地位,以及是否继续大力发展公有制,有不同的见解。

李成瑞(2006)利用公私经济的资本、就业人员和国内生产总值三项基本指标对我国国民经济中公有制经济与私有制经济各占多大比重进行了测算,结果显示,2005年在资本层面,第二和第三产中的公私经济比重分别为53%和47%;在就业人员层面,第二和第三产业中的公私经济比重分别为39%和61%;在国内生产总值层面,公私经济比重分别为39%和61%。赵华荃(2006)认为,以公有制为主体多种所有制经济共同发展的格局已经形成,促进了生产力的发展。当前存在的突出问题是,至2005年,在社会总资产中,国有资产比重下降至48.8%,非公有制资产比重上升至50.9%,国有经济起主导作用,但并不巩固,应该大力发展公有制。张宇(2010)认为,在社会主义市场经济中国有经济的主导作用是与社会主义初级阶段的基本经济制度和中国的特殊发展阶段相联系的,而不能局限于补充私人企业和市场机制的不足。何干强(2012)认为,在多种所有制经济并存的历史条件下,只有做大做强公有制经济,毫不动摇地坚持公有制的主体地位,才能使中国特色社会主义的旗帜显示出科学社会主义的光芒。汪萍、王彩莲(2013)指出,随着个体私营等非公有制经济的发展,越来越多的人对公有制的主体地位提出质疑,应该继续坚持大力发展公有制,维持其主体地位。裴长洪(2014)以不同生产资料所有制的经营性资产价值量作为衡量主次地位的边界标准,估算第一产业公有制与非公有制的资产规模及其比重变化,并延伸估算第二和第三产业两种所有制的资产规模及其比重变化。结果发现:截至2012年,中国三次产业经营性总资产约为487.53万亿元,其中公有制经济的资产规模是258.39万亿元,占53%;第二、第三产业非公有制经济占增加值和就业规模的比重分别为67.59%和75.20%。这表明,公有制资产仍占主体,非公有制经济贡献占优,中国社会主义基本经济制度充满活力。中国社会科学院发布《中国国家资产负债表2015》估算中国2013年国家总资产为691.3万亿元,2007—2013年年均增长67.8

万亿元。那么粗略估计2015年国家总资产为826.9万亿元。在此基础上,常修泽(2017)研究发现,根据财政部、国资委、国家统计局等部门公布的公开数据测算,(撇开农村集体所有资产等公有资产)截至2015年年底,经营性国有资产值约为34.46万亿元,行政事业性国有资产值约为11.23万亿元,金融性国有资产值约为53.41万亿元,资源性国有资产值约为458万亿元,总量高达557万亿元。因此,中国"以公有制经济为主体"的战略地位不会动摇。

吴幼喜(1995)、荣兆梓(1996)、罗必良(1996)从委托代理角度出发,认为公有制企业产权实现的难点是代理成本问题。黄志(1996)认为,政府公有产权与集体产权的重要依据在于两者的社会经济目标不同:政府公有产权关注社会目标,集体产权关注经济目标。陈兴发(2007)、查朱和(2011)认为,发展非公有制经济,是由社会主义初级阶段的生产力发展水平决定的。搞"纯而又纯"的公有制在社会主义初级阶段走不通,必须发展多种所有制经济。林毅夫(2004)在一个动态博弈的框架下,考察了政策性负担与转轨经济中企业的预算软约束问题。在信息不对称情况下,政策性负担将导致国有企业经理的道德风险,从而导致国有企业的低效率。

白永秀、吴航(2003)认为,我国所取得的成就与我国在所有制理论方面不断取得的突破与创新分不开,非公有制经济从无到有、由弱到强是我国经济生活中的一个突出现象,我国非公有制经济的地位应进一步提升。谭运宏(2005)提出,必须从基本经济制度的范畴来确认非公有制经济的地位,充分认识非公有制经济的重要作用和长久生命力。李富阁(2015)提出,应该注意的是,目前中国所倡导的公有制为主体,已是在突出强调国有经济对经济发展起主导作用;相应地,保持国有经济发挥主导作用所必要的数量已是底线,但这并没有解决公有资产在社会总资产中不占数量优势。荣兆梓(2019)根据政治经济学的理论逻辑对实践中应当如何理解公有制为主体的原因给出解释:一方面,国有经济在对国民经济有重大影响力的数千户大企业中占据主导地位;另一方面,土地集体所有制基础上的承包农户加合作经济是农业公有制的实现形式,它规模虽小但数量巨大,具有巨大的发展前景。两种公有制互为前提,相向而行,体现人民群众整体利益与劳动者自主治理的结合,形成中国特色社会主义的普照的光。并且最后指出,公有制为主体多种所有制经济并存的社会主义在发展生产力和提高人民福祉两个方面显示了强大动能。邱海平

(2020)分别从理论与实践、历史与现实、中国与世界等的结合出发,从中国特色社会主义及其基本经济制度的整体出发,深刻把握其中所蕴含的理论逻辑、历史逻辑和实践逻辑及其辩证关系,阐明了中国特色社会主义基本经济制度为什么要以公有制为主体。

(三) 不同所有制之间关系的研究

顾钰民(2014)认为,我国的基本经济制度在宏观方面应该坚持和发展公有制主体地位,坚持多种所有制经济共同发展,微观层面特征则集中体现为混合所有制经济。周新城(2017)认为,在整个社会主义初级阶段都必须坚持基本经济制度。坚持公有制为主体,还是让民营经济主体化,是关系我国社会的社会主义性质的原则问题。私营经济只能是社会主义经济的补充,绝不能成为主体;只能被鼓励、支持和引导,绝不能起主导作用。必须充分估计私有化的危害:从政治上来说,私有化是会葬送中国特色社会主义事业的;从经济上来说,私有化是违背客观经济规律的历史倒退行为;从意识形态上来说,私有化必然导致腐朽没落的剥削阶级思想泛滥。宋笑敏(2017)认为,以公有制为主体、多种所有制经济共同发展,但多种所有制经济并不是简单的平行发展,或相互独立、互不往来,而是有着密切关系,进而提出混合所有制经济是基本经济制度的重要实现形式,为混合所有制经济发展指明了方向。

葛扬(2019)通过考察改革开放后中国公有制和非公有制经济关系调整的历程,研究公有制为主体、多种所有制经济共同发展基本经济制度的理论形成。他认为,中国非公有制经济地位由补充上升到了重要组成部分,对非公有制经济的发展由方针政策上升到了基本经济制度,非公有制经济与公有制为主体一起构成社会主义初级阶段基本经济制度。实现了非公有制经济由制度外到制度内、从宏观上多种所有制经济共同发展到微观企业实现形式的深化。

三、中国基本经济制度的实现形式

早在1985年董辅礽就提出了"董氏八宝饭理论"和"董氏市场经济公式",主张民企、国企和外企要并存、要混合。

周新城(2014)认为,我们应该大力发展公有经济控股的混合所有制经济,把发展混合所有制经济当作扩大国有资本支配范围、巩固公有制的主体地位、发挥国有经济主导作用、引导非公有制经济发展的一种形式和手段。这种混合所有制才是基本经济制度的实现形式。发展混合所有制经济的决定性问题是,哪种所有制处于控制地位,谁控制谁,这决定混合所有制的性质。孙宗伟(2014)认为,作为基本经济制度重要实现形式的混合所有制经济,既不是传统意义上的公有制经济,也不是典型的资本主义性质的私有制经济,它是具有中国特色的股份制经济。公有制主体地位的含义,随着混合所有制经济的发展将会相应发生变化。发展混合所有制经济,目的是为了壮大国有经济,更好地发挥国有经济的主导、控制、引导作用,把公有制主体地位落到实处。

方敏(2014)从理论的角度探讨了发展混合所有制经济与完善社会主义初级阶段基本经济制度、巩固和发展公有制经济之间的关系。以公有制为主体,多种所有制经济共同发展的基本经济制度是按照社会主义内在逻辑的要求,立足生产力的现实基础作出的选择。混合所有制经济的发展是基本经济制度与市场经济体制相结合的产物,是所有制改革不断深化和延伸的结果。在新形势下发展混合所有制经济对于完善基本经济制度、巩固和发展公有制经济具有积极的作用。

付钦太(2015)认为,混合所有制经济的性质取决于其资本结构和控股资本的所有制性质,并因资本构成类型不同和控股资本的所有制性质不同而有所差异。杜黎明、孙晓雅(2015)认为,混合所有制经济发展的核心和关键在于不同所有制性质的经济主体结成利益共同体,以及该利益共同体的规模壮大与活力迸发。刘长庚、张磊(2016)认为,要明确公有制和公有性的区别,从微观控股主体来看,混合所有制经济可能是公有性的,也可能是非公有性的。发展混合所有制经济是为了增强国有经济的主导作用,完善和发展中国特色社会主义。

学界从以下方面进行了分析和探讨:一是宏观背景。常修泽(2004,2014)认为,发展混合所有制经济是针对中国传统所有制结构的弊端和转轨中存在的问题、适应建立完善的社会主义市场经济体制提出的。二是驱动因素。马连福、王丽丽和张琦(2015)指出,在政策推动与生存需求的双重驱动下,发展混合所有制经济,引入非国有资本已经成为国有企业改革的方向与目标。三是实践依据。所有制结构的调整(何立胜,2000),是加快建立和完善社会主义市场经济体制的客观要求(方辉振,1998),多形式实现公有制的必然选择和最佳选择(陈频,2003),是当前国有企业改革的基本方向(李跃平,2015)。

四、中国不同区域基本经济制度的相关研究

公有制为主体多种所有制经济共同发展的基本经济制度,是中国特色社会主义制度的重要支柱,也是社会主义市场经济体制的根基。[①] 因为,其不仅决定着不同地区的经济制度,也影响着不同地区的非经济制度,进而决定着不同地区的经济增长、社会和谐、政治进步、生态环境和文化繁荣。

学者对于中国不同地区基本经济制度具体形式的观点比较统一,其中比较典型的是方敏(1997)提出的观点:整体结构中各局部生产力内部的差异和不平衡还可能要求与之对应的不同所有制形式采取不同的实现形式。陈文通(2012)进一步阐述了公有制的主体地位在不同的地方、不同的产业、不同的发展阶段,可以而且应当有所差别,甚至应当允许有特殊性和例外。

很多学者深入研究了不同地区所有制结构变化对于省域的影响。

在经济结构方面,郭克莎(1996)认为,一个省区的非国有工业尤其非公有工业的比重上升快,将导致其工业发展速度较快,工业结构向轻工业和加工工业倾斜,同时工业发展效益明显较高。郝书辰、田金方和陶虎(2012)利用熵权评价方法,运用2003—2010年的面板数据,研究发现,国有工业企业的效率在36个行业中是逐年增长的;与其他所有制企业相比,国有工业企业效率发展水平在7个行业中不逊于私营企业,在23个行业中显著地优于外资企业,国有工业企业效率增长速度在21个行业中超过私营企业,在34个行业中超过外资企业。

在经济增长方面,韩国珍(2002)提出,西部地区与东部地区经济增长的差距有越来越大的趋势,形成这些差距的一个重要原因是双方在产业结构和所有制结构上存在的差异。苏晓红(2003)认为,所有制结构是影响地区经济发展水平的一个重要因素,非国有经济的比重和地区经济发展水平正相关。中西部地区应把所有制结构调整作为制度创新和经济发展的突破口,在所有制

---

① 中共中央关于全面深化改革若干重大问题的决定[N].人民日报,2013-11-16(1).

结构调整中,应率先大力发展非国有经济,降低国有化程度,拓展市场发挥作用的空间。丁永健、鄢雯、侯铁珊(2011)利用改革开放以来我国的省际面板数据,运用面板VAR模型,对地区工业所有制结构与经济增长之间的动态关系进行了实证研究。结果表明,随着改革的深入,各地区的所有制结构均发生了不同程度的变化,且与经济增长之间存在着滞后期的负相关关系。刘瑞明(2011)提出,在经济转型过程中,庞大的国有经济不仅因为自身的效率损失影响了经济增长,而且通过金融压抑、歧视和效率误配的途径对整个国民经济产生拖累效应。拖累效应之所以没有突出显现,是因为金融漏损和民间金融的成长构成了中国经济高速成长的重要因素。刘瑞明(2011)研究发现,在向市场化转型的过程中,地区的所有制结构禀赋有可能令初始国有比重较高的地区陷入历史锁定效应,而令初始国有比重较低的地区快速发展,出现极化效应并导致地区差距的不断扩大。进一步利用中国各省(1985—2008年)的数据进行经验研究后发现,初始的国有比重越高,则后续年份的平均增长率越低,国有比重的下降显著地促进了地区经济增长。丁永健、刘培阳(2011)利用31个省市自治区的面板数据,分析了地区工业所有制结构变动的态势和特点。发现地区国有工业比重与地区经济增长、金融发展水平、对外开放水平以及劳动力充裕程度呈负相关关系。吴振宇、张文魁(2015)实证研究显示,国有经济比重下降、非公经济比重提高会降低区域存贷差占存款的比例,从而提高资金使用效率和经济增长速度;会提高出口及FDI占GDP的比重,从而提升经济外向度;会增强平抑消费品价格上涨的能力,从而促进经济平稳运行。

在创新和全要素生产率方面,戴静、张建华(2013)通过建立金融所有制歧视下的厂商生产模型,发现在竞争均衡下通过金融所有制歧视获取低成本要素的厂商创新产出较低。同时,作者选取中国地区工业部门面板数据为样本,检验结果显示,国有经济比重高的地区创新产出较低,进一步的检验发现,金融所有制歧视抑制与国有经济比重的共同作用拖累了地区创新产出。王文、孙早(2016)以1998—2014年中国省级面板数据为样本,采用有限分布滞后模型所做的检验研究发现:在国有经济比重高的地区,基础研究更能促进TFP增长,在国有经济比重较低的地区,应用研究更能促进TFP增长。

以上研究从所有制的视角对不同地区的经济结构、经济增长、创新等多方面的特征进行了分析。而且大多数学者的观点都集中于对公有制经济和非公经济的比较,较多地肯定了非公有制经济的贡献。

与此同时,也有学者将视角扩展到基本经济制度整体,进而对不同地区进行比较。陈应斌(2005)从理论和实证两方面认为所有制结构的变动有利于推进市场化进程和提高资源配置效率。吴敬琏(2009)指出,在世纪之交,以多种所有制经济共同发展为基础,成为初步建立市场经济体制的改革目标。它的主要表现是:第一,民营经济份额的提高和多种所有制经济共同发展的格局的形成。这种格局首先在沿海地区形成,然后逐步向内地延伸。凡是建立了这种所有制格局的地区,无一例外地出现了社会投资迅速增大,内外贸易空前活跃,经济全面繁荣的局面。第二,商品市场初步建立,要素市场开始形成,并在资源的有效配置中起到了愈来愈大的促进作用。第三,宏观经济管理体系初步建立。这一体系的基础在1994年的财税改革和金融改革中开始建立,使宏观经济管理当局有可能运用财政政策和货币政策等总量手段调节宏观经济。

五、中国基本经济制度内涵的丰富与拓展

在中共十九届四中全会之后,很多学者重点对中国特色社会主义基本经济制度的新内涵进行了深入研究。相关研究主要包括以下几个方面。

(一) 从政治经济学基本原理的层面进行研究

戚聿东(2019)认为,中共十九届四中全会将所有制、分配和经济体制并行融入基本经济制度中,进行了三位一体的概括,不仅符合马克思主义政治经济学基本原理,而且有利于社会主义基本经济制度的显著优势在实践中不断发扬光大。

程恩富、张福军(2020)认为,马克思主义政治经济学是关于生产关系或经济制度的经济学,作为中国特色社会主义政治学的重要组成部分,社会主义基本经济制度决定着我国经济制度的性质与经济发展的方向,对我国社会主义经济建设起到根本性和全局性作用。中共十九届四中全会对社会主义基本经济制度内涵进行三位一体的新概括,充分发挥社会主义基本经济制度在推进国家治理体系和治理能力现代化上的显著优势,这既是马克思主义政治经济学中国化的最新成果,又是对中国特色社会主义政治经济学的丰富和发展,标

志着社会主义基本经济制度更加科学、更加定型。

葛扬(2020)认为,新中国建立社会主义制度之后,我国经济学理论研究在马克思主义政治经济学指导下逐步展开,政治经济学成为我国主流经济学。基本经济制度是在社会主义所有制、分配制度和市场经济体制等基本理论问题上取得了重大突破。具体体现为,从单一公有制到公有制为主体、多种所有制经济共同发展的所有制;从平均主义分配制度到按劳分配为主体、多种分配方式并存的分配制度;从计划经济体制到市场经济体制。

张建刚(2020)基于中共十九届四中全会对我国基本经济制度所作出的新概括,详细阐明了所有制、分配制和社会主义市场经济等三个维度的内涵,他指出,公有制为主体的所有制结构是整个经济制度的基础,决定了中国特色社会主义的经济性质;按劳分配为主体的分配结构是所有制结构的利益实现,决定了全体人民共同富裕的实现程度;社会主义市场经济体制是经济资源配置的主要方式,决定了生产力发展速度的快慢。这三项制度相互联系、相互支撑、内在统一。

胡钧、李洪标(2020)认为,中共十九届四中全会将生产关系这三项制度并列为基本经济制度是理论认识的深入和发展。他深入研究了三者在推动经济发展不同方面的重要作用:所有制关系是经济发展的根本动力,分配关系激发劳动者劳动积极性,社会主义市场经济体制增强市场主体的主动性、创造性和活力。

朱安东、孙洁民(2020)重点探讨了社会主义市场经济体制和基本经济制度的关系,社会主义市场经济体制具有经济基础和上层建筑的双重属性,在坚持中国特色社会主义根本制度的前提下适应了社会主义初级阶段解放和发展生产力的客观需要。社会主义市场经济体制上升为基本经济制度,标志着社会主义市场经济体制趋于成熟,政府和市场在资源配置中的关系基本理顺,社会主义初级阶段生产资料所有制、分配制度和社会主义市场经济体制的关系基本理顺。

李楠、张凯(2020)认为,中共十九届四中全会把分配制度上升为社会主义基本经济制度,是对马克思主义政治经济学和中国特色社会主义政治经济学的新发展。这一理论创新,有利于激活市场主体活力、推动经济高质量发展,有利于扩大中等收入群体规模、发挥超大规模消费市场作用,有利于缩小收入差距、促进共同富裕目标的实现。余金成(2020)从马克思主义基本原理出发,提出当代科学技术成为第一生产力,劳动者能力决定生产资料技术水平,以激励劳动为目标的社会主义市场经济诞生;后者兼具市场作用和政府作用,得以体现共同富裕目标,社会主义基本经济制度由此确立。顾钰民、余婧兰(2020)认为,十九届四中全会对基本经济制度内涵的扩容具有重要的价值,公有制为主体、多种所有制经济共同发展是完善社会主义基本经济制度的核心内容,按劳分配为主体、多种分配方式并存是公有制为主体、多种所有制经济共同发展的必然体现,完善社会主义市场经济体制要求使市场在资源配置中起决定性作用和更好地发挥政府作用。顾海良(2020)认为,十九届四中全会对社会基本经济制度的新概括,是以中国社会主义初级阶段社会经济关系为基本事实,是以改革开放以来特别是中共十八大以来中国特色社会主义经济关系发展为实践过程,以马克思主义政治经济学基本理论的当代发展为思想指导的。

(二) 从基本经济制度理论发展层面进行研究

黄泰岩(2020)认为,中共十九届四中全会把公有制为主体、多种所有制经济共同发展,按劳分配为主体、多种分配方式并存,社会主义市场经济并列作为社会主义初级阶段的基本经济制度,是对社会主义初级阶段基本经济制度的新概括、新发展,从而使社会主义初级阶段基本经济制度从以往的单一基本经济制度上升为基本经济制度体系。因此,不仅需要处理好基本经济制度体系中三项制度之间的关系,还要处理好基本经济制度体系与治理体系和高质量发展之间的关系。

葛扬(2020)重点研究进入新时代我国社会主义基本经济制度的新发展,他分别从混合所有制经济、共享发展、政府与市场有机统一探讨社会主义所有制理论、分配制度理论和市场经济体制理论的新发展,总结中共十八大以来中国特色社会主义政治经济学的新成果,研究基本经济制度新发展,为新时代中国特色社会主义不断发展提供理论依据和根本遵循。王朝科(2020)认为,按劳分配是科学社会主义理论体系的重要支柱,坚持按劳分配为主体,是由公有制为主体决定的,有利于巩固和不断发展公有制经济;坚持多种分配方式并存,是由多种所有制共同发展的所有制结构决定的,有利于促进多种所有制经济共同发展,调动各方面的积极性,增强经济活力,共同促进现代化经济体系建设,推动经济高质量发展。所以,分配制度上升为基本经济制度具有理论必然性和实践必然性。

韩喜平、朱翠明(2020)认为,分配制度上升为基本经济制度,这体现了中国特色社会主义的本质要求,更有利于社会主义制度优越性的体现和人民至上价值的落实。蒋永穆、卢洋(2020)认为,中共十九届四中全会将基本经济制度内涵进行扩容,既有马克思主义的理论支撑,又有新时代我国经济高质量发展的现实需求,有助于解决新时代经济发展不平衡不充分等突出问题。胡亚莲(2020)认为,十九届四中全会对基本经济制度内涵的扩容,是我们党对社会主义基本经济制度的重大理论创新与发展,对于进一步解放和发展生产力,更好地发挥社会主义制度的优越性,推动中国经济高质量发展,实现国家治理体系和治理能力现代化具有重大的理论和现实意义。

(三) 从基本经济制度演进的逻辑进行研究

吕君临、周倩(2020)重点从理论逻辑与历史逻辑双重视角,分析了基本经济制度新内涵涉及的三个方面在社会主义基本经济制度中的内在关系,有助于进一步完善中国社会主义初级阶段的基本经济制度,促进经济平稳健康持续发展。

侯为民(2020)重点阐述了社会主义基本经济制度范畴中的分配因素,他指出,在基本经济制度范畴内重新认识社会主义分配制度的地位和作用,需要回到马克思主义的逻辑。社会主义基本分配制度的确立,是由社会主义生产和分配间的内在联系决定的,需要在社会主义分配制度演变的历史阶段性进程中把握。要坚持从生产领域来认识社会主义分配制度,纠正对社会主义生产和分配的割裂性理解,坚持将劳动生产率与社会生产发展阶段作为基本出发点,按照共同富裕的要求理顺社会主义分配关系。同时,要进一步深化收入分配制度改革,坚持从整体生产出发统筹化解收入差距过大的矛盾,逐步建立化解相对贫困的长效机制,重构政府在收入分配领域的角色和调节功能。

李剑力(2020)认为,我国社会主义基本经济制度的完善发展蕴含着历史、理论、实践及价值等多重逻辑。从历史逻辑来看,我国社会主义基本经济制度的发展经历了初步建立、创新完善及成熟定型的演进过程;从理论逻辑来看,马克思主义关于社会生产发展的基本原理,生产、分配和运行机制的内在统一,社会主义初级阶段理论是我国社会主义基本经济制度的基本遵循、内在规定和理论基础;从实践逻辑来看,我国社会主义基本经济制度的演进发展根源于中国特色社会主义事业的伟大实践,创造出了世所罕见的发展奇迹,是新时代我国经济高质量发展的根本遵循;从价值逻辑来看,我国社会主义基本经济制度体现了坚持中国共产党领导的政治立场、以人民为中心的价值取向及实现共同富裕的目标追求。

谢华育(2020)首先分析了中国特色社会主义科学制度体系的科学特征,并以此为参照,从我国经济发展的历史视域、转型国家体制变迁的全球视域、科学经济制度的内在逻辑关联分析了社会主义基本经济制度的科学性。邹升平、张林忆(2020)认为,中共十九届四中全会把中国特色社会主义基本经济制度的内涵由一项扩大为三项,这表明基本经济制度日益走向成熟化、定型化,其内涵变化中蕴含的形成逻辑体现了基本经济制度形成与发展的逻辑必然性。邵彦敏(2020)重点探讨了社会主义市场经济体制上升为基本经济制度的逻辑,他认为,这是适应社会主义初级阶段社会生产力发展水平的需要,体现了社会主义制度优势,赋予了社会主义基本经济制度新的内涵,创新和发展了马克思主义经济理论。

荣兆梓(2020)从社会主义市场经济体制在社会主义经济制度中的功能定位、社会主义基本经济制度新概括三项内容的相互关系,以及如何理解社会主义经济制度本质特征这三个基础理论问题入手,对中共十九届四中全会提出的社会主义基本经济制度新概括的学理逻辑展开研究,指出:(1)市场经济体制是现代经济无可替代的劳动组织方式,作为社会劳动组织方式,社会主义市场经济体制是社会主义经济的基础性制度安排;(2)社会主义基本经济制度三位一体的概括具有相互联系、相互影响,且相互嵌入、互为映射、不可分割的内在关系;(3)基本经济制度新概括是社会主义经济制度历史性质的完整表述,是中国特色社会主义实践的新成果,是中国特色社会主义政治经济学对科学社会主义的最新贡献。刘伟(2020)从历史逻辑的视角证明了中国特色社会主义基本经济制度是解放和发展生产力的历史要求。

(四) 从其他几个方面进行研究

其中,具有代表性的有:方敏(2020)主要从理论上论证了基本经济制度是所有制关系、分配关系、交换关系的有机统一。葛扬(2020)认为,十九届四中全会通过的对社会主义基本经济制度的相关理论创新是我们党对社会主义基本经济制度的新概括,是我们党和国家长期探索的成果。张晖明(2020)重点从制度建构的系统性和功能实现的动态性论证了中共十九届四中全会对基本经济制度内涵的创新。张宇(2020)、曹永栋(2020)认为,中共十九届四中全会对社会基本经济制度的新概括是社会主义基本经济制度具有显著的制度优势的体现。谢伏瞻等(2020)提出,中共十九届四中全会对中国基本经济制度的相关决议,是从政治上、全局上、战略上全面考量,立足当前、着眼长远作出的重大决策,充分体现了以习近平同志为核心的党中央高瞻远瞩的战略眼光和强烈的历史担当。刘伟(2020)认为,中国特色社会主义基本经济制度是中国共产党领导中国人民的伟大创造,是把马克思主义基本原理同中国社会主义经济紧密结合的产物,充分体现了对马克思主义辩证唯物史观、科学社会主义、政治经济学原理的运用和创造性的发展。荣兆梓(2020)以《哥达纲领批判》作为理论出发点,对社会主义基本经济制度三位一体的制度体系进行了新的理论概括。何自力(2020)、韩保江(2020)对社会主义基本经济制度的新内涵进行了理论解读,进而凸显社会主义制度的优越性。

六、如何更好地坚持和完善中国基本经济制度

中国基本经济制度是马克思主义中国化的产物,是理论与实践结合过程中客观规律的体现,由此我们如何进一步坚持和完善中国基本经济制度,学者主要从以下几方面进行论述。

(一)坚持和完善中国基本经济制度的原因

黄文忠、傅尔基(2010)从经济制度的根本特性、初级阶段的基本国情、市场经济的改革目标、所有制结构的主体地位、平等竞争的发展关系和比较实践的效果检验等六个方面,就划清社会主义初级阶段的基本经济制度与私有化和单一公有制的界限,提出在我国社会主义现阶段的生产力发展水平条件下,无论是实行私有化,还是实行单一公有制,都是一种历史的倒退或现实的"超越"。吴宣恭(2016)认为,生产资料所有制在生产关系中的地位和作用生产资

料所有制是人们围绕生产资料结成的权、责、利关系,具体一点说,是生产资料归谁所有、占有、支配、使用以及行使这些权能产生的利益归谁所得,责任由谁承担的关系。它是任何社会生产和交换必不可少的前提条件,也是坚持和完善社会主义初级阶段的基本经济制度的关键。方忠(2019)认为,坚持以公有制为主体、多种所有制经济共同发展的基本经济制度,是坚持中国特色社会主义的必然要求,是实现两个一百年奋斗目标的根本制度保证。

(二)坚持和完善中国基本经济制度的路径

冒佩华(2010)提出,只有在和谐中共同发展,社会主义初级阶段基本经济制度才能得到进一步完善;孙居涛(2010)提出,坚持和完善中国特色基本经济制度,一是必须坚持公有制为主体,不搞私有化;二是必须坚持多种所有制经济共同发展,不搞单一公有制。刘越(2012)认为,公有制主体地位的关键既体现于"质",也体现于"量"。在保证"质"的前提下,要合理保持我国公有制经济的"量"。

陈宪(2014)认为,继续坚持两种所有制经济并列,都作为具有同等重要性的组成部分和发展基础,这是关于中国基本经济制度的一个新突破。苏向坤、肖天策(2015)认为,坚持和完善社会主义初级阶段的基本经济制度需要在实践层面不断创新;邵学峰、邵华璐、何彬(2016)认为,要坚持结构性"有保有控",在保证国有经济主体地位的基础上,寻找多种经济形式并存、优势互补的实现路径;李正图、张凯(2016)提出了要重视政府的意志、行为和权力在中国基本经济制度中的重要作用;沈开艳(2017)提出要求基本经济制度的任务与原则相一致。

高尚全(2019)认为,坚持中国特色社会主义基本经济制度,应该正确把握"两个中性"原则,进而实现公有制为主体、多种所有制经济共同发展。葛扬(2019)从所有制的视角重点阐明了新时代我国基本经济制度理论的发展与完善,并且在两个毫不动摇的基础上提出两个就是。就是要坚持公有制主体地位,做强做优做大国有企业和国有资本,发挥国有经济主导作用;就是要鼓励、支持、引导非公有制经济发展,构建新型政商关系,促进非公有制经济健康发展和非公有制经济人士健康成长,大力支持民营企业发展壮大。乔惠波(2020)认为,中共十九届四中全会提出要坚持和完善中国特色社会主义基本制度,新时代应该从基本制度的内在逻辑、优势、治理效能等方面坚持和完善中国基本经济制度的路径。

第三节 相关研究的价值与不足

一、相关研究的价值

相关学者的研究价值主要体现在以下几个方面。

(一)马克思的研究对基本经济制度理论的价值

马克思虽然未曾涉及基本经济制度理论的分析,但对所有制理论的研究对如今我们研究基本经济制度理论十分重要。马克思的研究涉及从所有制形成的条件,到不同所有制经济的形态,再到各种所有制经济的发展规律,最后一直到未来社会所有制的发展趋势,等等。马克思的相关研究意义重大,特别是其对所有制理论的研究十分充分,为进一步深入研究基本经济制度理论,打下了坚实的理论基础。

(二)西方主流经济学的理论价值

西方主流经济学中的一般均衡理论能够对资源的配置、市场机制、经济增长、福利分配、政府干预等给出理论指导,特别是如何处理好政府与市场关系,以及本书研究的基本经济制度中公有制与私有制的合理地位与评价,都需要汲取西方主流经济学(市场失灵、需求定理等)进行合理的论证。

(三)改革开放以来中国共产党对基本经济制度理论的持续创新与发展的价值

改革开放以来中国共产党对基本经济制度理论持续地进行了创新与发展。改革开放以来我们党历次重要会议基本都会涉及关于基本经济制度理论和政策规定,这体现了改革开放以来中国基本经济制度理论和政策的结构性变迁和持续创新过程。这一结构变迁和理论创新大致分为两个阶段：第一个阶段是确保公有制主体地位的前提下，逐步允许并发展了非公有制经济（个体经济、合作经济、私营经济、外资经济等），进而确立了中国特色社会主义基本经济制度；第二个阶段是提出了中国特色社会主义基本经济制度的"根基论"和主要实现形式。

（四）西方新制度经济学中的制度变迁理论与现代产权制度理论的价值

西方新制度经济学中的制度变迁理论与现代产权制度理论，分析了制度变迁的基本规律、根本动力、变迁方式和路径、变迁的推动者和变迁的结局，在此基础上分析了产权设置、产权效率、政府在产权设置中的功能等理论，这些理论是指导我们研究基本经济制度的理论基础。由于健全的现代产权制度和完善的产权市场是发展任何所有制经济的制度前提和市场前提，因此现代产权理论也是基本经济制度理论分析的重要理论基础之一。

（五）国内外学者关于基本经济制度理论研究的价值

国外学者关于基本经济制度理论的相关研究很少，但是围绕基本经济制度的相关研究仍然为我们的研究提供了世界经验和理论；国内研究根植于中国多种所有制经济"并存"和混合所有制经济发展的实践，主要集中在中国基本经济制度的合理性和演变过程，这些研究为我们的研究提供了有益的借鉴。

综上所述，毫无疑问，以上国内外的研究成果对于本书"中国基本经济制度演进实证研究"提供了坚实的理论基础，也为本文的研究提供了很好的参考资料。

二、相关研究的不足

（一）西方主流经济学关于基本经济制度研究的欠缺

西方经济学重大理论都与基本经济制度相关，也有关于公有制存在的合理性的相关理论，如自然垄断理论、产权理论、市场失灵理论、不完全契约理论等。但是一直以来，鲜有对基本经济制度进行合理、科学论证的经济理论和实证检验,本书就是致力于对中国基本经济制度理论进行(实证)研究。

(二) 关于中国基本经济制度系统化的研究力度不足

国外的学者更多的关注中国基本经济制度中的某些关键点,比如:公有制的效率问题,产权保护问题,市场失灵(政府失灵问题),等等,一般缺乏基本经济制度整体系统研究。国内学者虽然有一部分能够涉及中国基本经济制度的系统研究,一方面主要是偏重于对中国基本经济制度的合理性进行证明;另一方面由于受到时间或空间限制,特别是在改革开放初期,学者们不能以完整的视角对基本经济制度进行研究。

(三) 对中国基本经济制度的研究缺乏统一的标准

国内学者对中国基本经济制度的研究缺乏统一的标准,有从不同所有制创造的增加值角度研究,有从不同所有制的资产总值角度研究,有从不同所有制的效率角度研究等,最终导致各说各的道理,特别是进行相关估算时,由于受到数量测算和技术控制,偏重于技术化、工具化的工作。

(四) 基本经济制度的研究有一定局限性

现存的相关研究存在以下几个关键点需要进一步突破:第一,很多研究一般都是采用工业的数据进行实证模拟,在改革开放之初具有一定的借鉴性,但当前我国的第三产业的增加值和增速都超过了第二产业,此时再采用工业数据论证其观点误差较大。第二,相关研究认为,非国有经济的占比是所有制的关键因素,直接决定了市场化,此判断很值得进一步商榷。因此,此类研究有三大理论缺陷。(1)没有很好地区分基本经济制度中的不同所有制经济,特别是对混合所有制经济的认知不足;(2)对基本经济制度环境的认识仅仅停留在市场环境而忽略了政府环境;(3)研究目的一般是聚焦于经济功能,忽略了非经济功能。第三,孤立地从所有制的角度看待基本经济制度。国内外学者总是受到其本身概念的限制,仅仅将视角局限于不同的所有制安排,忽略了不同所有制安排所处的制度环境,遗漏了在不同所有制安排过程中政府的作用。

（五）关于基本经济制度内涵拓展的研究还明显不足

截至目前，学界已经有大量学者基于中共十九届四中全会的精神，对基本经济制度内涵的丰富和拓展展开了相关研究。通过系统梳理相关研究成果可以发现，截至目前的研究往往聚焦于以下几个方面：一是关于基本经济制度内涵变化政策的解读，这种研究一般局限于相关原因的归纳分析；二是关于基本经济制度内涵变化的意义研究，主要突出基本经济制度内涵变化的理论贡献；三是部分学者虽然涉及了一定的学理研究，但并未将学理进行很好的实证验证。

由于以上的缺陷，相关研究一般都会提出降低国有经济、提升非国有经济的政策建议。这种政策建议目前看来有以下三方面不足：第一，仅从经济绩效出发，没有关注到国有企业在基本经济制度框架下发展的逻辑，国有企业在经济发展中的作用。第二，认为西部地区发展不起来的主要原因是公有制经济占比高，非公有制经济占比低，进而导致"市场化"程度太低。但公有制经济和非公有制经济的不同比例应该属于发展后的结果，其本质是基本经济制度环境较差，不是非国有经济占比低，恰恰是非国有经济和国有经济都没有一个良好基本经济制度环境，进而制约了它们的发展。第三，对基本经济制度内涵的认知不全面，导致在实际的研究中往往局限于所有制、收入分配、社会主义市场经济中的不同结构特征，忽略了三者之间的有机统一。

综上所述，不难发现，基本经济制度研究已经取得了部分研究成果，但仍有许多问题没有涉及，特别是对基本经济制度理论的经济学阐述和基本经济制度演进的趋势研究，本书正是着力于这方面进行深入研究。

第三章

中国特色社会主义基本经济制度理论

中国特色社会主义基本经济制度理论的孕育和形成离不开中国所有制经济理论的创新与发展，尤其是在改革开放40多年以来，中国的发展日新月异，所有制经济在结构层面也不断变迁。如今，我国的所有制经济与苏联时期斯大林模式下的所有制经济有着本质的区别，中国的所有制经济是在结合本国实际国情和符合客观的发展规律下，逐步从"一大二公"的所有制经济模式演变为如今的混合所有制经济模式，此进程中逐步形成了中国特色社会主义基本经济制度理论。中国基本经济制度的演变直接关系到了改革开放过程中的各个环节，也是指导今后中国经济发展的关键制度。那么，我们就要深思，中国特色社会主义基本经济制度理论的经济学原理是什么？中国特色社会主义基本经济制度理论的演变路径是什么？当前世界的基本经济制度有哪几种？中国特色社会主义基本经济制度与其他国家的基本经济制度孰优孰劣？为了更好地回答这些关键性的问题，本章首先梳理了改革开放以来中国特色社会主义基本经济制度演变进程中涉及的几个重要层面，并在实践的基础上，从理论上论证了中国特色社会主义基本经济制度的孕育和形成，进而抽象出基本经济制度理论。对于基本经济制度理论的分析更具有一般性，使得我们能够沿着这条分析脉络对不同的基本经济制度进行比较分析，进而论证中国特色社会主义基本经济制度的理论合理性和制度优越性。

第一节　中国特色社会主义基本经济制度的实践历程

改革开放以来,中国公有制为主体多种所有制经济并存总格局逐步形成的过程是由公有制经济、民营经济和外资经济等不断发展和它们之间的结构不断调整的过程。中国从完全公有制的基本经济制度逐步变迁以公有制为主体多种所有制共同发展的基本经济制度,主要经历了以下几个方面。

一、农村实施了联产承包责任制

自中华人民共和国成立至改革开放前,中国的土地制度大致经历了三个重要的阶段。第一个阶段是新中国成立之初的土地革命;第二个阶段是社会主义过渡时期的合作化运动;第三个阶段是社会主义建设时期的人民公社运动。由于生产力发展水平与人民公社制度并不匹配,并且当时的人民公社还存在产权不清晰、激励机制扭曲等问题,因此,人民公社制度的效率并不高,阻碍了农业发展的积极性。

改革开放之后,制度性变革首先是从农村领域的人民公社制度演变为家庭联产责任承包制。自1978年安徽省小岗村的农民开始尝试土地包干制之后,中国农村土地经营制度经历了两个阶段的结构性变迁。第一个阶段是1978—2008年,在这30年期间,我国农村联产责任承包制不断完善和巩固,逐步形成了中国农村的基本经营制度;第二阶段是2008年至今,这十年间,中国农村主要体现为农村土地的流转[①],以2008年10月中共十七届三中全会《关于推进农村改革发展若干重大问题的决定》为指导,中国农村开启又一轮土地产权改革。据2016年中国农业统计资料显示,家庭承包耕地流转总面积达31 947 205公顷,比上年增长7.5%。截至2016年,全国村集体经济组织总收

[①] 土地流转:在不改变土地集体所有制和联产承包责任制的前提下实现土地作为生产要素按照市场经济规律的优化配置。

入达42 568 132.5万元,比上年增幅为3.8%。从2012年起,中国农村经济发展迅速,农田有效灌溉面积占比超过54%,农业科技进步贡献率达到61%,农作物耕种收机械化率超过72%。2021年,农村居民人均可支配收入18 931元,较2012年翻了一番多,农民生产生活水平上了一个大台阶。

二、乡镇经济推动了小城镇建设

1978—1988年,乡镇企业如雨后春笋般在全国各地萌芽并快速增长。在改革开放的前10年间,乡镇经济为国民经济的发展起到了重要的作用,是当时市场的主要参与者。10年间乡镇企业的数量增长达10倍以上,生产总值增长了13.5倍,从占GDP的14%上升至46%。与此同时,乡镇经济对于解决农民就业做出了很大的贡献,至1988年,乡镇企业吸纳的就业人数达1亿人左右,在此阶段农民的平均收入也增长了12倍之多。乡镇经济的迅速扩张一直延续至2000年左右,截至2000年,乡镇企业的就业人数超过了1.28亿人次,其中不包括迁移到城市的工人,乡村工业总产值增长至1.16万亿元。自改革开放之初至2000年,乡镇企业总产值的年均增长率为28%,据计算,实际总产值增长超过了66倍。[1] 许多学者认为,乡镇经济是中国改革开放后工业化进程的重要力量。随着改革开放的推进,中国的乡镇经济也快速发展,一大批乡镇企业成了中国知名的上市公司,为经济发展做出了新的贡献。

三、个体私营经济的大力发展

1957—1978年,中国公有制经济"一统天下",经济运行的机制是在完全公有制经济的基础上实施计划经济,私有制经济的发展处于停滞状态。改革开放以来,个体私有制经济逐步发展壮大。1983年1月2日,中共中央在一号文件《当前农村经济政策的若干问题》中提出:"农村个体工商户和种养业的能手,请帮手、带徒弟,可参照《国务院关于城镇非农业个体经济若干政策性规定》执行。对于超过上述规定,雇请较多帮工的,不宜提倡,不要公开宣传,也

---

[1] 乔治·佛梯尔.看得见的手:政府在命运多舛的中国工业革命中所扮演的角色[J].经济资料译丛,2017(2):1-42.

不要急于取缔,应因势利导,使之向不同形式的合作经济发展。"直到1987年1月22日中共中央政治局通过的《把农村改革引向深入》的决定中,才第一次肯定了私营经济。1989年,我国个体、私营经济为9.1万家,从业人数164万人,营业额为136亿元①,2021年中国私营个体就业总数达到4亿人,较2012年增加了2亿多人。以中小微为主的民营企业是中国第一大的外贸经营主体,2021年对外贸增长的贡献度超过了58.2%。同时,从私营经济中成长出来一大批"专精特新"的优质企业,成为支撑中国经济高质量发展的重要经济主体。

四、对外开放培育了外资经济的发展

外资经济发展遵循以下路径:特区发展—14沿海城市开放—开发区—浦东开发开放—滨海新区等一系列新区开发开放—"一带一路"与自贸区建设。

1980年,中国以深圳、珠海、汕头和厦门等四个城市作为最早的四个经济特区。

1984年开放了14个沿海城市(秦皇岛、天津、烟台、大连、青岛、连云港、上海、宁波、温州、福州、广州、湛江、北海),中国开放整个海岸。在当时的开放背景下,外资经济逐步发展,截至1983年,我国的中外合资企业超过了100家;随之而来的就是中国外资经济的大规模发展,截至1988年,我国中外合资企业超过了1万家;外资经济的发展对我国经济的发展起到了积极作用,截至1989年年底,我国中外合资经营企业、中外合作经营企业和外商独资企业已超过2万家,就业人员达210多万人。

"一带一路"是"丝绸之路经济带"和"21世纪海上丝绸之路"的简称。"一带一路"的名称是源于中国古代丝绸之路,现如今进一步拓展延伸,致力于与沿线国家建立更多有利于"双赢"的经济合作关系,推进沿线国家的经济发展,是一种有效的合作模式。"一带一路"的倡议有助于中国与沿线国家开展更多经济合作、政治互信、信息互通、文化包容等活动,使得中国与沿线国家一起承担世界发展的使命,一起承担人类命运共同体的责任。联合国71届大会首次写入"一带一路"倡议,决议得到193个会员国的一致赞成。由此,中国"一带

---

① 说明:(1) 1988年经过修宪,私营经济才正式合法,因此1989年私营经济才正式列入国家统计。[http://www.iccs.cn/contents/496/8806.html]

一路"倡议成为联合国推动的重要战略。

2013年8月22日,党中央、国务院决定设立中国(上海)自由贸易试验区,成为中国第一个自贸区。2014年12月12日,党中央、国务院决定设立中国(广东)自由贸易试验区、中国(天津)自由贸易试验区、中国(福建)自由贸易试验区3个自贸区。2016年8月31日,党中央、国务院决定设立中国(辽宁)自由贸易试验区、中国(浙江)自由贸易试验区、中国(河南)自由贸易试验区、中国(湖北)自由贸易试验区、中国(重庆)自由贸易试验区、中国(四川)自由贸易试验区、中国(陕西)自由贸易试验区7个自贸区。

中国的对外开放不仅仅体现在"引进来",随着综合国力的提升,我国逐步提升"走出去"的程度,形成"引进来"和"走出去"相结合的开放模式。2015年,我国实际使用外资金额达1356亿美元,同期对外直接投资流量为1456.7亿美元,同比增长18.3%,首次成为资本输出国。2021年,我国实际使用外资规模超1.1万亿元,再创历史新高,引资规模和质量双提升。随着"一带一路"倡议和"自贸区"战略的实施,中国的开放程度会进一步提升。

五、国有企业改革

社会主义市场经济体制必然要求对国有企业进行改革,提升国有经济的效率,增强国有经济的竞争力。自1984年开始,国有企业改革主要经历了两个重要阶段,第一个是阶段主要是放权让利、政策调整,第二个阶段主要是转换机制、制度创新。建立现代企业制度是国有企业改革的主要任务,国务院和各地先后选择2700多户国有企业进行了相关试点,并逐步推进了公司制和股份制的改革,对我国国有企业改革进行了有益的探索和创新。1997年以后,中央政府明确了加快国有企业改革,对国有企业实施战略性改组的方针,实行规范的公司制改革。改革的具体措施:一是集中力量抓好国有大型企业和企业集团推进和规范企业的股份制改革;二是进一步放活国有小企业,以联合、兼并、租赁、承包经营和出售等多种方式,对全国24万多户国有小企业进行改制;三是规范破产,鼓励兼并,推进再就业,进行企业资本结构的优化。1999年9月中共十五届四中全会《关于国有企业改革和发展若干重大问题的决定》对推动国有企业改革作了全面系统安排,指出:"国有企业是中国国民经济的支柱。发展社会主义社会的生产力,实现国家的工业化和现代化,始终要依靠和发挥国有企业的重要作用。在经济全球化和科技进步不断加快的形势下,国有企业面临着日趋激烈的市场竞争。发展是硬道理。必须敏锐地把握国内外经济发展趋势,切实转变经济增长方式,拓展发展空间,尽快形成国有企业的新优势。""国有企业改革是整个经济体制改革的中心环节。建立和完善社会主义市场经济体制,实现公有制与市场经济的有效结合,最重要的是使国有企业形成适应市场经济要求的管理体制和经营机制。"中共十九大报告提出,应该进一步深化国有企业改革,将国有企业改革的主要方式定位发展混合所有制经济,国有企业改革的目标是逐步培育出具有全球竞争力的世界一流企业。

六、收入分配制度变迁

在改革开放之初,中国相应的收入分配机制呈现出显著的平均主义特色,严重束缚了生产力的发展。自中共十一届三中全会之后,中国收入分配格局不断优化,中共十三大报告明确了收入分配的"原则是,以按劳分配为主体,其他分配方式为补充"。中共十五大进一步提出"坚持按劳分配为主体,多种分配方式并存的制度。把按劳分配和按生产要素分配结合起来"。中共十六大进一步将中国的收入分配制度优化,提出了"确立劳动、资本、技术和管理等生产要素按贡献参与分配的原则,完善按劳分配为主体、多种分配方式并存的分配制度"。中共十七大则进一步突出了中国收入分配制度的功能,要求"初次分配和再分配都要处理好效率和公平的关系,再分配更加注重公平"。中共十八大则进一步明晰了收入分配制度的功能,指出:"努力实现居民收入增长和经济发展同步、劳动报酬增长和劳动生产率提高同步,提高居民收入在国民收入分配中的比重,提高劳动报酬在初次分配中的比重。"中共十九大则从发展的视角进一步提升了收入分配的功能,要求"坚持在经济增长的同时实现居民收入同步增长、在劳动生产率提高的同时实现劳动报酬同步提高"。由此,中国的收入分配制度逐步完善,直到十九届四中全会,进一步强调了第三次分配在收入分配中的作用,并将收入分配制度纳入了基本经济制度体系。

然而,值得注意的是中国的收入分配制度依然需要持续优化。从全球层面看,中国的基尼系数依然略高于发达国家,并且与改革开放初期相比,中国的基尼系数也略有增加。因此,应该在保证经济发展效率的同时,注重收入分配的调节机制,更好地促进社会稳定有序。

七、健全与完善社会主义经济体制

随着改革开放的推进,我国社会主义市场经济机制也逐步成熟。且随着社会主义市场经济的成熟,我国还进一步完善了社会主义市场经济的内涵。从中共十四大时就提出"发挥市场在资源配置中的基础性作用",到十八届三中全会进一步发展为"使市场在资源配置中起决定性作用和更好发挥政府作用"。与此同时,到十九届四中全会,社会主义市场经济体制也被纳入中国基本经济制度体系。

随着社会主义市场经济的完善,中国的市场化指数也显著提升。然而值得注意的是,近年来由于国际国内各种因素影响,以2016年为基期的中国市场化指数显示,2016—2019年延续回落趋势,平均得分下降0.43分(见图3-1),中国市场化指数的下降延缓了市场化的总体进展。中国市场化指数的下降,原因是政府配置资源的比重上升、政府对企业干预程度加大和政府相对规模扩大,削弱了市场配置资源的作用。新时代,如何更好地处理政府与市场的关系,更好地发挥创新的作用,这也为中国继续坚持和完善社会主义市场经济体制提出了不小的挑战。

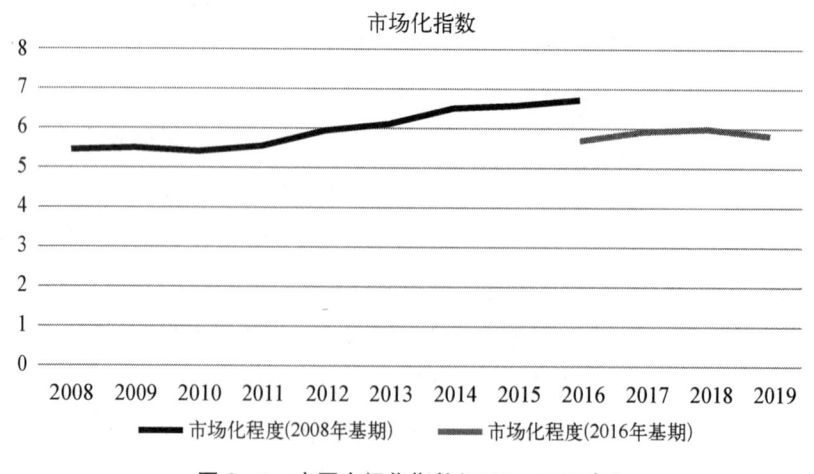

图 3-1　中国市场化指数(2008—2019 年)

第二节　中国特色社会主义基本经济
制度理论的孕育和形成

一、中国特色社会主义基本经济制度理论的孕育

自改革开放起，中国特色社会主义基本经济制度理论就开始孕育。

改革开放之后，我们不断总结国际、国内发展经验，不断推进与基本经济制度理论相关联的理论创新，其中最为主要的是所有制经济理论的创新和资源配置机制的创新。第一，在所有制经济理论创新层面，结合中国国情，我们没有固守原有的"一大二公"的完全公有制经济模式，因为，从以往发展经验来看，完全公有制经济模式对应的经济活力不强，影响了经济参与者的积极性，最终导致经济效率低下；结合国际经验，我们也没有选择全盘私有化的所有制改革方向，因为，当时不管是苏联解体还是东欧剧变，都证明了快速、全盘私有化的道路行不通，其不但会影响经济发展，甚至会造成社会动荡。在这样的国内、国际背景之下，中国开创了自己的发展模式，由此不断对所有制理论进行创新。中国从完全公有制的所有制结构开始，在坚持公有制经济为主体的前提下，发展非公有制经济，整个社会的经济活力逐步提升，形成了以公有制经济为主体多种所有制经济共同发展的良好基础。所有制理论的不断创新也进一步证明了，不同所有制经济可以共同发展，不管是国有经济、集体经济、私营经济、股份制经济、外资经济、港澳台经济等，在遵循客观规律的基础上都可以对经济发展做出贡献，所有制理论的不断创新还进一步证明了，以公有制经济为主体，多种所有制经济共同发展的模式是科学的，而且需要不断坚持与创新。第二，在资源配置理论创新层面，改革开放之前，中国是以完全公有制经济为基础的计划经济模式，由于生产力不发达，信息的不完全、不对称，激励机制欠缺，计划指令成本巨大等多方面原因，导致了计划经济在中国行不通，反而给经济的发展制造了诸多障碍。由于当时中国既没有选择完全的公有制模式，也没有选择快速、全盘私有化模式，中国选择了一条符合自身国情的道路。

伴随着中国所有制理论的创新,中国的资源配置形式也逐步创新。在当时,固有的观念认为,市场经济是资本主义的标签,只有坚持计划经济才是社会主义的必然选择。邓小平在这样的背景下提出:"市场经济只存在于资本主义社会,只有资本主义的市场经济,这肯定是不正确的。社会主义为什么不可以搞市场经济,这个不能说是资本主义。"①"计划多一点还是市场多一点,不是社会主义与资本主义的本质区别。计划经济不等于社会主义,资本主义也有计划,市场经济不等于资本主义,社会主义也有市场。计划和市场都是经济手段。"②由此,不断解开思想枷锁使得中国特色社会主义市场经济得以不断地完善和创新。中国特色社会主义市场经济理论的创新为中国特色社会主义基本经济制度提供了良好的制度环境。可以说,正是有所有制理论和资源配置理论的不断创新,中国特色社会主义基本经济制度理论才得以不断孕育。

二、中国特色社会主义基本经济制度理论的形成

中共十五大之前,中国特色社会主义基本经济制度理论还未正式提出,在此期间,伴随着所有制理论的创新逐步建立了以公有制经济为主体多种所有制经济共同发展的思想意识,但那时更多的是将这种思想意识定位在完善社会主义市场经济体制的层面。1997年中共十五大报告首次提出:"公有制为主体、多种所有制经济共同发展,是我国社会主义初级阶段的一项基本经济制度。"此时中国特色社会主义基本经济制度理论开始确立,其后在实践和理论的螺旋推进下,中国特色社会主义基本经济制度理论也逐步完善,其后演进的脉络大致如下:

1999年《中华人民共和国宪法修正案(草案)》第一章第六条增加规定"国家在社会主义初级阶段,坚持公有制为主体、多种所有制经济共同发展的基本经济制度"。在确立了中国特色社会主义基本经济制度的基础上,将基本经济制度写入《宪法》意义非凡,其为中国特色社会主义基本经济制度设立了法治保障,坚定了坚持和完善中国特色社会主义基本经济制度理论的决心。中共

---

① 邓小平.邓小平文选:第2卷[M].北京:人民出版社,1994:236.
② 邓小平.邓小平文选:第3卷[M].北京:人民出版社,1993:373.

十六大提出"坚持和完善基本经济制度,深化国有资产管理体制改革",在中国特色社会主义基本经济制度理论的形成过程中,国有企业改革也是主要内容之一。公有制为主体,多种所有制经济共同发展则必然要求国有企业参与市场竞争,国有企业的经济效率提升、市场竞争能力增强是坚持和完善中国特色社会主义基本经济制度的关键一环。中共十七大提出"完善基本经济制度,健全现代市场体系",并提出"两个毫不动摇",以公有制为主体,多种所有制经济共同发展对应的必然是中国特色社会主义市场经济,只有存在健全的市场体系才有助于不同所有制经济健康发展,完善基本经济制度和健全现代市场体系是相辅相成的。中共十八大提出"各方面制度更加成熟更加定型……完善公有制为主体、多种所有制经济共同发展的基本经济制度"。此时,中国基本经济制度理论已经相对成熟,更加成熟和完善的中国特色社会主义基本经济制度是今后发展的目标。中共十八届三中全会提出:"基本经济制度是中国特色社会主义制度的重要支柱,也是社会主义市场经济体制的根基","国有资本、集体资本、非公有资本等交叉持股、相互融合的混合所有制经济,是基本经济制度的重要实现形式"。中国特色社会主义基本经济制度的"根基论"意义重大,"根基论"的提出有助于从理论上深刻理解中国特色社会主义基本经济制度,并将这一制度上升到全新的、重要的理论高度,并进一步指出中国特色社会主义基本经济制度的实现形式就是"混合所有制",为今后坚持和完善中国特色社会主义基本经济制度指明了方向。十九大提出"必须坚持和完善我国社会主义基本经济制度"。可以说,如今中国特色社会主义基本经济制度理论已经形成,而且必然在今后的实践过程中不断完善。

第三节 基本经济制度理论考察

基于中国特色社会主义基本经济制度的实践经验和理论发展,我们进一步考察基本经济制度需要宽阔的理论视域。这一理论视域能够涵盖任何一种系统完整经济制度体系。从逻辑上来看,任何一种系统完整经济制度体系都可以细分为基本经济制度和非基本经济制度,基本经济制度与非基本经济制度共处一个制度体系之中,基本经济制度＋非基本经济制度＝系统完整经济制度体系。这样一种系统完备的细分方法是基于中国特色社会主义政治经济学的理论进行的科学归类,在西方经济学理论中,一直缺乏基本经济制度理论,因此不可能有这样的分类方法;在苏联斯大林模式的社会主义经济学理论中,由于对基本经济制度的认知程度还不充分,也没有这样的分类方法。系统完整经济制度体系的这种分类方法有助于从基本经济制度理论和非基本经济制度理论两方面对经济实践进行科学的分析,特别是基本经济制度理论作为最核心的理论,其很大程度上决定了经济发展的方向,影响着经济效率。本章的重点是讨论基本经济制度理论,我们分别从静态、动态、中国实践和一般性来考察。

首先,以静态的视角对基本经济制度理论进行考察。在整个经济体系中,基本经济制度起到了核心的作用,其中最为关键的作用就是基本经济制度决定了经济运行的机制。一个国家实施了哪种基本经济制度,就内生性决定了该国经济运行的机制,基本经济制度与经济运行机制应该是一一对应的。当一个国家实施的是完全公有制经济基础上的基本经济制度,此时,该国只能实施计划经济这种经济运行模式,因为市场的主体为完全公有制经济,公有制经济更多受到行政命令的信号影响,对于市场的价格信号并不敏感,在这种情况下实施市场经济的经济运行模式就很不现实。同理,在完全私有制经济基础上的基本经济制度,只能实施市场经济,因为完全私有制条件下,参与市场的主体要盈亏自负,经济主体对于市场的价格信号比政府的行政信号更为敏感和有效。此时,实施计划经济的经济运行模式就会对市场造成扭曲,影响经济效率。通过对基本经济制度理论的静态分析,对国际上几种常见的基本经济制度及其经济运行模式就更容易理解,比如:以苏联为代表的基本经济制度就是完全公有制经济模式,在完全公有制条件下,苏联的经济运行方式就是计划经济;以英美为代表的基本经济制度就是私有制经济模式,在近乎完全私有制条件下,欧美资本主义国家的经济运行方式就是市场经济。

其次,以动态的视角对基本经济制度理论进行考察。任何一种制度的变迁都是在一定的动能推动下才能够进行,不管这种动能是来自制度内在的发展需求,还是来自制度外在的推动意志,只要这种制度变迁动能大于制度变迁阻力,制度变迁就会进行,基本经济制度的变迁也是如此。回顾世界主要经济体基本经济制度的演进历程,我们就能够梳理出基本经济制度理论在动态视角下的规律。以苏联为例,其从完全公有制经济为基础的基本经济制度变迁成了现如今的基本经济制度模式,这种变迁就能够很好地说明,在完全公有制为基础的基本经济制度条件下,存在很大的基本经济制度变迁动能,进而推进基本经济制度变迁;以欧美资本主义国家为例,其从完全私有制经济为基础的基本经济制度变迁成了现如今的基本经济制度模式,这种变迁也证明了,在完全私有制为基础的基本经济制度条件下,存在很大的基本经济制度变迁动能推进基本经济制度变迁。

再次,以中国实践的视角对基本经济制度理论进行考察。中国特色社会主义基本经济制度是以公有制为主体多种所有制经济共同发展。在静态的视角下,我们可以得出,中国特色社会主义基本经济制度对应的经济运行机制不可能是计划经济,也不完全等同于欧美资本主义国家的市场经济,中国经济的运行机制具有自身的特点和优越性,其能够很好地与基本经济制度相契合,我们称之为中国特色社会主义市场经济。在动态视角下,中国特色社会主义基本经济制度并非天然就是如此,它也是在基本经济制度不断变迁的历程中逐渐演变的。在改革开放之前,我国是完全公有制基础上的基本经济制度,其政治经济学规律必然与苏联的完全公有制基础下的基本经济制度完全一致,其后变迁路径的不同就在于,中国基本经济制度的变迁很好地平衡了基本经济制度变迁的动能和阻力之间的关系,使得中国基本经济制度按照最优的路径进行变迁。但是,苏联基本经济制度在变迁的过程中,不考虑实际情况,以主观意志强行推进这种变迁,使得基本经济制度变迁的动能变大,而且远大于基本经济制度变迁的阻力,由此导致基本经济制度变迁偏离了最优的变迁路径。同理,欧美资本主义的基本经济制度也一再变迁,虽然它们基本经济制度变迁的动能没有主观扩大,但是,每次变迁的阻力重重,进而导致如今欧美资本主义经济也面临一些棘手的问题,比如经济危机、收入差距,等等。这是在基本经济制度理论框架下,中国基本经济制度变迁与苏联、欧美等基本经济制度变迁的根本区别。从时间脉络上看,中国的改革开放进程就是中国基本经济制度的演变进程,今后中国的改革开放要遵循政治经济学规律,使得中国基本经济制度能够持续按照最优路径不断完善,这种路径不同于苏联的快速私有化模式的变迁路径,也不同于欧美等国坚守私有制为基础的变迁路径。在中国基本经济制度不断完善的过程中,中国经济运行的机制也将不断完善,这种运行机制不同于苏联的计划经济机制,也不同于如今的欧美资本主义等国当前的市场经济机制。

最后,我们以一般性的视角对基本经济制度理论进行考察。基本经济制度理论是否优越需要以1992年邓小平在南方谈话时指出:"判断的标准,应该主要看是否有利于发展社会主义社会的生产力,是否有利于增强社会主义国家的综合国力,是否有利于提高人民的生活水平。"[1]只要是符合这个标准,基本经济制度理论就是科学的、合理的。世界各国情况千差万别,以欧美为代表的完全私有制基础上的基本经济制度在以往的经济发展过程中也作出很多贡献,但是,只有在它们的基本经济制度符合"发展社会生产力、增强综合国力、提高人民生活水平"的条件下,其才能逐步体现出这种基本经济制度的合理性。因此,它们的基本经济制度随着时代的发展也不断变迁。中国特色社会主义基本经济制度则是按照"三个有利于"的标准逐渐演进,虽然我们称之为中国特色,但是其基本经济制度理论却依然具有一般性、普遍性。在认识到基本经济制度理论一般性和普遍性的基础上,基本经济制度客观的评价标准就能指导基本经济制度按照最优路径变迁。

通过静态、动态、中国实践和一般性的视角分别对基本经济制度理论进行考察之后,本章将进一步深入对不同基本经济制度进行比较分析,并在基本经济制度理论基础上探究基本经济制度变迁的动态演进过程。

第四节　中国特色社会主义基本经济制度的理论机制

长期的和可持续的经济增长离不开稳定的经济环境,稳定的经济环境主要决定于整个社会的稳定。社会的稳定与社会整体成员的就业密切相

---

[1] 邓小平.在武昌、深圳、珠海、上海等地的谈话要点[M]//邓小平文选:第3卷.北京:人民出版社,1993:372.

关,整体社会劳动的就业比率越高,社会就越趋于稳定,社会的稳定为经济增长创造了基础条件,必然会促进经济增长。

在稳定的基础上,经济的效率是衡量经济增长质量的关键因素,经济的效率越高,经济增长的速度必然越快,进而又会进而促进社会的稳定。一国的成员就业状况、经济效率与该国的制度密切相关,而制度中的基本经济制度又是决定这两个因素的决定性变量。

如图3-2所示,基本经济制度以两种传导方式影响了经济增长。因此,本章从以上的逻辑框架入手,研究基本经济制度对一国经济增长的重要性。

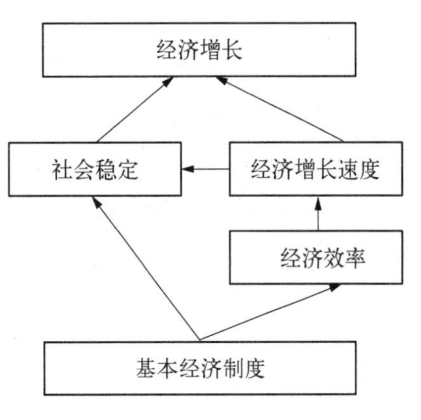

图 3-2 基本经济制度与经济增长关系传导示意图

首先,本文从纵向的角度出发,主要研究了当一个经济体基本经济制度的所有制形态是公有制经济与非公有制经济共存时,该经济体所要求的最优的所有制的结构是什么样的?特别是对于转型国家,基本经济制度很大程度上决定了该国转型成功与否。以改革开放以来的中国为例,由于我国在改革开放过程中,不仅逐步对公有制经济进行了改革并坚持其主体地位,而且壮大了非公有制经济的实力,所以从我国纵向的发展历程可以看到,我国的基本经济制度具有经济理论的科学性,而这种科学性主要体现在什么地方?在经济新常态的背景下,我们又该如何进一步推进改革开放?我国的基本经济制度的主要实现形式又是什么?本章试图通过理论分析,从经济学的角度回答以上问题。

其次,本章从横向的角度出发,主要研究了不同的经济体在不同的基本经济制度所有制形态对应的经济发展状况。以苏联、东欧为代表作为完全公有制形式对应的基本经济制度的经济体;以欧美国家为代表作为完全私有制形式对应的基本经济制度的经济体;以中国为代表作为以公有制为主体,多种所有制共同发展对应的基本经济制度的经济体。将单位有效劳动的产出作为衡量经济效率的重要因素,本章试图通过分析三种具有代表性的基本经济制度形式的国家的经济效率,论证中国当前基本经济制度的优越性。

一、关于 Bai C E, Li D D, Tao Z, et al. 的"两阶段模型"

保持就业稳定和对失业提供一个社会安全网对于一个社会的稳定十分重要,一个社会的稳定对于整个经济体的生产力十分重要。因为缺乏社会安全独立的机构和具有很强利润动机的企业缺乏激励其促进社会稳定的措施,所以国有企业需要承担提供社会稳定的任务。Bai C E, Li D D, Tao Z, et al.(2000)[①]构建了一个两阶段模型论证了国有企业存在的主要原因就是其有效生产和提供社会稳定的双重任务。此模型的主要内容是:

(一) 相关假设

假定1:经济中有无限数量的公司,这些公司填充在单元间隔 $I=[0,1]$,这些公司有两种类型民营企业 i 和国有企业 j,国有企业占比为 P,$0 \leqslant P \leqslant 1$;

假定2:民营企业的经营者共享其所有利润,国有企业经营者仅获得固定工资,民营企业经营者的努力程度为 s,国有企业经营者的努力程度为 T;

假定3:经济体处于显著的劳动供给过剩状态,严重的失业会威胁到社会稳定,增加就业有助于社会稳定,社会稳定指数 G 由整体就业水平决定,$G = \int_{k}^{R} l(k) dk$,G 影响经济体内所有企业的经济活动;

假定4:民营企业提供的劳动为 ι,国有企业提供的劳动为 L,劳动的工资为 w;

假定5:政府选择 P 和 L 使得社会加权利润最大化,此时社会加权利润表示为:

$$\pi = P[y(T, L, G) - T - wL]A + (1-p)[y(s, \iota, G) - s - w\iota]\,[②]$$

(二) 模型求解

根据以上假设,Bai C E, Li D D, Tao Z, et al. 认为,社会加权利润最大化

[①] Bai C E, Li D D, Tao Z, et al. A Multitask Theory of State Enterprise Reform[J]. Journal of Comparative Economics, 2000, 28(4): 716-738.
[②] 原文证明了,当民营企业的经营者共享其所有利润且国有企业经营者仅获得固定工资时,民营企业的努力程度为 s,国有企业的努力程度为 T,且 $s > T$。

可以表示为：

$$\pi = P[y(T, L, G) - T - wL]A + (1-p)[y(s, \iota, G) - s - w\iota]$$

由于第一阶段由政府决定 P 和 L，第二阶段民营企业决策的变量 s 和 ι 都将是 P 和 L 的函数，此时利润最大化表示为：

$$\begin{aligned}\pi = &P[y(T, L, G) - T - wL]A \\ &+ (1-p)[y(s(p, L), \iota(p, L), G) - s(p, L) - w\iota(p, L)]\end{aligned}$$

当经济体不存在国有企业时，$P=0$，$L=0$，此时社会总利润表示为 $\pi(0)$，当经济体存在国有企业时，社会加权利润表示为 $\pi(L, P)$，最后其证明了：

$$\pi(L, P) > \pi(0)$$

即，当存在国有企业时的社会加权利润大于没有国有企业时的利润，从理论上论证了 $P>0$。

(三) 模型价值

Bai, C. E., et al. (2000) 通过建立一个理论模型，论证了国有企业在有效生产之外，还需要考虑其保持就业和提供社会福利的职能，正是由于国有企业的双重任务，导致了国有企业的低效率。其模型证明了，由于公有企业的管理者获得的仅是固定工资，而私有企业的管理者获得的报酬不仅包括工资而且包括企业利润，因此，私有企业管理者将其全部努力用于企业的生产与经营，国有企业管理者将其努力在生产和维持稳定之间进行分配。其模型进一步证明了，当把保持就业作为社会稳定的重要因素时，国有企业的最优占比 $P>0$。

经济体公有制经济所占比重决定了其基本经济制度的形式，然而，"两阶段模型"仅仅论证了公有制存在的合理性，其没有进一步论证，经济体基本经济制度的框架下公有制经济所占比重到底是多少？那种基本经济制度安排下，经济体的经济效率最大？经济经济制度的实现形式是什么？本章试图在"两阶段模型"的基础上，构建一个基本经济制度模型，试图解决以上问题。

二、基本经济制度模型

(一) 基本经济制度模型的假设

假设1：经济体包括两种类型所有制经济形式，一种是公有制经济；另一种是非公有制经济。且公有制经济的占比为 P，则非公有制经济占比为 $(1-P)$，$0 \leqslant P \leqslant 1$。

假设2：由于公有制经济的劳动努力程度小于非公有制经济的劳动努力程度，本模型通过不同的技术水平表现不同的努力程度。$A(T)$ 表示公有制经济的劳动者在努力程度 T 水平下的技术水平，$A(s)$ 表示非公有制经济的劳动者在努力程度 s 水平下的技术水平，由于 $s > T$，所以 $A(T) < A(s)$。

假设3：本模型同样引入变量 G，$G = \int_k^R l(k) dk$。Bai C E, et al. 的模型中考虑了就业作为一个经济体重要的稳定变量。G 在本模型中体现为两点：第一，在生产过程中，G 在经济体中起到社会经济活动的稳定作用，所以对公有制经济和非公有制经济的生产都产生作用；第二，在两种类型经济生产过程中，G 的还具有有效劳动的职能。此时，公有制经济的生产函数表示为 $Y_1 = A(T) K_1^\beta G^\alpha$，非公有制经济的生产函数表示为 $Y_2 = A(s) K_2^\beta G^\alpha$，且 $\alpha + \beta = 1$。

假设4：假设劳动的工资为 w，资本的利率为 r。则公有制经济的利润表示为 $\pi_1 = A(T) K_1^\beta G^\alpha - w L_1 - r K_1$，非公有制经济的利润表示为 $\pi_2 = A(s) K_2^\beta G^\alpha - w L_2 - r K_2$，则经济体的总利润表示为 π，$\pi = \pi_1 + \pi_2$。

(二) 模型求解

当公有制经济与非公有制经济共同进行生产决策时，经济体的总利润最大化以如下的数学规划表示：

$$\max_{L_i, K_i} \pi = A(T) K_1^\beta G^\alpha + A(s) K_2^\beta G^\alpha - w(L_1 + L_2) - r(K_1 + K_2)$$

其中，$i = 1、2$；

由于是同时决策劳动和资本，所以此最优化也等价于同时使得公有制经济和非公有制经济的利润最大化。

公有制经济利润最大化可以表示为：

$$\frac{\mathrm{d}\pi_1}{\mathrm{d}L_1}=0$$

其可以推出：

$$\alpha A(T)K_1^\beta G^{\alpha-1}p = w \tag{1}$$

$$\frac{\mathrm{d}\pi_1}{\mathrm{d}K_1}=0$$

其可以推出：

$$\beta A(T)K_1^{\beta-1}G^\alpha = r \tag{2}$$

非公有制经济利润最大化可以表示为：

$$\frac{\mathrm{d}\pi_2}{\mathrm{d}L_2}=0$$

其可以推出：

$$\alpha A(s)K_2^\beta G^{\alpha-1}(1-p) = w \tag{3}$$

$$\frac{\mathrm{d}\pi_2}{\mathrm{d}K_2}=0$$

其可以推出：

$$\beta A(s)K_2^{\beta-1}G^\alpha = r \tag{4}$$

在均衡时，

$$\frac{(1)}{(2)} \Rightarrow \frac{\alpha K_1 p}{\beta G} = \frac{w}{r} \tag{5}$$

$$\frac{(3)}{(4)} \Rightarrow \frac{\alpha K_2(1-p)}{\beta G} = \frac{w}{r} \tag{6}$$

由(5)=(6)可得：

$$K_1 p = K_2(1-p) \tag{7}$$

由(2)=(4)可得：

$$A(T)K_1^{\beta-1} = A(s)K_2^{\beta-1} \tag{8}$$

由(7)和(8)可得：

$$\left(\frac{p}{1-p}\right)^{1-\beta}=\frac{A(s)}{A(T)} \qquad (9)$$

由以上分析可知，$A(T)<A(s)$，所以$\left(\frac{p}{1-p}\right)^{1-\beta}>1$，所以可得$P>1/2$。

由以上求解可得，均衡时要求$P>1/2$。

再由(7)可得，均衡时的P必然不能为1，因为一旦$P=1$，则$K_1=0$，与上文论证矛盾。

此时可得命题一：当经济体考虑G（稳定指数、有效劳动）对生产的作用时，经济体利润最大化时的均衡解必然要求$P>1/2$，也就是说此时的经济体中公有制占主导地位。

根据上文分析可得当经济体整体利润达到最大化时，$1>P>1/2$，设P^*为均衡时的比例，则经济体的利润与公有制占比之间的示意图（图3-3）如下：

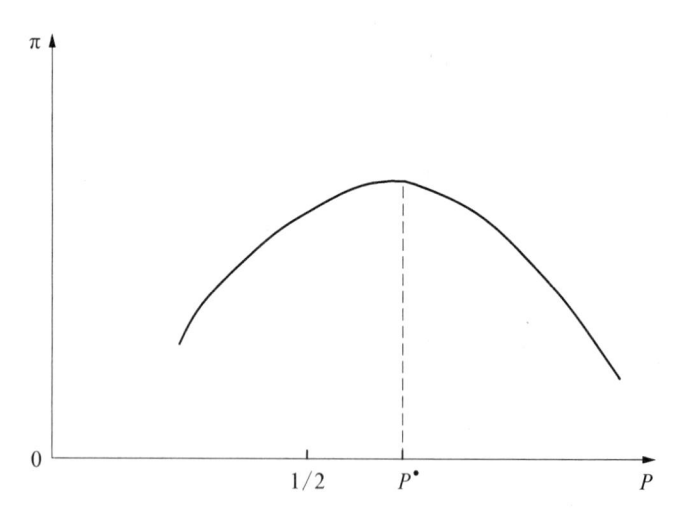

图3-3 公有制最优占比示意图

根据以上分析以及示意图（图3-3）所示，我们可以得到如下示意图（图3-4）。其中π_4曲线代表的是由于改革开放而导致整体经济体利润的提升，P_0代表的是改革开放初期的公有制比例，对应的经济体总利润为π_0。此时可得命题二：中国改革开放后经济的增长主要源于两维的发展路径，经济体利润由 π_0 向 π_3 逐步提升的路径主要源于改革过程中非公有制经济的发展（图 3-4A 箭头所示）；经济体利润由 π_3 曲线向 π_4 逐步提升的路径主要源于改革开放过程中技术水平的提高（图 3-4B 箭头所示）。

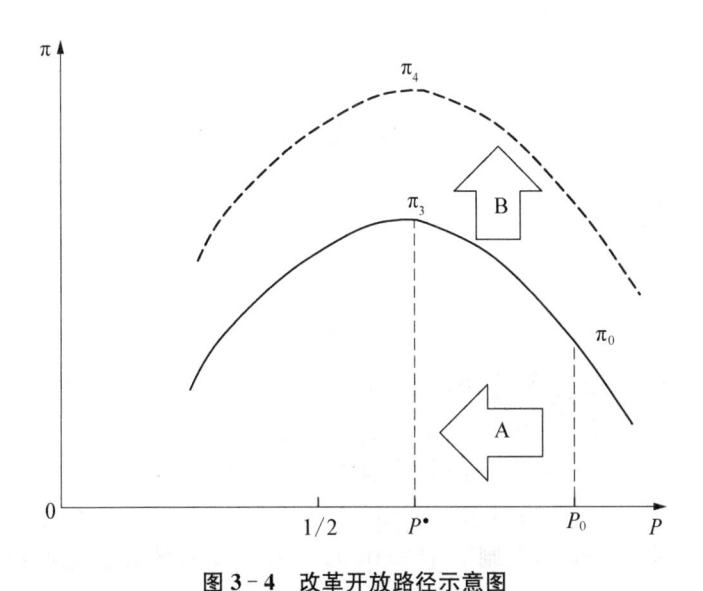

图 3-4 改革开放路径示意图

在以上模型的基础上，本章进一步分析不同基本经济制度下经济体的效率。以全球典型的三种经济体为代表，其中，基本经济制度为完全私有制的主要代表性经济体是欧美国家，基本经济制度为完全公有制的主要代表性经济体是苏联、东欧等国家，基本经济制度为公有制为主体、多种所有制共同发展的主要代表性经济体是中国。

本章以均衡时的每单位有效劳动产出作为衡量经济制度效率的重要经济指标。当经济体为完全公有制时 $P=1$，$G=L_g$，此时的社会总产出为 $Yg=A(T)K_g^\beta L_g^\alpha$，此时的社会利润为 $\pi_g=A(T)K_g^\beta L_g^\alpha-rL_g-wK_g$，每单位有效劳动产出为 $yg=A(T)K_g^\beta L_g^{-\beta}$。

根据利润最大化可得：

$$\frac{\mathrm{d}\pi_g}{\mathrm{d}L_g}=0$$

由此可推出：

$$\alpha A(T)K_g^\beta L_g^{\alpha-1} = r \tag{10}$$

$$\frac{\mathrm{d}\pi_g}{\mathrm{d}k_g} = 0$$

由此可推出：

$$\beta A(T)K_g^{\beta-1}L_g^\alpha = w \tag{11}$$

在均衡时，

$$\frac{(10)}{(11)} \Rightarrow \frac{\alpha K_g}{\beta L_g} = \frac{w}{r} \tag{12}$$

将(12)代入 $yg = A(T)K_g^\beta L_g^{-\beta}$ 可得：

$$yg = A(T)\left(\frac{w\beta}{r\alpha}\right)^\beta \tag{13}$$

当经济体为完全私有制时 $P=0$，$G=L_s$，此时的社会总产出为 $Ys = A(T)K_s^\beta L_s^\alpha$，此时的社会利润为 $\pi_s = A(T)K_s^\beta L_s^\alpha - rL_s - wK_s$，每单位有效劳动产出为 $yg = A(T)K_s^\beta L_s^{-\beta}$。

与上文分析类似，可得均衡时每单位有效劳动产出为：

$$ys = A(s)\left(\frac{w\beta}{r\alpha}\right)^\beta \tag{14}$$

因为 $A(T) < A(s)$，所以 $yg < ys$，也就是说明完全私有制的经济体效率大于完全公有制的经济体效率。

当经济体为公有制与私有制共同存在时，社会总产出为 $Y = A(T)K_1^\beta G^\alpha + A(s)K_2^\beta G^\alpha$，此时的社会利润为 $\pi_s = \pi_1 + \pi_2$，每单位有效劳动产出为 $y = A(T)K_1^\beta G^{-\beta} + A(s)K_2^\beta G^{-\beta}$。

同理，根据(5)(6)可得，均衡时每单位有效劳动产出为：

$$y = A(T)\left(\frac{w\beta}{pr\alpha}\right)^\beta + A(s)\left[\frac{w\beta}{(1-p)r\alpha}\right]^\beta \tag{15}$$

上文已经分析得出均衡时，$1>P>1/2$，所以 $\left[\dfrac{1}{(1-p)}\right]^{\beta}>1$，所以 $y>ys$。这也就说明以公有制为主体，多种所有制共同发展的经济体的效率大于完全私有制的经济体的效率，完全私有制的经济体的效率大于完全公有制的经济体的效率。其结论与现实中的经济效率相对应，即以中国为代表的经济体效率大于以欧美为代表的经济体效率，以欧美为代表的经济体效率大于以苏联、东欧为代表的经济体效率。

通过以上分析可得命题三：当把单位有效劳动产出作为判断经济体效率的重要指标时，公有制为主体的经济体效率大于完全私有制的经济体效率，完全私有制的经济体效率大于完全公有制经济体的效率。

结合命题一、命题二和命题三可得命题四：中国基本经济制度的实现形式就是混合所有制。中国的基本经济制度就是以公有制为主体，多种所有制共同发展，通过发展混合所有制经济可以有效提升各自的竞争实力，提升经济体福利水平和经济效率。因此，深化公有制经济的战略调整和改革，推动非公有制经济的发展，都需要通过着力发展混合所有制经济来推动。

(三) 模型的理论价值

本模型从公有制经济和非公有制经济共存的经济体出发，研究指出，当经济体关注稳定因素时，经济体利润最大化就必然要求公有制为主体（即，$1>P>1/2$）；当经济体从效率角度出发时，以公有制为主体的经济体的效率最高。由此可得其理论价值一：当经济体关注社会整体稳定和经济效率时，该经济体的基本经济制度必然要求坚持和完善公有制为主体、多种所有制经济共同发展。

本模型的均衡结果论证了，当经济体利润最大时，经济体必然选择公有制为主体，并且，公有制为主体经济体的经济效率大于完全私有制经济体的效率，完全私有制经济体的效率大于完全公有制经济体的效率。由此可得其理论价值二：改革开放路径之一主要是使得经济逐步向均衡点靠拢（即路径A），进而提升社会利润和经济效率。

本模型的结果显示，不管是经济体利润最大化，还是经济效率都与技术A相关，技术决定了生产力水平，进而决定了经济体利润水平和经济效率。由此可得其理论价值三：技术水平的提升使得经济体的利润水平和经济效率不断提升（即路径B）。

进一步推导，可得其理论价值四：当公有制经济的技术水平不断提升，特别是公有制经济技术水平的提升速度大于非公有制经济的提升速度时（由于软预算约束、努力程度等原因本章假设依然满足$A(T)<A(s)$）均衡点会有两个方向的变化：第一，横轴方向均衡点向左移动，离均衡点越远经济增长速度越快，均衡点左移必然引起经济增长速度的提高；第二，纵轴方向均衡点对应的经济体利润和经济效率也会更高。

（四）模型结论

通过以上分析可得以下三个重要结论：

第一，在经济体运行过程中，在既定的生产力水平下，如果仅仅从所有制层面对此问题进行分析，可以发现，考虑到经济效率（即单位有效劳动产出）以及经济体稳定两大因素时，经济体的均衡就内在地要求以公有制经济为主体。以上分析论证了公有制经济存在的合理性和必然性，这也是中国坚持以公有制为主体的基本经济制度的主要经济理论基础之一。

第二，如果将本模型的理论机制与中国改革开放的实践相结合可以发现，改革开放以来，中国经济的增长主要源于两个维度的路径。第一个维度的路径A是：由于不断深化改革开放，从完全公有制的基本经济制度逐步转型为以公有制为主体的基本经济制度，使得社会的福利水平提升；第二个维度的路径B是：由于不断深化改革开放，使得生产技术水平不断提升，促进了社会的福利水平逐步跳跃至更高层次。

以上理论机制与中国改革开放的契合性，一方面从学理上论证了该模型的科学性，另一方面从理论机制上论证了中国改革开放的合理性。因此，本模型也潜在说明了进一步提高改革和开放的程度对中国发展的重要性。

第三，本模型集合经济发展实际情况，综合考虑了经济体经济绩效和非经济绩效的统一，进而从理论上论证了以公有制为主体的经济体存在的合理性。因此，在既定生产力水平下，中国要继续坚持以公有制为主体，多种所有制经济共同发展的所有制形态，继续坚持中国基本经济制度不动摇。

第五节 基本经济制度理论的模型构建

结合中国基本经济制度发展实践，上文已经从所有制维度构建了相关理论模型，论证了以公有制为主体，多种所有制经济共同发展的所有制形态的科学性。十九届四中全会已经明确了中国基本经济制度的内涵从以所有制为核心拓展至了所有制、收入分配和社会主义市场经济体制三位一体的模式。为此，本章将进一步拓展分析的视野，从静态和动态两个方面论证三位一体基本经济制度模式的科学性和优越性。

上述研究表明，改革开放以来，中国特色社会主义基本经济制度理论与实践始终存在着互联互动互促关系。在中国特色社会主义基本经济制度理论指导下，中国特色社会主义基本经济制度日益完善；反过来，日益完善的中国特色社会主义基本经济制度的优越性强有力地证明了中国特色社会主义基本经济制度理论的正确性。既然如此，如何判断基本经济制度的优越性呢？我们需要从不同类型基本经济制度[①]下经济效率最大时[②]国民总收入（即 GDP，下同）的比较中得出结论，为此，我们构建了基本经济制度的一般静态模型和动态模型。

一、基本经济制度一般静态模型

一般说来，在社会经济实践中，一个经济体的制度总和是由基本经济制度和非基本经济制度构成的。基本经济制度是这个经济体中的最根本制度，不仅决定了这个经济体的性质，而且制约和影响着非基本经济制度。基本经济制度是由各种所有制经济形态构成的。譬如，有的经济体中只有一种所有制

[①] 基本经济制度是指一个经济体的所有制经济形态构成，可以是公有制经济，也可以是私有制经济，更可以是公有制经济和私有制经济的混合形态。
[②] 在不同基本经济制度下，经济效率都存在从 0 至最大的状态。为了简化本书研究的模型，我们仅仅比较经济效率最大状态下不同基本经济制度所能创造的国民总收入。下同。

经济形态,或者私有制经济,或者公有制经济;但也有的经济体中有多种所有制经济形态,或者公有制经济为主体多种所有制经济共同发展,或者私有制经济为主体多种所有制经济共同发展,或者公有制经济和私有制经济平分天下。由此可见,基本经济制度应当有以下五种典型形态①:完全公有制经济、完全私有制经济、公有制经济与私有制经济混合而成的混合所有制经济的三种典型形态,即公有制经济和私有制经济平分天下、公有制经济为主体多种所有制经济共同发展、私有制经济为主体多种所有制经济共同发展。

(一) 不同基本经济制度模型比较分析的必要性

在中共十九届六中全会中的十个明确中,提出要明确必须坚持和完善社会主义基本经济制度。为什么基本经济制度如此重要？如何科学阐明基本经济制度的重要性,并论证中国特色社会主义基本经济制度的科学性和优越性,成了一项重要的研究方向。基本经济制度的理论源泉是所有制,正如马克思所论述的"所有制问题是运动的基本问题,不管这个问题的发展程度怎样"。基于中国所有制经济改革实践,中国形成了中国特色社会主义基本经济制度的框架并逐步完善。纵观世界各国所有制经济改革的实践可以发现,不同国家所有制经济改革的历程大相径庭。在不同历史时期,由于所有制经济改革路径的差异,世界各国的基本经济制度也往往千差万别,分别形成了基于所有制经济改革的基本经济制度变迁路径,进而各个国家走出了不同的经济发展道路。在20世纪30年代的经济危机背景下,国有化改革成为一种趋势,各个国家的基本经济制度变革有力支撑了经济复苏。然而,随着20世纪70年代经济滞涨的出现,以英国和美国为代表的资本主义国家,又以私有化浪潮趋势下的基本经济制度变革谋求经济改革。聚焦于全球典型国家的基本经济制度演进可以发现,不同基本经济制度路径对于该国的经济发展道路十分关键。以苏联为代表的一些社会主义国家,盲目照搬资本主义基本经济制度模式最终导致了经济的彻底崩溃。以欧美为代表的资本主义国家,在不同历史时期,却以不同的基本经济制度变革作为重要的经济决策。聚焦于中国改革开放的历程,中国特色社会主义基本经济制度的模式创造了经济发展的奇迹。

---

① 在客观实践活动中,基本经济制度呈现多样性、多元化特征。为了研究的简化起见,本书仅选择这五种典型形态构建模型并进行界定、测量和比较其GDP。

那么，针对不同历史时期及世界各国基本经济制度的实践历程，我们发现，迫切需要从各个时期、各个国家的基本经济制度变迁特殊性中，总结归纳基本经济制度的一般原理。在此基础上，应该以世界范围内的一般标准明晰基本经济制度理论范畴，进而有利于我们以客观、科学和动态的视角，对不同基本经济制度模式的性质和优劣性进行比较分析。这不仅有利于我们在基本经济制度改革实践中避免陷入僵化的思维窠臼，而且有利于我们从理论上阐明中国特色基本经济制度日臻完善的内在逻辑。

改革开放以来，一方面为从理论层面厘清并正确地回答"什么是社会主义、如何建设社会主义"[1]这两个至关重要的问题；另一方面为从实践探索并推进中国特色社会主义经济发展，中国进行了长足的探索。其中，公有制经济和非公有制经济的发展及相互关系是中国改革开放的重要环节，也是在探索中国特色社会主义基本经济制度的重要基础。公有制经济和非公有制经济经历了由改革开放初期的"对立"到"必要补充"；邓小平南方谈话进一步推进了中国改革开放的进程，公有制经济和非公有制经济逐步由"必要补充"到"共同发展"；在共同发展的基础上，中共十五大首次确立了基本经济制度，并于十六大提出了"两个毫不动摇"，十八届三中全会进一步提升为"两个都是"。随着基本经济制度理论的完善，十九届四中全会进一步对基本经济制度的内涵进行了拓展与丰富，由此，围绕所有制、收入分配制度和经济体制，形成了"3+X"的基本经济制度体系。

随着基本经济制度体系的确立与发展，国内很多学者进行了十分充分的讨论，其中最具代表性的研究主要集中于以下几个方面：以张卓元(1997)、卫兴华(2010)等为代表的学者主要从社会主义初级阶段、现代化建设需要等层面论证了所有制结构的改革是完善基本经济制度的内在需要；以张宇(2010)、程恩富(2011)、何干强(2012)、杨承训(2021)为代表的学者分别从主导作用、主体地位及生产力和价值等诸多标准层面研究了公有制经济的突出作用与实现形式；以裴长洪(2014)、常修泽(2017)等为代表的学者基于实证的角度，论

---

[1] 邓小平早就指出："我们马克思主义者过去闹革命，就是为社会主义、共产主义崇高理想而奋斗。现在我们搞经济改革，仍然要坚持社会主义道路，坚持共产主义的远大理想，年轻一代尤其要懂得这一点。但问题是什么是社会主义，如何建设社会主义。我们的经验教训有许多条，最重要的一条，就是要搞清楚这个问题。"邓小平. 邓小平文选：第3卷, 1993: 116.

证了中国基本经济制度框架中所有制经济的分布情况；以顾海良(2020)、程恩富(2020)、简新华(2021)、李正图(2021)为代表的学者从基本经济制度内涵拓展、理论创新、制度设计等层面进行论证与研究。

随着基本经济制度理论体系的逐步完善与成熟,如何从基本经济制度理论的一般原理出发,对当前世界各国的基本经济制度模式进行孰优孰劣的比较分析等方面的研究还相对欠缺。目前,仅有李正图、马立政(2017)、龚志民(2021)等少量学者尝试从实证层面论证了中国特色社会主义基本经济制度的合理性。但对于不同的基本经济制度模式总结与比较分析、不同基本经济制度最优变迁路径的经济学分析以及中国特色社会主义基本经济制度科学性和优越性的分析还十分欠缺。为此,本章将结合当前基本经济制度领域面临的关键问题,基于以上学者研究的成果,尝试构建基本经济制度性质判断标准的理论模型,并进行相应的理论分析。

社会主义与资本主义在基本经济制度上具有决定意义的差别就在于生产资料社会所有制结构。为此,对基本经济制度性质及孰优孰劣比较分析的理论必然要基于所有制经济的分布与发展状况,为此,本章延续笔者(2018)所有制层面的分析逻辑进行拓展分析,并基于"3+X"的基本经济制度体系中所有制、收入分配和经济体制三个主要组成部分进行模型创新与理论推演。

(二) 构建基本经济制度一般静态模型的假设条件

本章在构建基本经济制度模型的过程中,遵循"奥卡姆剃刀原理",这意味着,我们将致力于通过高度简洁的原则解答复杂的问题与现象。为此,本章主要考量的是世界各国不同类型基本经济制度[①]下经济效率最大化时[②]国民总收入。这意味着所构建的基本经济制度模型主要关注的是不同基本经济制度形态下所对应的GDP,这里GDP被假设高度抽象为在相应的基本经济制度下,经济体全部生产要素在不同配置方式下的经济功效。该分析前提还有效规避了仅仅从局部考察基本经济制度功效的偏颇,它是在全部生产要素的投

[①] 基本经济制度是指一个经济体的所有制经济形态构成,可以是公有制经济,也可以是私有制经济,更可以是公有制经济和私有制经济的混合形态。
[②] 在不同基本经济制度下,经济效率都存在从0至最大的状态。为了简化本文研究的模型,我们仅仅比较经济效率最大状态下不同基本经济制度所能创造的国民总收入。下同。

入量和一定的科技水平下,对不同基本经济制度形态下的潜在最优GDP进行理性分析。因为生产要素配置方式的不同,与基本经济制度的模式是一一对应的,所以客观、科学地对不同基本经济制度所有制层面孰优孰劣的比较分析,将在经济逻辑上与相应的全部生产要素的潜在最优GDP比较分析是一致的。沿此经济逻辑的对应关系,结合经济发展实际,我们进而考察基本经济制度的微观基础。在理论推演的过程中,我们的理论切入点是从单一生产要素的微观视角出发,因为,在不同的基本经济制度下,同一生产要素所创造的潜在最优GDP也相应不同。比如:一定生产力水平下,微观层面的某个或者某类生产要素在完全公有制经济形态下所对应的潜在最优GDP较高,而在完全私有制经济形态下却相对较低,反之依然成立。由此,将不同生产要素创造的经济功效进行加总,可以得到不同基本经济制度形态下潜在最优GDP。

在遵循本章所设定的这一关键前提下,我们试图构建五种典型的基本经济制度模型,为此,存在以下三方面的假设:

第一,在所有制层面:(1)本章仅仅考虑的是在科技水平固定不变的条件下,全部生产要素在一个经济体中实现了相应基本经济制度模型的经济效率最大化,由此可以从潜在最优GDP维度进行比较分析。(2)基本经济制度形态的模型仅仅考察公有制经济、私有制经济及其组合,并将相对应的生产要素归结在同一个坐标轴。(3)将不同基本经济制度形态下的全部生产要素按照固定顺序在X轴进行排序,其中,单个生产要素能够创造的GDP放在Y轴上,则X轴和Y轴坐标系中的面积就可以衡量全部生产要素能够创造的GDP。(4)生产要素配置模式与创造潜在最优GDP一一对应。(5)就创造GDP的全部生产要素来说,可以分为三组:创造相同GDP的生产要素组合,创造GDP呈边际递减的生产要素组合,创造GDP为零的生产要素组合。

第二,在收入分配层面:(1)本模型依然遵循马克思主义政治经济学关于分配的理论原则,即"分配的结构完全决定于生产的结构。分配本身是生产的产物,不仅就对象说是如此,而且就形式说也是如此"[1]。由此可以从生产要素的生产层面分析不同基本经济制度形态下收入分配的差异。(2)既然从生产

---

[1] 马克思,恩格斯. 马克思恩格斯全集:第30卷[M].北京:人民出版社,1995:36.

要素层面衡量收入分配的差异,在生产要素排列顺序不变的情况下,我们将类比测度收入不平等遵循的根本准则:庇古—道尔顿(Pigou-Dalton)公理,也就是重点考察在不同基本经济制度形态下,相应生产要素之间的收入差异的变化。(3) 在以上的假设下,本模型不同基本经济制度形态下收入分配之间的差异主要归结为生产要素之间创造 GDP 之间的差异。(4) 本模型仅考虑收入分配制度的相对值,也就是对不同基本经济制度之间的收入分配制度进行比较分析,并且收入分配制度的完善应该遵循帕累托改进的基本原则。

第三,在经济体制层面:(1)本模型依然从整体生产要素的经济效率出发衡量不同经济体制的效率。(2)不同基本经济制度形态下的经济体制的效率不同,它可以归结为相应的全部生产要素在相应基本经济形态下的潜在最优 GDP 与每个生产要素潜在最优 GDP 的加总之间的比值。

(三) 基本经济制度一般静态模型的理论分析

在以上三位一体的一般静态理论模型的假设基础上,我们构建的基本经济制度五种典型形态的模型如下:

模型 1:完全公有制经济模型,如图 3-5 所示:

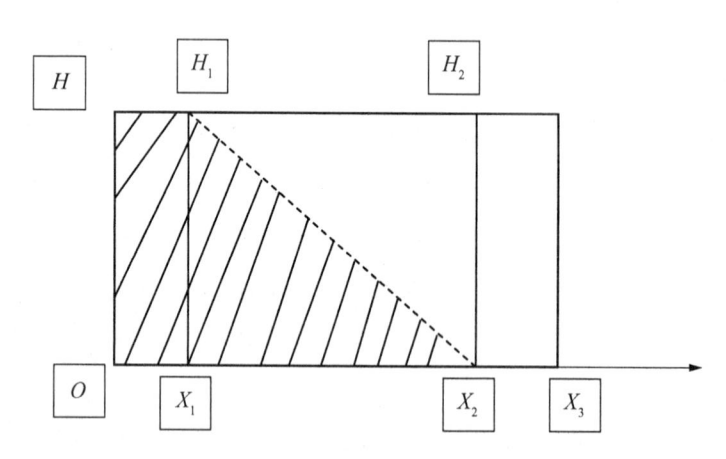

图 3-5 模型 1:完全公有制模型

该模型中,令各单一生产要素所能创造 GDP 为 $H_g(x)$[①]:

---

① 式中,$H_g(x)$ 中的 g 表示完全公有制经济形态。

第三章　中国特色社会主义基本经济制度理论

$$H_g(x) = \begin{cases} = H, & (\text{区间}1, X_1 \geqslant x \geqslant 0) \\ = -\dfrac{H}{X_2-X_1}x + \dfrac{H}{X_2-X_1}X_2, & (\text{区间}2, X_2 \geqslant x \geqslant X_1) \\ = 0, & (\text{区间}3, X_3 \geqslant x \geqslant X_2) \end{cases}$$

由于全部生产要素所能创造 GDP（用 G_g 表示）是这些单一生产要素各自 GDP 的总和，因此：

$$G_g^{①} = \int_0^{X_3} H_g(x)\mathrm{d}X = \int_0^{X_1} H_g(x)\mathrm{d}X + \int_{X_1}^{X_2} H_g(x)\mathrm{d}X + \int_{X_2}^{X_3} H_g(x)\mathrm{d}X$$

式中，等式右边第一部分表示区间 1 生产要素组合所能创造 GDP（用 G_1 表示），是由 OXH 长方形面积来衡量的：

$$G_1 = \int_0^{X_1} H_g(x)\mathrm{d}X = X_1 H \tag{1}$$

等式右边第二部分表示区间 2 生产要素组合所能创造 GDP（用 G_2 表示），是由 $X_1 X_2 H_1$ 三角形面积来衡量的：

$$G_2 = \int_{X_1}^{X_2} H_g(x)\mathrm{d}X = \frac{1}{2}(X_2 - X_1)H \tag{2}$$

等式右边第三部分表示区间 3 生产要素组合所能创造 GDP（用 G_3 表示），是由区间 3 与 X 轴重合的直线来衡量的：

$$G_3 = \int_{X_2}^{X_3} H_g(x)\mathrm{d}X = 0 \tag{3}$$

综上所述，该模型 $(O-X_3)$ 区间全部生产要素所能创造 GDP（用 G_g 表示）由(1)(2)(3)式相加而得，是由图 1 中的 $OHH_1 X_2$ 所围的阴影面积来衡量的，即：

$$G_g = X_1 H + \frac{1}{2}(X_2 - X_1)H$$

模型 2：完全私有制经济模型，如图 3-6 所示：

---

① 在模型 2、模型 3-1、模型 3-2、模型 3-3 中，GDP 的求解过程与模型 1 中的原理相同，将不再给出具体分析。

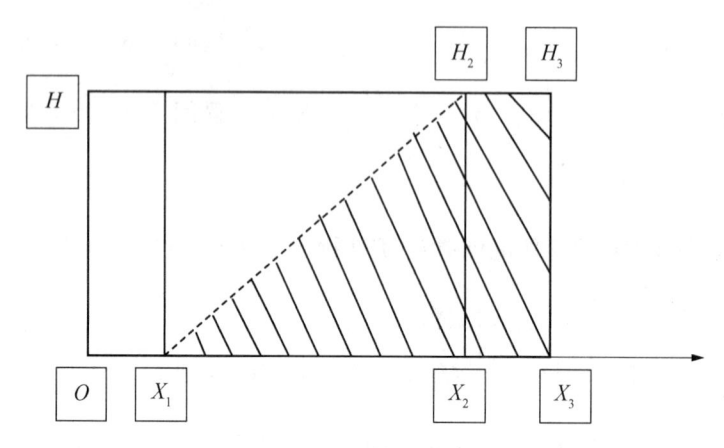

图 3-6 模型 2：完全私有制经济模型

同理，该模型中，令各单一生产要素所能创造 GDP 为 $H_s(x)$①：

$$H_s(x) = \begin{cases} = 0, & (区间 1, X_1 \geqslant x \geqslant 0) \\ = \dfrac{H}{X_2 - X_1} x - \dfrac{H}{X_2 - X_1} X_1, & (区间 2, X_2 \geqslant x \geqslant X_1) \\ = H, & (区间 3, X_3 \geqslant x \geqslant X_2) \end{cases}$$

因此，全部生产要素所能创造 GDP（用 G_s 表示）是由图 3-6 中的 $X_1 X_3 H_3 H_2$ 所围阴影面积来衡量的：

$$G_s(x) = (X_3 - X_2) H + \frac{1}{2}(X_2 - X_1) H$$

模型 3-1：公有制经济和私有制经济平分天下②，如图 3-7 所示。

其中，$(O - X_0)$ 区间的两个生产要素组合所能创造 GDP 是在公有制经济中获得的，是由图 3-7 中 $OX_0 CH_1 H$ 的阴影面积来衡量的；$(X_0 - X_3)$ 区间的两个生产要素组合所能创造 GDP 是在私有制经济中获得的，是由图 3-7 中 $CX_0 X_3 H_3 H_2$ 的阴影面积来衡量的。

---

① 式中，字母 $H_s(x)$ 中字母 s 表示完全私有制经济形态。
② 在本模型中，公有制经济和私有制经济平分天下可以体现在两个方面：一是就最大化经济效率相同时的生产要素总量来说，公有制经济与私有制经济平分天下；二是就最大化经济效率呈边际递减趋势时的生产要素总量来说，公有制经济与私有制经济平分天下。

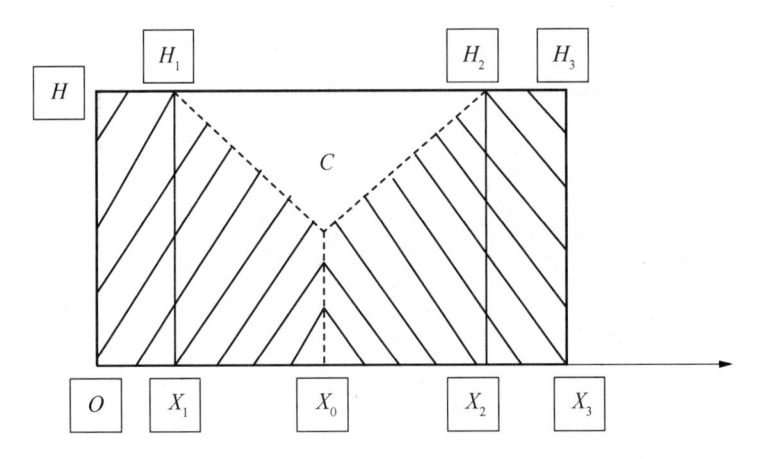

第三章 中国特色社会主义基本经济制度理论

图 3-7 模型 3-1：公有制经济与私有制经济平分天下

该模型中，令各单一生产要素所能创造 GDP 为 $H_h(x)$[①]：

$$H_h(x) = \begin{cases} H_g(x) = \begin{cases} = H, & （区间1, X_1 \geq x \geq 0） \\ = -\dfrac{H}{X_2 - X_1} x + \dfrac{H}{X_2 - X_1} X_2, & （区间2, X_0 \geq x \geq X_1） \end{cases} \\ H_s(x) = \begin{cases} = \dfrac{H}{X_2 - X_1} x - \dfrac{H}{X_2 - X_1} X_1, & （区间3, X_2 \geq x \geq X_0） \\ = H, & （区间4, X_3 \geq x \geq X_2） \end{cases} \end{cases}$$

因此，全部生产要素所能创造 GDP（用 G_h 为表示）是由模型 3-1 中的阴影面积来衡量的：

$$G_h = (X_1 + X_3 - X_2)H + \frac{3}{4}(X_2 - X_1)H$$

模型 3-2：公有制经济为主体多种所有制经济共同发展[②]，如图 3-8 所示：

---

① $H_h(x)$ 中字母 h 表示混合所有制经济形态。
② 在本模型中，公有制经济为主体可以体现在两个方面：一是就最大化经济效率相同时的生产要素总量来说，公有制经济中的生产要素组合大于私有制经济中的生产要素组合；二是就最大化经济效率呈边际递减趋势时的生产要素总量来说，公有制经济中的生产要素组合大于私有制经济中的生产要素组合。为了使模型简化起见，本模型和下一个模型中仅仅考虑第一方面，并且假设第二个方面平分天下。

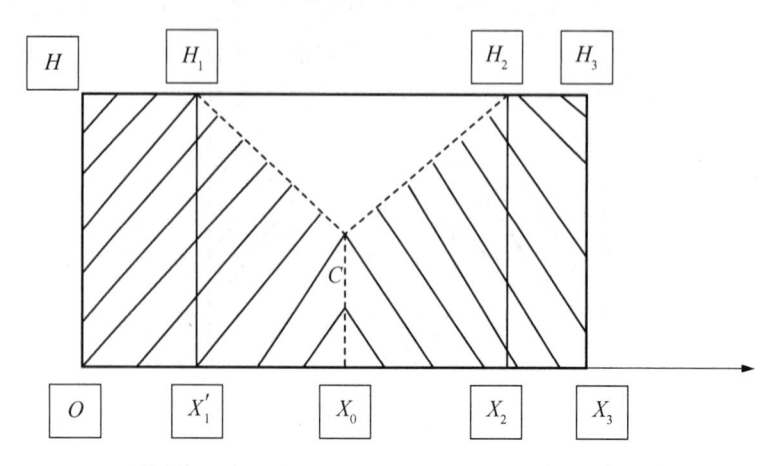

图 3-8　模型 3-2：公有制经济为主体多种所有制经济共同发展模型

和模型 3-1 相同，3-2 仍然分为四个区间的生产要素组合，所不同的是，$(O-X'_1)>(X_3-X_2)$，X_0 处于 O 与 X_3 中点的左侧，全部生产要素所能创造 GDP（用 G_{hg}[①] 表示）是由图 3-8 中的阴影面积来衡量的：

$$G_{hg}=(X'_1+X_3-X_2)H+\frac{3}{4}(X_2-X'_1)H$$

模型 3-3：私有制经济为主体多种所有制经济共同发展，如图 3-9 所示：

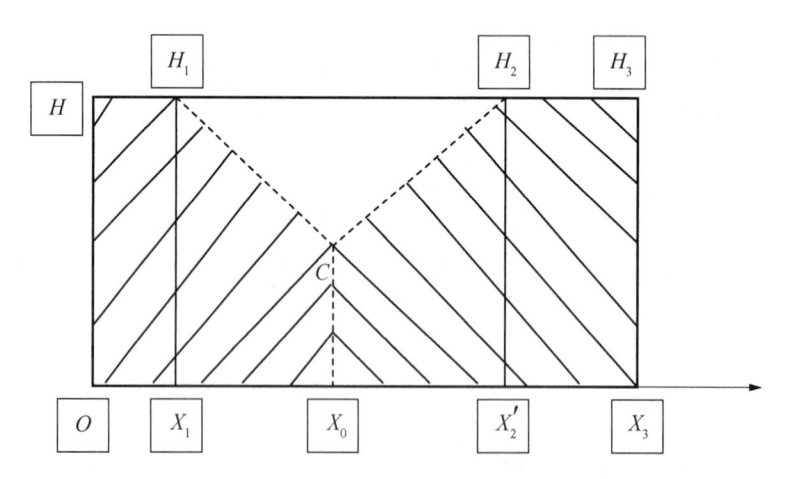

图 3-9　模型 3-3：私有制经济为主体多种所有制经济共同发展模型

---

① 式中，G_{hg} 表示公有制经济为主体多种所有制经济共同发展的混合所有制经济形态。

和模型3-1、3-2相同,3-3仍然分为四个区间的生产要素组合,所不同的是,$(O-X_1<X_3-X'_2)$,X_0处于O与X_3中点的右侧,全部生产要素所能创造GDP(用G_{hs}①表示)是由图3-9中的阴影面积来衡量的:

$$G_{hs}=(X_1+X_3-X'_2)H+\frac{3}{4}(X'_2-X_1)H$$

把上述五种基本经济制度模型(模型1、模型2、模型3-1、模型3-2、模型3-3)分别构建出来,一方面是为了探讨各种基本经济制度下国民经济的运行情况(可以用各种模型对应示意图中的阴影面积来衡量所能创造的GDP,也可以用数学模型直接计量出来);另一方面也是为了能够基于各种模型示意图中的阴影面积和计量结果比较这五种基本经济制度对GDP的贡献大小,为此,我们绘制了图3-10,结合图3-5至图3-9,就能够客观、科学、直观地判断五种类型基本经济制度彼此之间孰优孰劣。② 我们的比较及其结论如下:

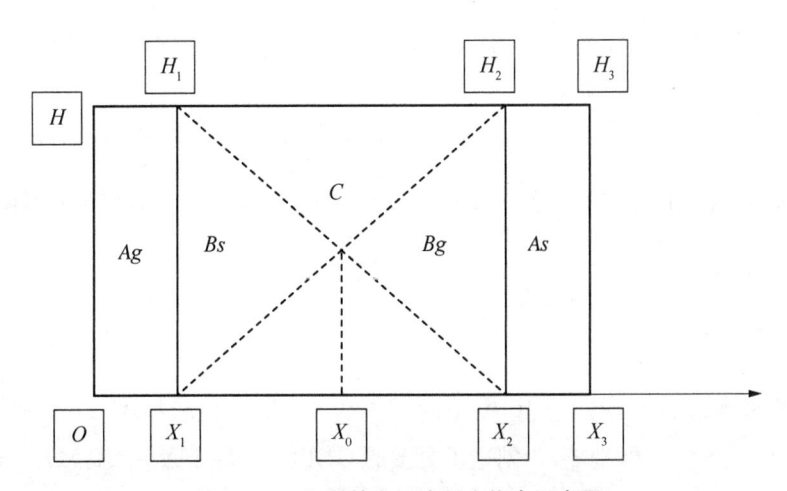

图3-10 不同基本经济制度优劣示意图

比较模型1和模型3-1,$G_h>G_g$,3-1创造了更多的GDP$\Big(=(X_3-X_2)H+\frac{1}{4}(X_2-X_1)H\Big)$,是由图3-10中$CX_2X_3H_3H_2$的面积来衡量的,

---

① G_{hs}中字母"hs"表示私有制经济为主体多种所有制经济共同发展。
② 如果需要得出各种基本经济制度孰优孰劣的精确数值,可以通过本书构建的数理模型进行精确计量。我们认为,在本书中只要进行示意图中阴影面积大小比较就足以说明问题了,所以计量工作将在后续研究成果中展示。

在图 3-10 中是面积 $(Bg+As)$；比较模型 2 和模型 3-1，$G_h>G_s$，模型 3-1 创造了更多的 GDP $\left(=X_1H+\dfrac{1}{4}(X_2-X_1)H\right)$，是由图中 CX_1OHH_1 的面积来衡量的，在图 3-10 中是面积 $(Ag+Bs)$。比较说明，模型 3-1 相比于模型 1、模型 2 具有明显的优越性。

比较模型 1 和模型 3-2，$G_{hg}>G_g$，模型 3-2 创造了更多的 GDP $\left(=(X_3-X_2)H+\dfrac{1}{4}(X_2-X_1')H\right)$，是由图中 $CX_2X_3H_3H_2$ 的面积来衡量的，在图 3-10 中是面积 $(Bg+As)$；比较模型 2 和模型 3-2，$G_{hg}>G_s$，模型 3-2 创造了更多的 GDP $\left(=X_1'H+\dfrac{1}{4}(X_2-X_1')H\right)$，是由图中 CX_1OHH_1 的面积来衡量的，在图 3-10 中是面积 $(Ag+Bs)$；比较模型 3-1 和模型 3-2，$G_{hg}>G_h$，模型 3-2 创造了更多的 GDP $(=(X_1'-X_3+X_2)H)$，在图 3-10 中是面积 $(Ag-As)$。比较说明，模型 3-2 相比于模型 1、模型 2、模型 3-1 具有明显的优越性。

比较模型 1 和模型 3-3，$G_{hs}>G_g$，模型 3-3 创造了更多的 GDP $\left(=(X_3-X_2')H+\dfrac{1}{4}(X_2-X_1)H\right)$，是由 $CX_2X_3H_3H_2$ 的面积来衡量的，在图 3-10 中是面积 $(Bg+As)$；比较模型 2 和模型 3-3，$G_{hs}>G_s$，模型 3-3 创造了更多的 GDP $\left(=X_1H+\dfrac{1}{4}(X_2'-X_1)H\right)$，是由图 3-9 中 CX_1OHH_1 的面积来衡量的，在图 3-10 中是面积 $(Ag+Bs)$；比较模型 3-1 和模型 3-3，$G_{hs}>G_h$，模型 3-3 创造了更多的 GDP $(=(X_3+X_2'-X_1)H)$，在图 3-10 中是面积 $(As-Ag)$。比较说明，模型 3-3 相比于模型 1、模型 2、模型 3-1 具有明显的优越性。

上述比较说明，无论是模型 3-1、模型 3-2 还是模型 3-3，所能创造 GDP 均大于模型 1 和模型 2，说明混合所有制经济优越于纯粹所有制经济（即完全公有制经济和完全私有制经济）。这一结论能够引申出相应的政策选择和决策，譬如，一个经济体在初始阶段不应当把纯粹的所有制经济作为基本经济制度；如果初始阶段已经作出了这样的选择和决策，那么在发展阶段就应当通过改革把纯粹的所有制经济转型为混合所有制经济。

然而,在混合所有制经济中,到底是选择模型3-1、模型3-2还是模型3-3更好呢?上述比较说明,无论是模型3-2还是模型3-3,所能创造GDP均大于模型3-1,说明混合所有制经济中必须由一种所有制经济作为主体,平分天下的情况只能是理想状态,现实中是不可能存在的。既然如此,到底是公有制经济为主体还是私有制经济为主体呢?通过上述比较,不难发现,仅仅从经济理性角度看,模型3-2和模型3-3是等价的,因为所能创造GDP完全相同。[①] 由此,我们认为,到底是公有制经济为主体还是私有制经济为主体已经完全不是经济理性范围内能够解决的问题,而需要拓展我们的理性视野,[②]从经济理性拓展到生态理性、社会理性和政治理性。从生态理性角度看,应当根据一个经济体所拥有天然资源禀赋所决定的这个经济体全部生产要素特征来作出基本经济制度的选择;从社会理性和政治理性角度看,就要根据这个经济体之上的国家所秉持的所有制经济理念及其变迁[③]来做出基本经济制度的选择。如果这个经济体所拥有的天然资源禀赋更多地存在于公有制经济所能创造GDP区间并且这个国家的政府正确地认识到这一客观现实,则选择模型3-2是最优选择;同理,如果这个经济体所拥有的天然资源禀赋更多地存在于私有制经济所能创造GDP区间并且这个国家的政府正确地认识到这一客观现实,则选择模型3-3是最优选择。如果这个经济体之上的国家秉持社会主义建设理念,则即使天然资源禀赋更多地存在于私有制经济那边,也会选择模型3-2;同理,如果这个经济体之上的国家秉持资本主义建设理念,则即使天然资源禀赋更多地存在于公有制经济那边,也自然会选择模型3-3。因此,到底是选择模型3-2还是模型3-3,已经超越了经济学研究的范畴。就本章的研究结果来看,我们认为,改革开放以来的中国选择模型3-2是历史和逻辑的必然。

(四) 综合三位一体基本经济制度框架的理论分析

基于政治经济学的基本原理可得到,基本经济制度是以各种所有制经济

---

① 这种相同的前提是基于本章的严格假定,如果放弃这些假定,则也能导致不相同,但这种不相同并不是本章研究的主题。
② 关于经济人理性的拓展,可参见李正图《委托-代理关系:制度、信任与效率》中的相关论述,参见学术月刊[J].2014(5):84-92.
③ 关于国家秉持什么样的所有制经济理念以及对客观经济活动中所有制经济变迁及其结构的影响和制约问题,本章作者正在另文探索。

形态为核心的。譬如,有的经济体中只有一种所有制经济形态,或者私有制经济,或者公有制经济;但也有的经济体中有多种所有制经济形态,或者公有制经济为主体多种所有制经济共同发展,或者私有制经济为主体多种所有制经济共同发展,或者公有制经济和私有制经济平分天下。上文的基本经济制度模型也从理论上进一步得到了五种典型形态的相应模式。由此可见,一个经济体的基本经济制度可能是在以下五种典型形态[①]中选择的一种:完全公有制经济、完全私有制经济、公有制经济与私有制经济混合而成的混合所有制经济的三种典型形态,即公有制经济和私有制经济平分天下、公有制经济为主体多种所有制经济共同发展、私有制经济为主体多种所有制经济共同发展。

我们将上述五种基本经济制度模型(模型1、模型2、模型3-1、模型3-2、模型3-3)分别构建出来,一方面是为了探讨各种基本经济制度形态下国民经济的运行情况;另一方面也是为了能够基于各种模型示意图中的阴影面积和模型计量结果,分别从所有制层面、收入分配和经济体制三个层面进行比较分析,并以几何表达形式直观地判断五种类型基本经济制度彼此之间孰优孰劣[②]。在生产力水平既定情况下,我们的比较及其结论如下:

第一,从所有制层面来看,无论是平分天下模型还是以公有制为主,或是以私有制为主的基本经济制度形态下,所有生产要素创造的潜在最优GDP都优越于完全公有制或者私有制的纯粹所有制的基本经济制度。第二,从收入分配层面来看,以上的理论推导可以得到以公(私)有制为主的基本经济制度形态在庇古—道尔顿(Pigou-Dalton)公理下,明显优越于完全公(私)有制的基本经济制度形态。第三,从经济体制层面来看,依然可以得到以公(私)有制为主的基本经济制度形态优越于完全公(私)有制的基本经济制度形态。

由此,本章关于不同基本经济制度性质的理论研究表明,正是基本经济制度(也就是所有制经济结构)性质的不同才把资本主义和社会主义区别开来,也才把一般社会主义和中国特色社会主义区别开来,进而认定:以私有制经济作为基本经济制度的核心,其性质是资本主义;以公有制经济作为基本经济

[①] 在客观实践活动中,基本经济制度呈现多样性、多元化特征。为了研究的简化起见,本章仅选择这五种典型形态构建模型并进行界定、测量和比较其GDP。

[②] 如果需要得出各种基本经济制度孰优孰劣的精确数值,可以通过本章构建的数理模型进行精确计量。我们认为,在本章中只要进行示意图中阴影面积大小比较就足以说明问题了。

制度的核心,其性质是社会主义;以公有制经济为主体多种所有制经济共同发展作为基本经济制度的核心,其性质是中国特色社会主义。

表 3-1 既定生产力水平下基本经济制度模型比较分析

典型基本经济制度形态	所有制层面经济功效	收入分配制度	收入分配相对位置	经济体制	经济体制效率	基本经济制度性质	基本经济制度优劣
完全公有制的基本经济制度①(模型1)	G_g	按需(计划)分配为主	低	计划经济	低	社会主义性质	劣
以公有制为主体的基本经济制度(模型3-2)	G_{hg}	按劳分配为主	较高	社会主义市场经济	高		优
以私有制为主体的基本经济制度(模型3-3)	G_{hs}	(市场)分配为主	较高	资本主义市场经济	高	资本主义性质	优
完全私有制的基本经济制度(模型2)	G_s	(市场)分配为主	低	市场经济	低		劣

更进一步,在多种所有制并存的三种基本经济制度形态下,究竟选择哪种模式呢?平分天下模型是绝对埋想条件下的基本经济制度形态,从经济理性的角度审查,以公有制为主与以私有制为主的基本经济制度形态在经济逻辑上是等价的。然而,我们发现经济体在选择具体基本经济制度形态时,往往不仅局限于经济理性,而且需要拓展至政治理性、社会理性、文化理性和生态理性等。从政治理性维度来看,基本经济制度选择受到一国政治理念的反作用;从社会理性维度来看,基本经济制度与社会公平、稳定等因素密切相关;从文化理性维度来看,基本经济制度选择受集体主义或者个人主义传统基因等因素制约;从生态理性维度来看,基本经济制度选择主要由经济体初始生产要素的禀赋决定。而本章恰恰在理论上可以从多个维度有力论证改革开放以来的中国选择以公有制为主体的基本经济制度形态的历史和逻辑的必然。

---

① 在生产力极大发展的情况下,完全公有制的经济效率依然遵循马克思的分析逻辑,本章主要是在既定生产力水平下进行分析,随着假设条件的放松,后续将进行动态分析。

二、基本经济制度一般动态模型

上述基本经济制度一般静态模型的构建及其界定、测量和比较,解决了如何判定不同基本经济制度的优劣问题。对不同基本经济制度优劣的判定,有利于我们在经济发展初始阶段关于基本经济制度的选择和经济发展过程中关于基本经济制度改革的决策,也能够加深我们对基本经济制度理论的理解程度。然而社会经济发展的客观实践表明,一个经济体一旦选择了某种基本经济制度,即使并不优越,也会形成强烈的路径依赖,进而决定了这个经济体所能创造的 GDP。如果这个基本经济制度下的 GDP 不能满足当期社会经济发展和国民生活的需求或者不能适应社会意识形态的变迁,就会形成这个基本经济制度变迁的强大动能,改革这种基本经济制度势在必然。既然如此,这种推进改革的客观依据是什么呢?为了回答和解决这一问题,我们认为,应当构建基本经济制度一般动态模型,以考察基本经济制度彼此相互转化的可能性和实用价值。

(一) 基本经济制度一般动态模型的相互转化分析

从动态角度看,一般静态模型五种典型形态所体现的基本经济制度彼此之间是可以相互转化的,譬如,模型 1 反映的基本经济制度可以转型为模型 2 或者模型 3 反映的基本经济制度(以下简写为模型);模型 2 可以转型为模型 1 或者模型 3;模型 3 可以转型为模型 1 或者模型 2;模型 3-1 可以转型为模型 3-2 或者 3-3;模型 3-2 可以转型为模型 3-1 或者 3-3;模型 3-3 可以转型为模型 3-1 或者 3-2。既然如此,我们如何考察五种基本经济制度彼此之间相互转化的动态过程呢?

为了完成这一研究任务,在不同基本经济制度彼此转化的过程中,我们需要引入时间变量 t,令经济体初始时刻为 t_0,转型时刻为 t_1,则上述各种基本经济制度彼此之间相互转型的路径有三个条件下 $[(X_1 = X_3 - X_2)、(X_1 > X_3 - X_2)、(X_1 < X_3 - X_2)]$[①]的动态模型:

---

① 这三个条件来源于前文基本经济制度一般静态模型中 X 轴上的三种情况。

1. 当 $(X_1 = X_3 - X_2)$ 时，不同基本经济制度彼此转型的动态模型

(1) 模型 1 与模型 2 或者模型 3-2 与模型 3-3 的相互转型。这种转型导致 GDP 相同（图 3-11 实线表示，不考虑转化成本，下同）：

$$G_s(t) - G_g(t_0) = 0$$
$$G_g(t) - G_s(t_0) = 0$$
$$G_{hs}(t) - G_{hg}(t_0) = 0$$
$$G_{hg}(t) - G_{hs}(t_0) = 0$$

(2) 模型 1 或者模型 2 转型为模型 3-2 或者模型 3-3。这种转型能够带来 GDP 增量：

$$G_{hg}(t) - G_g(t_0) > 0$$
$$G_{hs}(t) - G_g(t_0) > 0$$
$$G_{hg}(t) - G_s(t_0) > 0$$
$$G_{hs}(t) - G_s(t_0) > 0$$

(3) 模型 3-2 或者模型 3-3 转型为模型 1 或者模型 2。这种转型导致 GDP 的减少（虚线表示，下同）：

$$G_g(t) - G_{hg}(t_0) < 0$$
$$G_g(t) - G_{hs}(t_0) < 0$$
$$G_s(t) - G_{hg}(t_0) < 0$$
$$G_s(t) - G_{hs}(t_0) < 0$$

以上各种情况的动态转型如图 3-11 所示：

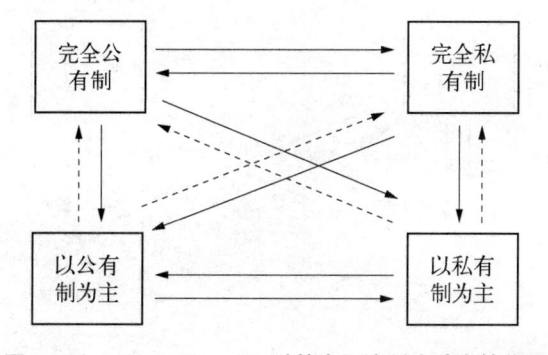

图 3-11　$X_1 = X_3 - X_2$ 时基本经济制度动态转化图

2. 当 $(X_1 > X_3 - X_2)$ 时,不同基本经济制度彼此转型的动态模型

(1) 模型1与模型2或者模型3-2与模型3-3的相互转型。这种转型分别导致GDP增加或者减少:

$$G_s(t) - G_g(t_0) < 0$$
$$G_g(t) - G_s(t_0) > 0$$
$$G_{hs}(t) - G_{hg}(t_0) < 0$$
$$G_{hg}(t) - G_{hs}(t_0) > 0$$

(2) 模型1或者模型2转型为模型3-2或者模型3-3。这种转型能够带来GDP增加:

$$G_{hg}(t) - G_g(t_0) > 0$$
$$G_{hs}(t) - G_g(t_0) > 0$$
$$G_{hg}(t) - G_s(t_0) > 0$$
$$G_{hs}(t) - G_s(t_0) > 0$$

(3) 模型3-2或者模型3-3转型为模型1或者模型2。这种转型分别导致GDP增加或者减少:

$$G_g(t) - G_{hg}(t_0) < 0$$
$$G_g(t) - G_{hs}(t_0) < 0$$
$$G_s(t) - G_{hg}(t_0) < 0$$
$$G_s(t) - G_{hs}(t_0) < 0$$

以上各种情况的动态转型如图3-12所示:

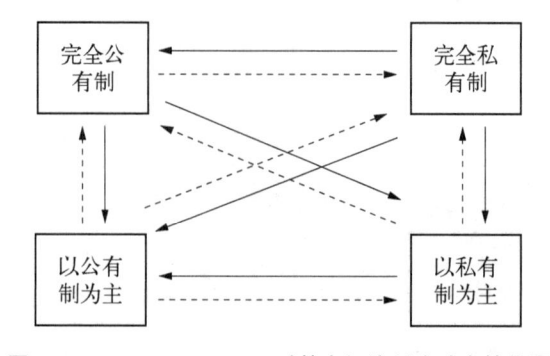

图3-12　$X_1 > X_3 - X_2$ 时基本经济制度动态转化图

第三章 中国特色社会主义基本经济制度理论

3. 当 $(X_1 < X_3 - X_2)$ 时,不同基本经济制度彼此转型的动态模型

(1) 模型 1 与模型 2 或者模型 3-2 与模型 3-3 的相互转型。这种转型分别导致 GDP 增加或者减少:

$$G_s(t) - G_g(t_0) > 0$$
$$G_g(t) - G_s(t_0) < 0$$
$$G_{hs}(t) - G_{hg}(t_0) > 0$$
$$G_{hg}(t) - G_{hs}(t_0) < 0$$

(2) 模型 1 或者模型 2 转型为模型 3-2 或者模型 3-3。这种转型能够带来 GDP 增加:

$$G_{hg}(t) - G_g(t_0) > 0$$
$$G_{hs}(t) - G_g(t_0) > 0$$
$$G_{hg}(t) - G_s(t_0) > 0$$
$$G_{hs}(t) - G_s(t_0) > 0$$

(3) 模型 3-2 或者模型 3-3 转型为模型 1 或者模型 2。这种转型分别导致 GDP 增加或者减少:

$$G_g(t) - G_{hg}(t_0) < 0$$
$$G_g(t) - G_{hs}(t_0) < 0$$
$$G_s(t) - G_{hg}(t_0) < 0$$
$$G_s(t) - G_{hs}(t_0) < 0$$

以上各种情况的动态转型如图 3-13 所示:

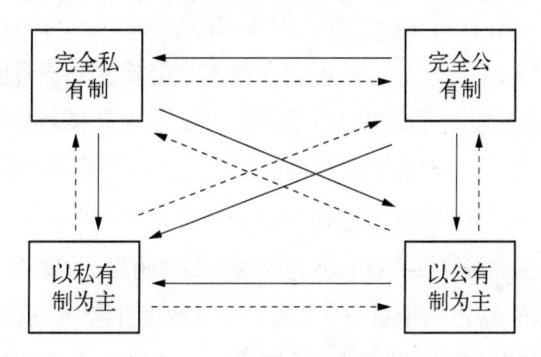

图 3-13 $X_1 < X_3 - X_2$ 时基本经济制度动态转化图

上述各种基本经济制度一般动态模型在社会经济实践中能够变成现实的情况十分复杂,每一种动态模型都反映了社会经济实践中一种制度变迁的可能性。但可能性并不一定成为现实性。在纷繁复杂的社会经济实践中,基本经济制度变迁同样遵循林毅夫揭示的诱致性制度变迁和强制性制度变迁的规律。

(二)生产力与生产关系视野下动态模型的转换与发展

本章已经从三位一体静态模型详细论证了基本经济制度的五种典型形态,并进行了理论分析和多维度解读。在生产力与生产关系视野下,纵观全球主要经济体经济发展历程可以发现,基本经济制度改革是推进经济发展的重要策略。既然如此,我们需要进一步探究,在动态演进的事业上,推进基本经济制度改革的客观依据是什么?为了深入研究这一问题,本章进一步从生产力和生产关系视野下,对基本经济制度一般动态模型进行进一步的考察。

演进规律一:在当前生产力水平稳定的情景下,基本经济制度的演进规律。

上文假设科技水平固定,这意味着经济体处于生产力水平稳定的情景下。当基本经济制度的经济理性占据支配地位时,完全公有制的基本经济制度三位一体的功效小于以公有制为主体的基本经济制度的功效,完全私有制的基本经济制度三位一体的功效小于以私有制为主体的基本经济制度的功效。这也是在当前生产力水平下,为何当今世界既不存在所谓的完全公有制的基本经济制度形态,也不存在完全私有制的基本经济制度的形态。更进一步分析可以发现,在这种条件下,虽然从所有制和经济体制两个维度来看,完全公有制有可能转化为以私有制为主的基本经济制度形态,完全私有制也有可能转化为以公有制为主的基本经济制度形态,甚至在经济理性下,以公有制为主和以私有制为主的基本经济制度之间可以存在转化的可能。但是,在充分考虑三位一体基本经济制度模型中的收入分配维度可以发现,由于在收入分配维度应该遵循帕累托改进的约束,导致以上情况均不可能实现相互转化。由此,基于诱致性制度变迁的机制且为经济理性条件下,一般存在两种典型基本经济制度形态的转化,要么是完全公有制的基本经济制度将逐步演进成为以公有制为主体的基本经济制度;或者是完全私有制的基本经济制度将逐步演进成为以私有制为主体的基本经济制度。

在生产力水平稳定的情景下,当基本经济制度非经济理性(特别是政治理性)占据支配地位时,基本经济制度的演进将不再遵循诱致性制度变迁的理论机制,而是遵循强制性制度变迁的理论机制。比如:在相同的基本经济制度性质范围内,哪怕以公有制为主的基本经济制度的功效大于完全公有制的基本经济制度的功效,完全公有制的基本经济制度形态也可能会出现。这意味着,在不同的基本经济制度性质范围内,哪怕一种性质基本经济制度的功效占优于另一种性质基本经济制度的功效,但是由于受到非经济理性因素的影响,基本经济制度很可能从最优的一种性质基本经济制度形态演进(强制性)成为次优的另一种性质基本经济制度形态。通过以上分析可以得到,基本经济制度具体演进的路径如图 3-14 所示:①

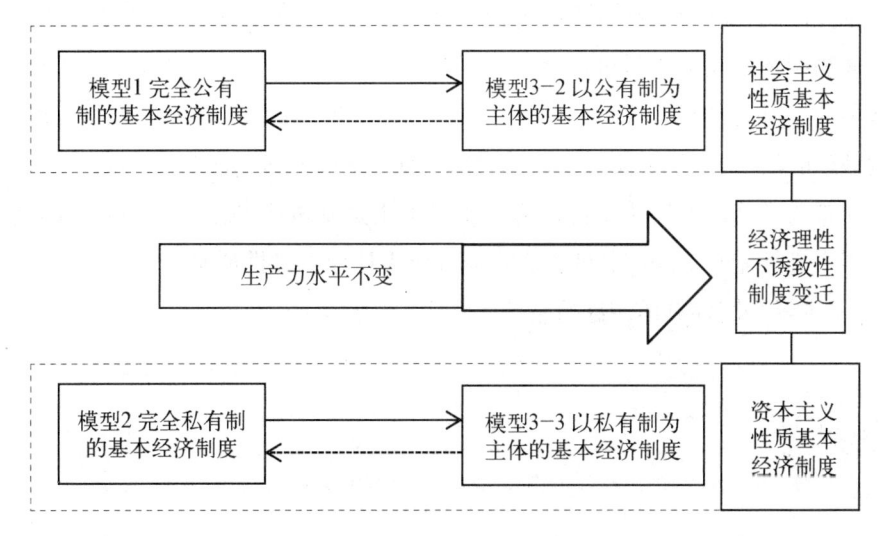

图 3-14 生产力水平稳定的情景下基本经济制度演进示意图

值得注意的是,在当前生产力水平稳定的情境下,虽然次优的基本经济制度形态可以在一定历史阶段存在,但是其经济功效的存在制度损失,必然影响基本经济制度的稳定性。特别是当我们对经济体的发展考察拓展至经济有机整体的视野时,由于政治、经济、社会、文化和生态等维度作为一个有机系统的组成部分,随着它们之间的相关制约特征逐步显现出来,这时,必然会内生性引致次优基本经济制度向最优基本经济制度变迁。

演进规律二:在生产力水平不断发展的情境下,基本经济制度的演进规律。

进一步结合经济社会发展实践可以发现,科技水平在短期可以固定,生产

---

① 其中实线表示诱致性制度变迁的演进路径,虚线表示强制性制度变迁的演进路径,下图同。

力水平短期可以不变。但将动态视角下的基本经济制度置于长期经济社会发展的演进视野时，生产力水平发生变化则是常态，此时基本经济制度也将随之变迁。正如马克思强调的："社会生产关系，是随着物质生产资料、生产力的变化和发展而变化和改变的。"[1]

由此，我们进一步放松科技水平固定的假设条件，得到如下基本经济制度演进规律：

在生产力不断发展的过程中，不同模式基本经济制度的功效将逐步分化。一方面，由于受到生产社会化和生产资料私有制矛盾的影响，资本主义性质的基本经济制度将面临更多的危机，对应的基本经济制度功效（不管是所有制、收入分配还是经济体制功效）将出现拐点，并不断下降。另一方面，由于科技能力的提升，特别是生产力水平的不断提升，社会主义性质的基本经济制度的功效（同样也是三位一体）将持续提升。由此，不管是理论上还是实践上，社会主义基本经济制度的功效将远远大于资本主义基本经济制度的功效。因此，资本主义性质基本经济制度将逐步演进成为社会主义性质基本经济制度。此时，基本经济制度具体演进的路径如图3-15所示：

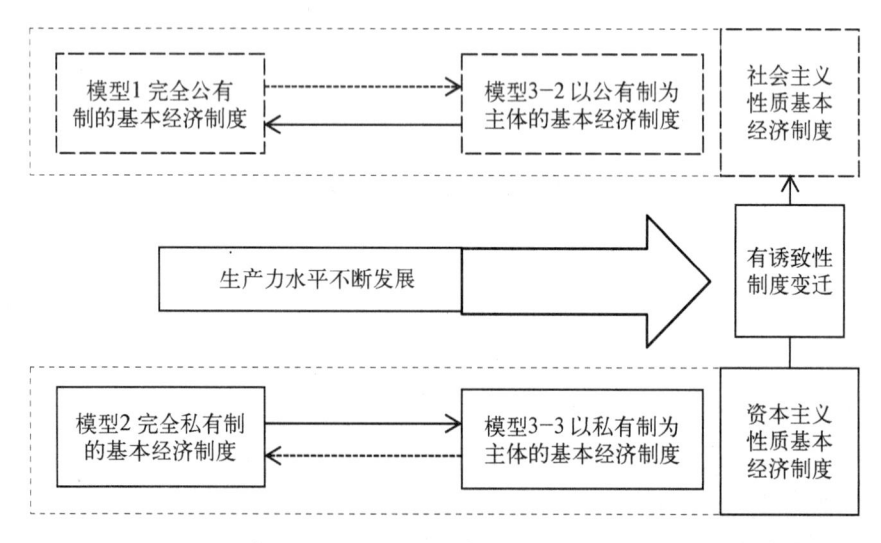

图3-15 生产力水平不断发展的情景下基本经济制度演进示意图

---

[1] 马克思,恩格斯.马克思恩格斯选集：第1卷[M].北京：人民出版社,2012：340.

图3-15还进一步得出了,随着生产力的不断发展,基本经济制度遵循以下最优的演进路径:从资本主义性质下的完全私有制基本经济制度—资本主义性质下的以私有制为主的基本经济制度—社会主义性质下的以公有制为主的基本经济制度—社会主义性质下完全公有制基本经济制度。在生产力水平不断发展的情境下,本章的动态模型所得到的基本经济制度演进路径与马克思的政治经济分析逻辑也是一致的。

当然,我们必须承认,在资本主义基本经济制度演进成为社会主义基本经济制度的过程,可能会存在一些曲折,特别是资产阶级为了固守其自身的利益,可能会依然秉持资本主义固有的阶段性理念下,强制性地阻挠向社会主义基本经济制度演进。但随着生产力的进一步发展,特别是社会化大生产的条件下,每个生产要素在不同基本经济制度形态下的经济功效(即$H(x)$)将发生变化,那么这种强制阻碍基本经济制度的变迁成本将会随着提升,阻碍基本经济制度变迁的可能性将进一步降低。

三、相关结论

通过以上的分析,本章关于基本经济制度理论的理论分析得出了以下几个重要结论:

第一,基本经济制度模型具有理论合理性和普遍适用性。本章构建了基于所有制、收入分配制度和经济体制为主的"3+X"基本经济制度模型,并依托该理论模型将基本经济制度分为五种典型形式。本模型是基于马克思主义政治经济学的基本原理,通过对中国特色社会主义基本经济制度的剖析,抽象出的一般的基本经济制度模型。其中,完全私有制、完全公有制和平分天下的基本经济制度模型虽是较为理想状态下的分析,但在生产力水平保持不变的前提下,却可以从理论上论证它们必然走向以公有制为主体或者以私有制为主体的基本经济制度模式的逻辑必然,这与当今世界主要经济体的基本经济制度变迁路径是一致的。与此同时,该模型的三个维度不仅适用于对不同国家基本经济制度的比较分析,而且适用于所有制结构转型国家不同阶段的比较分析,具有普遍的适用性。

第二,中国特色社会主义基本经济制度具有内在的科学性和优越性。从基本经济制度模型推演的结果来看,在静态分析的情境下,以公有制经济为主、多种所有制经济共同发展的基本经济制度模式,在所有制、收入分配制度和经济体制三个层面与完全公有制、完全私有制的基本经济制度模式相比,都具有显著的制度优势。更为重要的是,中国特色社会主义基本经济制度模式的制度优势也有效支撑了相关领域的改革。这是因为从所有制层面,基本经济制度模式的改革有效提升了对应的所有制模式的经济收益(潜在最优GDP),进而又内生性推动基本经济制度所有制模式的优化;从收入分配层面,基本经济制度模式的改革有效提高了对应的收入分配的相对水平,实现了效率与公平的有机统一;从经济体制层面,基本经济制度模式的改革有效推进了社会主义市场经济的建设,逐步形成了市场在资源配置中的决定性作用与更好地发挥政府作用的综合效率。

第三,在动态视角下,基本经济模型阐明了基本经济制度演进的未来方向。在静态视角下以公有制为主或者以私有制为主的基本经济制度模型存在理论的合理性,然而在动态视角下,本章得出了基本经济制度演进趋势的一般规律。(1)在生产力水平保持不变的前提下,当基本经济制度非经济理性(特别是政治理性)占据支配地位时,基本经济制度的演进将不再遵循诱致性制度变迁的理论机制,而是遵循强制性制度变迁的理论机制。(2)在生产力水平不断发展的条件下,社会主义基本经济制度将成为动态最优的基本经济制度模式,是各类基本经济制度长期演进的必然趋势。这一结论不仅是基于马克思政治经济学分析逻辑的自然结果,也进一步从基本经济制度范畴丰富和发展了中国特色社会主义政治经济学,成为具有一般理论内涵的经济理论,为世界各个国家基本经济制度的长期变迁趋势指明了方向。

第六节 中国特色社会主义基本经济制度理论的普遍意义

中国特色社会主义基本经济制度伴随着改革开放的不断推进逐步演化,在这样一个演化的实践过程中,逐步形成了中国特色社会主义基本经济制度理论。那么,在国际层面中国基本经济制度的优越性体现在哪里?中国特色社会主义基本经济制度与苏联、东欧以及欧美等国家的基本经济制度相比孰优孰劣?在国内层面,中国特色社会主义基本经济制度理论是否能够很好地指导我国经济的发展,能否为我国经济的发展和增长提供持续的制度动力呢?正是基于国际国内两个层面的深入思考,结合本章的数理论证,使得我们能够更加清晰地认识到中国特色社会主义基本经济制度的与苏联、东欧以及欧美等国家的基本经济制度相比具有制度优越性,并且能够为中国的经济发展提供持续的制度动力。由此可以发现中国特色社会主义基本经济制度理论意义重大,其主要包括以下几方面:

第一,丰富了中国特色社会主义政治经济学理论,为中国特色社会主义政治经济学的理论发展和理论创新提供了坚实的基础。中国特色社会主义基本经济制度是随着实践不断演化,中国特色社会主义基本经济制度具有很强的生命力。中国特色社会主义基本经济制度不是一蹴而就的,在改革开放之前,中国的基本经济制度是完全公有制经济的模式,与这种模式所对应的经济运行机制就只能是计划经济;在改革开放之后,基于实际国情,中国逐步探索出了以公有制为主体多种所有制经济共同发展的基本经济制度,与此相对应,中国也逐步发展和创新了经济运行机制,逐步探索了具有中国特色的社会主义市场经济。这是所有制结构的变化,引起了经济运行机制的变化,才使得中国特色社会主义基本经济制度逐步丰富了中国特色社会主义政治经济学。

更为关键的是,随着中国经济发展,经济体系的各个组成部分的关系愈加紧密。中共十五大确立了以所有制为核心的基本经济制度,中共十九届四中全会基于中国经济建设的实际,创新性地将所有制、收入分配和社会主义市场经济三者共同纳入了中国基本经济制度的框架。由此,中国基本经济制度体系构建起来,随着中国基本经济制度内涵的丰富和拓展,中国特色社会主义政治经济理论也进一步创新发展,这也是对马克思主义政治经济学的原创性贡献。当然,我们进一步参照中国特色社会主义基本经济制度理论的分析方法,还可以对典型国家基本经济制度进行比较分析,从而推动中国特色社会主义政治经济学的发展。

第二,弥补了当代主流经济学理论的不足,成为经济理论的重要组成部分。中国特色社会主义基本经济制度理论主要从以下三方面弥补了当代主流经济学理论的不足。

首先,一直以来,不管是主流经济学还是非主流经济学都缺乏对基本经济制度的理论研究,很多研究往往局限于基本经济制度的某个维度。比如,关于不同所有制经济主体的结构特征,收入分配状况的测算与分析,社会主义市场经济体制的影响因素,等等。而本章关于中国特色社会主义基本经济制度理论的研究则填补了经济学理论的空白,本章的研究不仅从思想史的角度梳理了中国基本经济制度形成的思想脉络,进而从实践和理论两个层面阐明了三位一体基本经济制度体系的科学性和优越性。

然后,很多国家在转型过程中照搬西方经济理论,总是出现这样或者那样的危机,而中国在发展的过程中在中国特色社会主义基本经济制度的指导下取得了举世瞩目的成绩。发达资本主义国家以私有制为核心的基本经济制度虽然在一定时期取得了较大的经济成果,但是其后的市场失灵、经济危机、金融乱象等,层出不穷,如果从基本经济制度体系考察可以发现,发达资本主义国家往往就是在基本经济制度层面进行了改良,才逐步使得经济发展回归到正常的发展轨道,缓解了发展过程中的相关矛盾。还有一些典型的转型国家,试图以发达资本主义国家的基本经济制度模式推进自己国家的改革,其转型变成了所有制层面盲目照搬私有制模式,经济体制崇拜市场经济,收入分配方面放弃公平机制等,最终导致很多这样的国家转型失败。以上种种的根本原因就是西方经济学理论并不是万能的,任何一个国家的发展都需要结合本国国情,探索出符合自身发展的经济理论,而中国特色社会主义基本经济制度就是这样一个理论。

最后,自中国改革开放以来,西方经济学家照搬西方经济学理论,对中国发展、中国模式的解读也是各种各样,其中不乏"中国崩溃论"。可以说,主流经济学对中国经济的很多误判都是基于西方经济理论,其不完备的理论也必然得出错误的结论。如果从基本经济制度体系出发可以发现,中国经济发展的微观主体就是不同所有制经济,中国经济发展的具体机制就是社会主义市场经济体制,中国经济发展的重要价值目标就是基于收入分配制度下的共同富裕。以上三个方面协同发展,虽然在个别方面存在些许问题,比如:收入分配还存在些许需要优化的地方、市场程度还不完善、不同所有制经济的发展效率不同,等等。然而,如果仔细观察这些方面就可以发现,这些问题不是中国特有的问题,是经济发展过程的普遍性问题,依此局部问题非议中国经济发展,恰恰忽略了中国基本经济制度体系的整体性、科学性和优越性。特别是社会主义＋市场经济的模式、不同所有制的共同发展、多种收入分配方式共存等,这些基本经济制度体系中的理论发展恰恰能在某些方面弥补西方经济理论的不足。

第三,提供了一种优越的基本经济制度发展模式。基本经济制度一般静态模型已经从理论上证明了,完全公有制或者完全私有制的模式都不是最优的基本经济制度。实践也证明了以苏联为首的完全公有制为基础的基本经济制度必然失败,甚至社会动荡;以老牌资本主义国家为首的完全私有制为基础的基本经济制度也面临种种危机,比如经济危机、贫富分化,等等。基本经济制度是经济运行的基础,由于苏联选取了公有制为基础的基本经济制度,对应的经济运行机制就是计划经济,老牌资本主义国家选取的是完全私有制为基础的基本经济制度,对应的经济运行机制就是市场经济。中国依据实际国情,逐步发展了以公有制为主体,多种所有制经济共同发展的基本经济制度,那么与此相对应的经济运行机制就是中国特色社会主义市场经济。值得注意的是,由于完全私有制为基础的基本经济制度结合市场经济在历次经济危机后也逐步转变为以私有制为主体的基本经济制度。

本章构建的基本经济制度动态模型已经论证了,在诱致性制度变迁的条件下,基本经济制度会自行逐步变迁为以公有制经济为主体或以私有制经济为主体的所有制形态,同时收入分配制度和社会主义市场经济也同步转型优化,这是完全符合基本经济制度理论的。那么,基本经济制度理论也能进一步证明其是经济运行的基础,因为,在完全公有制情况下必然不可能实施市场经济,同理,在完全私有制情况下不可能实施计划经济。因此,可以说,中国特色社会主义基本经济制度与中国特色社会主义市场经济相结合的模式是优越的,中国特色社会主义基本经济制度的发展模式是优越的。

第四章

基本经济制度指标体系研究

在前文,我们从基本经济制度一般静态模型逐步拓展至基本经济制度一般动态模型;在基本经济制度动态模型中,我们从理论上阐明了完全公有制经济演变为混合所有制经济的经济机制。那么,通过对中国基本经济制度演进的实践观察,我们发现,中国基本经济制度的演进模式的重要特征之一就是从完全公有制经济逐步演变为以公有制为主体、多种所有制经济共同发展,并且在此过程中基本经济制度不断优化,进而才使得中国取得了一系列的经济成就。但是,至今仍然缺乏对中国基本经济制度演进趋势的相关研究,本章就是在前文理论论证的基础上,试图构建基本经济制度指标体系,进而对中国基本经济制度演进进行实证研究。

当前,基本经济制度指标体系构建的文献还比较少,近年来比较具有代表性的研究主要是侧重于公有制经济主体地位的综合评价。如:国家统计局课题组(2001)设计了一套对国有经济控制力的评估方法,首先从静态上考察国有经济的调节力、保障力状况,主要反映国有经济在全行业的比重状况;然后考察国有经济的竞争力和发展活力状况,主要是看国有经济的投入产出效率状况;最后将上述两种状况结合起来,通盘考察国有经济对整体国民经济的影响、调节和保障状况。谭劲松、王文焕(2010)基于公有制经济在吸收劳动就业、创造 GDP 总量、拥有固定资产、上缴财政税收、出口创汇、高新技术产业中所占份额等六大指标,以全国范围内的公有制经济为评价对象构建了公有制经济主体地位的评价体系。赵华荃(2012)依据国家统计局和国家工商行政管理总局公布的历年统计年报资料,以产业数据为基础,计算了公有制经济资产和非公有制经济资产占全国经营性资产比重,进而论证了国有经济在国家经济命脉领域的主导作用和控制力。裴长洪(2014)以不同生产资料所有制的经营性资产价值量作为衡量主次地位的边界标准,估算第一产业公有制经济与非公有制经济的资产规模及其比重变化,并在前人估算的基础上,延伸估算第二和第三产业两种所有制的资产规模及其比重变化。与此同时,也有学者关注于不同所有制经济的评价研究,但是相关研究一方面局限于工业层面;另一方面仅以企业效率作为评价的标准。如:任毅、丁黄艳(2014)运用DEA模型和Malmquist指数法,通过对国有及国有控股工业与私营工业企业的全要素生产率及其分解指标的分析,从规模效率、管理水平和技术创新视角对我国不同所有制经济工业企业经济效率进行比较研究。黄速建、李倩和王季(2017)构建出评价我国不同所有制经济工业企业综合效率的指标体系,进而对2001—2014年度我国不同类型工业企业的综合效率指数进行分析。

在构建指标体系方面,相关理论研究已经比较成熟。苏为华(2000)将综合评价指标体系的方法归纳为以下几类:综合法、目标层次法、交叉法、指标属性分组法,并详细介绍了每种方法的原理和适用范围。李远远(2009)将综合评价指标权重的方法概括为三类:主观赋权法、客观赋权法和组合赋权法。汤光华、曾宪报(1997)提出构建统计指标体系应坚持目的性、全面性、可行性、稳定性、协调性、结合性等基本原则。

构建基本经济制度评价指标体系需要参照当前比较知名的指标体系,如:联合国开发计划署的人文发展状况指数(HDI—Human Development Index),其综合了健康、教育和生活水平等指标,动态地衡量了人类发展状况,有效地衡量了一个国家的福利水平和社会进步程度;世界银行从1996年开始发布覆盖全球215个国家和地区的全球治理指标(WGI—worldwide governance indicators),主要包括话语权和责任、政治稳定性和不存在暴力、政府效率、规管质量、法治和腐败控制6个维度,衡量一国政府公共治理成效;樊纲、王小鲁等(2003)以5个方面、23个分指标为基础,用"主因素分析法"(Principal Component Analysis)为基本计量方法,构造"中国各地区市场化进程相对指数",作为解释体制变革在中国经济效绩改进中作用的有效工具。

综上所述,不难发现仍然缺乏一个全面综合统一的指标体系来衡量基本经济制度演进趋势。由于缺乏这套指标体系,导致我们对基本经济制度本身、所处环境、发挥功能缺乏系统全面的了解。这一困境既不利于政府制定基于基本经济制度的相关政策,也不利于进一步完善基本经济制度。为了填补这一研究空白,本章首先将从发展状况、环境和功能等三个维度选取相应指标,构建相对完整的基本经济制度指标体系。其次,结合中共十九届四中全会对基本经济制度内涵的丰富与拓展,对具有一般意义的基本经济制度指标体系结合中国国情进行进一步的优化与完善。最后,结合中国具体的相关数据,进行相应的实证研究。

整体而言,本章实证分析的结果验证了本章构建的基本经济制度指标体系的科学性和实用性;在中国基本经济制度指数基础上,本章分析了中国基本经济制度演进趋势和规律,进而总结相关结论。

第一节 科学构建基本经济制度指标体系

一般说来,指标体系及其指数的构建往往遵循两个原则:指标体系及其指数必须能够准确反映目标对象的实际情况及其演进趋势;指标体系及其指数必须满足统计科学原则。基本经济制度指标体系及其指数的构建也应如此。鉴于此,本文构建基本经济制度指标体系及其指数可以从以下几方面进行。

一、准确反映基本经济制度体系客观情况

基本经济制度指标体系的客观基础是基本经济制度体系,经济制度体系依存于相应的经济体,而经济体是在一定的政治、经济和社会环境下发展的。经济制度与经济功能相关,好的经济制度能够使经济体发挥正向的、更大和更好的功能,反之,则是负向的、更小和更差的功能。任何制度都必须对人类社会发展发挥这样那样的功效,基本经济制度也是如此。优越的基本经济制度能够促进整个经济制度的优越性,整个经济制度的优越性能够确保经济在正确轨道上运行和取得最优经济功能,因此,基本经济制度优越或者不优越是整个经济制度体系、整个经济发展状况乃至整个社会发展状况优越或者不优越的关键因素,测量基本经济制度到底优越或者不优越的工作对于经济发展状

况、社会发展状况来说都十分重要、十分必要,与之相应,如何构建衡量基本经济制度优越或者不优越的指标体系自然就成为构建基本经济制度指标体系不可或缺的有机内容。因此,基本经济制度指标体系首先要能够描述基本经济制度体系发展状况,其次要能够描述基本经济制度所处的政治、经济和社会发展环境,再次要能够描述其功能。综上所述,我们认为,基本经济制度指标体系应当细分为三个子体系,即:基本经济制度的发展状况指标体系、环境指标体系、功能指标体系。

二、遵循构建基本经济制度指标体系的科学方法

依据指标体系及其指数构建的一般方法,本书在构建基本经济制度指标体系及其指数时,建立三级指标体系,并通过熵权法确定指标权重。

(一) 一级指标的构建及依据

根据前文阐述,我们认为,基本经济制度指标体系的一级指标包括发展状况、环境和功能。这三个一级指标分别对应三个指数,三个指数共同影响基本经济制度指数,用字母 Z、F、H 和 X 分别表示基本经济制度指数、发展状况指数、环境指数和功能指数。则基本经济制度指数如下式所示:

$$Z = \alpha_1 F + \alpha_2 H + \alpha_3 X$$

其中,基本经济制度发展状况指数、环境指数和功能指数的系数分别为 α_1、α_2、α_3,它们分别表示三个一级指标的权重。

(二) 二级指标构建及依据

上述一级指标中的基本经济制度发展状况由公有制经济、私有制经济和混合所有制经济发展状况三个二级指标构成。通过二级指标在构成一级指标过程中的不同权重,不仅可以量化分析公有制经济与非公有制经济的总量情况,而且还可以很好地量化分析公有制经济与非公有制经济的结构效应。

一级指标中的基本经济制度环境是由政府环境与市场环境两个二级指标构成。通过政府环境和市场环境在构成一级指标的不同权重,可以定量地观

测不同的政府与市场关系对于基本经济制度环境的影响。

一级指标中的基本经济制度功能是由经济功能和非经济功能两个二级指标构成。基本经济制度功能是衡量基本经济制度成效的核心变量,在衡量某种制度是否是最优制度的过程中,不能仅仅关注经济功能(如 GDP、人均收入等),还应该关注非经济的功能(如环境状况、社会公平、政治稳定等),只有综合了经济功能与非经济功能的二级指标才能形成更加全面与科学的基本经济制度功能的一级指标。

(三) 三级指标构建及依据

通过三级指标提炼出具有综合评价的二级指标,再由二级指标提炼出一级指标,最后基本经济制度指标体系就形成一个可观测的、全面性的、高精度的体系。其中三级指标与二级指标的关系可由下式表示:

$$Q = \sum \beta_i q_i$$

其中 $i=1,2,3,\cdots$,二级指标由字母 Q 表示,q_i 表示第 i 个三级指标,其指标选取依照基本经济制度发展状况、环境和功能中具有代表性的基础指标项,其遵循以下两个原则(其具体指标见表 4-1):(1) 符合基础理论的逻辑性;(2) 数据的客观性与可得性。β_i 表示第 i 个三级指标所占的权重,其确定原则主要依据统计的科学性,采用熵权法确定具体权重。

三、基本经济制度指标体系的框架与内容

基于上文的理论分析与数理原则,本章将构建一个基本经济制度指标体系,其指标体系的一级指标分别是基本经济制度发展状况、基本经济制度环境和基本经济制度功能。

在基本经济制度发展状况层面,该指标体系涉及的二级指标分别是对应公有制经济、私有制经济和混合所有制经济的发展状况。在衡量不同所有制经济的发展状况时,基础指标结构应该至少满足以下两点要求:第一,具有衡量不同所有制经济对应的经济数据;第二,不同所有制经济的数据应该囊括经济体的总体层面。当前,对于不同所有制经济的发展状况数据最为丰富的数

据来源是工业层面的,其包括产值、就业等指标。已经有很多学者利用此类数据进行了相关研究,但是,工业数据仅仅能够对中国经济发展的工业层面进行研究,特别是随着第三产业的发展壮大,再单纯利用工业数据已经不再适用于对中国整体经济发展,尤其是不再适用于中国基本经济制度的研究。因此,本书牺牲了部分数据的丰富性,选取了不同所有制经济固定投资的相关数据,可喜的是,相关数据不仅仅囊括中国经济的整体层面,而且其数据结构同时包括投资金额与新增金额,在投资与产出之间形成了闭环。因此,本书使用不同所有制经济固定资产投资的相关数据能够很好地反映基本经济制度发展状况。

在基本经济制度环境层面,主要涉及的是对不同所有制经济发展环境的刻画。政府环境、市场环境、社会环境、生态环境等一系列的环境都会影响到基本经济制度的发展。我们基于以下两方面考虑选取政府环境和市场环境最为基本经济制度环境的二级指标:第一,社会环境和生态环境对经济发展的影响远远低于政府环境和市场环境对经济发展的影响,可以说政府环境和市场环境是对基本经济制度发展影响最大、最为核心的环境。第二,相对于政府环境和市场环境,其他环境的演化过程一般而言比较缓慢,政府环境和市场环境很大程度上可以受到主观意志的推动。社会环境受到文化、意识、心理等多因素的影响,很难主观推动。生态环境又更多受到环境、资源等方面的限制也很难主观推动。政府环境指数主要衡量的是基本经济制度运行环境中的政府环境状况,政府环境很大程度上取决于政府的实力和维持市场秩序的能力,因此三级指标选取了一般公共财政支出、法治水平、政府诚信和政府效率。市场环境指数主要衡量的是基本经济制度运行环境中的市场环境状况,市场环境主要体现为,在市场机制下,资源配置的过程及其效率。因此,三级指标选取了商业自由、税收负担、金融自由、贸易自由。

在基本经济制度功能层面,基本经济制度的经济功能是十分重要的。基本经济制度是否科学,基本经济制度运用是否成功的重要检验标准就是基本经济制度的经济功能是否很好地发挥。正如李太淼(2014)指出,基本经济制度的经济功能是基本经济制度的首要功能,也是其最重要的功能,是基本经济制度制定和实施的最基本价值与合理性所在。[1] 但仅仅关注于经

---

[1] 李太淼.中国基本经济制度深化研究[M].郑州:河南人民出版社,2014.

济功能是不够的,如果过度强调经济功能,在发展过程中就会存在很多问题,比如贫富分化、环境破坏、政治风险等,因此基本经济制度指标体系对于基本经济制度功能的评价是综合了经济功能和非经济功能。基本经济制度经济功能主要衡量的是基本经济制度对应的经济效益状况,其不仅体现在一个经济体(宏观层面和微观层面)的经济发展的成果,还体现在其抵御经济冲击的能力。因此,三级指标选取了 GDP、城镇居民可支配收入、农村居民可支配收入、外汇储备、政府部门杠杆率、居民部门杠杆率、金融机构杠杆率、企业部门杠杆率等。基本经济制度非经济功能是经济功能的补充,两者共同决定了国家的综合实力,本指标体系的非经济功能主要体现在结构层面、社会层面、政治层面和生态层面。因此,三级指标选取了基尼系数、社会稳定、国家脆弱程度、工业污染治理。综上所述,中国基本经济制度指标体系如下:

表 4-1 基本经济制度指标体系

一级指标	二级指标	三级指标	三级指标属性
基本经济制度发展状况(F)	公有制经济发展状况	1. 公有制经济固定投资金额; 2. 公有制经济当年资产增加额	+ +
	私有制经济发展状况	1. 私有制经济固定投资金额; 2. 私有制经济当年资产增加额	+ +
	混合所有制经济发展状况	1. 混合所有制经济固定投资金额; 2. 混合所有制经济当年资产增加额	+ +
基本经济制度环境(H)	政府环境	1. 一般公共财政预算支出; 2. 法治水平; 3. 政府诚信; 4. 政府效率	+ + + +
	市场环境	1. 商业自由; 2. 税收负担; 3. 金融自由; 4. 贸易自由	+ — + +

续 表

一级指标	二级指标	三级指标	三级指标属性
基本经济制度功能(X)	经济功能	1. GDP； 2. 城镇居民人均可支配收入； 3. 农村居民人均可支配收入； 4. 外汇储备； 5. 政府部门杠杆率； 6. 居民部门杠杆率； 7. 金融机构杠杆率； 8. 企业部门杠杆率	＋ ＋ ＋ ＋ － － － －
	非经济功能	1. 基尼系数； 2. 社会稳定； 3. 国家脆弱指数； 4. 工业污染治理投资完成	－ ＋ － ＋

四、基本经济制度指标体系的应用前景和价值

基本经济制度指标体系的应用前景主要包括以下两方面：第一，在纵向层次，基本经济制度指标体系可对中国的基本经济制度进行客观的定量计算与分析，通过基本经济制度指数能够直观地反映出中国基本经济制度的内部结构及其演化路径，从而对基本经济制度的演化过程进行合理的追踪、预测。第二，在横向层次，基本经济制度指标体系也可以对当前全球主要经济体进行客观的定量计算与分析，通过基本经济制度指数对主要经济体的基本经济制度的内部结构和演化路径进行对比，衡量出不同国家基本经济制度在全球所处的位次；与此同时，基本经济制度指标体系也可以对中国不同地区的基本经济制度贯彻进行定量的计算与分析，总结中国不同地区基本经济制度体系的特征，探究不同地区基本经济制度变迁的最优路径。

基本经济制度指数对当前中国具有很高的应用价值。首先，中国基本经济制度指数作为重要的参考系，可以有效地得出中国基本经济制度的演化路径，可以对中国改革开放以来在基本经济制度方面所取得的成就给予一个评价参考体系；其次，当前对中国公有制经济的主体地位争议一直很大，怎么看

待当前基本经济制度中的公有制的主体地位,基本经济制度指数以及其二级指标、三级指标可以对其进行理论分析与定量佐证;再次,对于当前中国进一步改革开放的过程中的"极端自由主义"主张的全面私有化和"极端干预主义"主张进一步强化公有制的两种思潮给予科学的参考指标;最后,对于中观与全球其他主要经济体的对比以及中国道路、中国模式在世界发展过程中的合理性与优越性给予重要的参考指标。

第二节　中国基本经济制度指标体系的优化

基本经济制度是中国经济制度体系中的核心指导,其制度内涵演进具有显著的中国特色。习近平总书记在2020年经济社会领域专家座谈会上的讲话中提出:"改革开放以来,我们及时总结新的生动实践,不断推进理论创新,在发展理念、所有制、分配体制、政府职能、市场机制、宏观调控、产业结构、企业治理结构、民生保障、社会治理等重大问题上提出了许多重要论断。"[①]其中,就包括基本经济制度理论。

改革开放以来,中国经济的发展一方面需要相应的理论指导,另一方面,随着经济实践的探索与丰富,相应的经济理论也随之不断演进。我国的财政体制、金融体制、产业体制等,都具有这样的特征,都是从改革开放之后不断丰富完善的。在中国的制度体系中,基本经济制度最为重要。在中共十九届四中全会之前,中国基本经济制度的内涵主要是围绕所有制层面展开的。如果深入考察所有制的具体内涵就可以发现,不同所有制经济的本质是中国经济发展的微观主体,是中国经济大厦的实体组成部分。然而,改革开放以来的经济发展实践揭示了,仅仅具备经济大厦的实体因素,还不足以使得经济高质量发展。这些经济发展的实体因素如何更好地结合到一起,需要相应的制度体系,这在经济领域就体现在市场经济体制,结合中国的国情则进一步体现为社会主义市场经济体制。在改革开放之初,中国所有制层面集中体现为"一大二

---

① 习近平.在经济社会领域专家座谈会上的讲话[M].北京:人民出版社,2020:10.

公三纯"的形态。当时,经济体制往往与政治体制密切相关,因为资源配置不是基于整个国家市场的供求关系的调节的,而是基于行政计划的模式进行调节的。与此对应的收入分配也呈现出显著的平均主义特征。但随着改革开放的推进,所有制形态不断优化,社会主义市场经济体制不断完善,收入分配的经济调节作用也逐步发挥作用。

正是依据经济发展过程中各个体系之间关系愈加密切,中共十九届四中全会将基本经济制度内涵也进行了相应的丰富与完善。然而,如何从理论层面深入理解这种基本经济制度的演进呢？尤其是从理论上阐明所有制、经济体制和收入分配之间的内在逻辑呢？这就需要我们进一步对上述的基本经济制度综合评价指标体系进行进一步完善。一方面对基本经济制度的演进状况进行科学、全面和客观的考察,另一方面为阐明三位一体基本经济制度内在合理性提供重要的实证论据。

一、中国基本经济制度体系优化的理论基础

一直以来,对中国特色社会主义基本经济制度的实证研究往往聚焦于"所有制"层面,特别是针对公有制为主体的测算。比如：上文已经梳理的相关代表性文献,包括：赵华荃(2006)经过测算得到的国有经济的主导论。何干强(2012)得出人与人在生产中的社会关系形态的统计指标,对应的公有制经济占主体地位。裴长洪(2014)进行估算后的中国公有制资产仍占主体,非公有制经济贡献占优,中国社会主义基本经济制度充满活力。以上已经有详细介绍,这里不再赘述。

也有一些学者对收入分析制度指标体系进行了研究,比如：许海平、宋树仁(2011)试图从公平和效率两个方面,就劳动收入分配、发展成果共享、层际分配、产出和投入五个层面的有机整合为切入点,并结合我国具有城乡二元结构等实际情况,初步构建我国居民收入分配和谐度指标体系,为我国政府的相关部门解决居民收入差距提供决策参考和分析框架。柯希嘉(2015)依据完整的研究指标体系和严谨的指数编制方法进行中国职工收入分配指数的编制工作,进而形成能够较为全面反映职工收入分配状况的中国职工收入分配指数。中国职工收入分配指数一方面可以通过对历史数据的比较来研究中国职工收

入分配状况的整体趋势；另一方面可以通过对当前中国收入分配状况进行结构分析，掌握职工收入分配的结构性变化，并为进一步研究和相关政策法规的制定奠定科学的数据基础。孙敬水、赵倩倩（2017）界定了收入分配公平的内涵，从初次分配公平和再分配公平两大方面构建了分配公平评价指标体系，提出了分配公平的测度方法，基于1985—2013年东中西部地区面板数据，对中国收入分配公平程度进行综合评价与比较分析。研究结果表明：我国收入分配总体上处于相对公平状态，呈现上升趋势。其中初次分配处于比较公平状态，再分配处于相对公平状态，初次分配公平度大于再分配公平度。王阳、谭永生、李璐（2019）通过构建包含初次分配效率、初次分配公平和其他分配公平等三个评价维度及20项评价指标的体现效率、促进公平的收入分配评价指标体系，运用逐级等权法确定指标权重，发现2007—2016年我国体现效率、促进公平的收入分配状态指数值稳步上升，但到2017年指数值又出现下降。比较三个评价维度的贡献显示，效率与公平的作用已经发生变化：一是从效率为重向公平为重转变；二是从初次分配公平为重向初次与其他分配公平并重转变。

然而由于当时中国特色社会主义基本经济制度理论还没有实现三位一体的理论框架，进而以上研究与中国特色社会主义基本经济制度存在部分理论脱节，需要进一步进行完善。同时，马立政、彭双艳、李正图（2017）认为，任何经济体的制度体系都可细分为基本经济制度与非基本经济制度两个子体系。基本经济制度体系既决定整个经济制度体系也决定非基本经济制度体系。因此，把握基本经济制度体系的状况尤其重要。既然如此，如何衡量基本经济制度体系是了解基本经济制度体系发展状况及基本经济制度体系在整个经济制度体系中地位、功能和作用的关键。并试图从发展状况、环境与功能三个维度构建基本经济制度的指标体系，进而构建基本经济制度指数，以观测基本经济制度演进趋势及其客观规律。但该指标体系也并未精准对接所有制、收入分配制度和社会主义市场经济的三个维度，也需要进一步完善。

本章就是在以上研究的基础上，重点结合中共十九届四中全会的理论创新，进一步完善中国特色社会主义基本经济指标体系，构建中国特色社会主义基本经济制度发展指数，对其进行更加科学的综合评价。

二、中国基本经济制度体系优化的结果呈现

我们主要从三个方面对基本经济制度指标体系进行刻画：基本经济制度的所有制维度、基本经济制度的收入分配维度、基本经济制度的社会主义市场经济维度分别对应基本经济制度体系的基本经济制度发展状况、基本经济制度环境和基本经济制度功能，由此，这三方面指数对应着整个指标体系中的一级指标。

表 4-2 中国基本经济制度指标体系

一级指标	二级指标	三级指标	三级指标属性
所有制	公有制经济	公有制经济固定投资金额	正向
		公有制经济当年资产增加额	正向
	私有制经济	私有制经济固定投资金额	正向
		私有制经济当年资产增加额	正向
	混合所有制经济	混合所有制经济固定投资金额	正向
		混合所有制经济当年资产增加额	正向
收入分配	一次分配	国有企业就业人员平均工资	正向
		城镇集体企业就业人员平均工资	正向
		其他企业就业人员平均工资	正向
	调节机制	基尼系数	负向
		税收调节	适应性
		社会保障和就业调节（本级公共财政支出＋地方公共财政支出）	正向
		中央对地方税收返还和转移支付调节	正向
	第三次调节	捐赠收入调节	正向

续　表

一级指标	二级指标	三级指标	三级指标属性
社会主义市场经济	市场机制	市场化程度	正向
		商业自由	正向
		劳工自由	正向
		货币自由	正向
		贸易自由	正向
		投资自由	正向
		金融自由	正向
	政府机制	财政能力	正向
		政府效率	正向
		监管质量	正向
		法治	正向
	创新机制	全球创新指数	正向
		高新技术产品出口比	正向
		研发效率（专利数除以 RD）	正向

在构建指标体系的过程中，一共涉及了三级指标，其中一级指标中的基本经济制度发展指数是由公有制经济发展指数、私有制经济发展指数和混合所有制经济发展指数三个二级指标构成。基本经济制度的发展本身就是公有制经济发展指数、私有制经济发展指数和混合所有制经济共同发展和耦合的过程，通过两级指标在构成一级指标过程中的不同权重，不仅仅可以量化分析公有制经济与非公有制经济的总量情况，还可以很好地量化分析不同所有制经济的结构效应。

一级指标中的基本经济制度收入分配指数是由一次分配、调节机制以及包括第三次收入分配多对应的指数所构成的。中国的收入分配制度是按劳分配为主,多种分配方式并存,其中第一次分配是按劳分配,更加注重效率,二次分配更加注重公平。2019年中共十九届四中全会进一步提出,要注重第三次分配,发展慈善等社会公益事业。社会主义收入分配制度对于成为基本经济制度的有机组成部分,进一步体现了收入分配在经济高质量发展中的重要作用。因为,社会主义分配制度既有利于鼓励先进,促进效率,最大限度激发活力,又有利于防止两极分化,逐步实现共同富裕,使人民群众共享改革发展成果。[1]

一级指标中的基本经济制度社会主义市场经济指数是由政府机制指数、市场机制指数和创新机制指数三个二级指标构成。社会主义市场经济与传统的市场经济相比,既体现出市场在资源配置中的决定性作用,又更好地发挥了政府作用。从资源配置的视角看,政府机制和市场机制都起到了重要的作用,与此同时,十九届四中全会进一步强调了完善科技创新体制机制,我们认为,社会主义市场经济体制中,创新机制在资源配置的过程中也具有重要作用,正如中共十九届四中全会通过的《中共中央关于坚持和完善中国特色社会主义制度推进国家治理体系和治理能力现代化若干重大问题的决定》中所强调的"构建社会主义市场经济条件下关键核心技术攻关新型举国体制"。同时,创新机制对于创新要素的配置,产业基础能力和产业链现代化水平都十分重要。为此,我们进一步在政府和市场的基础上纳入了创新机制,形成政府、市场和创新三位一体的社会主义市场经济体制。

第三节 基本经济制度指数计算

为了验证上述指标体系的科学性、实用性和预测性。本章利用中国改革开放以来基本经济制度相关数据先分别求出基本经济制度体系中三个一级指标的指数,然后合成为基本经济制度指数。为此本章计算中国基本经济制度指数的路径如下:(1)类比樊纲和王小鲁等构建市场化指数的打分方法,对三

---

[1] 刘鹤.坚持和完善社会主义基本经济制度[J].中国金融家,2019(12):20-24.

级指标的每一项计算其得分;(2)将每个三级指标的数据标准化,然后利用熵权法测算相应基础指标的权重;(3)结合指标得分和权重,计算对应一级指标和二级指标的指数;(4)最后合成中国基本经济制度指数。

一、数据描述与指标处理

(一)数据来源

基本经济制度所有制维度包括三方面:公有制经济、私有制经济与混合所有制经济。其中,公有制固定资产投资与公有制新增固定资产两项指标是将《中国固定资产投资统计年鉴》中的国有经济和集体经济的相关数据相加,私有制固定资产投资与私有制新增固定资产两项指标是将《中国固定资产投资统计年鉴》中的私营个体经济、外资投资经济和我国港、澳、台地区投资经济的相关数据相加,混合所有制固定资产投资与混合所有制新增固定资产两项指标是将《中国固定资产投资统计年鉴》中的联营经济、股份制经济和其他经济的相关数据相加。

基本经济制度收入分配维度包括三个方面:第一次分配、调节机制和第三次调节。其中,第一次分配主要包括国有企业就业人员平均工资、城镇集体企业就业人员平均工资和其他企业就业人员平均工资,相关数据源自wind数据库;调节机制主要包括税收调节、社会保障调节和转移支付调节等手段,基础指标主要包括基尼系数、税收调节、社会保障和就业调节以及转移支付调节,基尼系数是综合性体现收入分配的重要指标,同时该维度还纳入了税收调节指标,其对应的是个税调节,主要包括中央公共财政收入中的个人所得税与地方公共财政收入中的个人所得税,社会保障和就业主要由本级公共财政支出的部分与地方公共财政支出的部分相加,转移支付数据主要是中央对地方税收返还和转移支付的综合,以上数据均源自wind数据库;第三次调节主要是以慈善相关的捐赠数据为代理变量,主要是社会工作机构执行民间非营利性组织单位本年捐赠收入、社会组织执行民间非营利性组织单位本年捐赠收入、自治组织执行民间非营利性组织单位本年捐赠收入和其他社会服务机构执行民间非营利性组织单位本年收入捐赠收入之和,相关数据源自wind数据库。

基本经济制度社会主义市场经济维度主要包括三个方面:市场机制、政府机制和创新机制。其中,市场机制方面的市场化程度源自樊纲、王小鲁等构造"中国市场化指数"中的国家层面的指数,商业自由、劳工自由、货币自由、贸易自由、投资自由和金融自由源自美国传统基金会网站;政府机制方面的财政能力是将政府财政收入除以国民生产总值,相关数据源自《中国统计年鉴》,政府效率、监管质量和法治数据源自《全球治理指数》;全球创新指数源自世界知识产权组织等发布的《全球创新指数报告》,高新技术产品出口比和研发效率的基础数据均源自 wind 数据库。

(二)指标处理

由于基本指标采集受到基本指标属性不一致等原因的限制,本章依然采用经典的方法对基本指标进行标准化处理。本章在无量纲处理的过程中,为了更好地衡量单项指标的变化趋势,对每个单项指标进行打分。打分遵循以下原则:每项指标的得分都在 0—10 分,单项指标的得分公式如下[①]:

$$第 i 个指标 t 年得分 = \frac{X_{i(t)} - X(\min)}{X(\max) - X(\min)}$$

根据以上的得分公式,分别对基本经济制度的所有制维度、基本经济制度的收入分配维度、基本经济制度的社会主义市场经济维度对应的基础指标进行打分。

二、中国基本经济制度指数计算

基于以上分析,本章对各项基础指标进行了科学的处理,以下将采用熵权法确定各指标权重,进而合成中国基本经济制度指数。

在以上分析和基础指标处理的基础上,本章进一步采用熵权法对基本指标的权重进行测算,在基本指标权重的基础上构建基本经济制度发展指数。

(一)指标的信息熵

用熵值法计算权重的步骤如下:

---

① 本章对于负方向指标进行调节后标准化。

第一,第 j 个指标下第 i 年份指标值的比重:

$$y_{ij}=x'_{ij}\Big/\sum_{i=1}^{m}x'_{ij}$$

第二,第 j 个指标的信息熵:

$$e_j=-k\sum_{i=1}^{m}(y_{ij}\ln y_{ij})$$

如果 $\ln y_{ij}=0$,则存在 $y_{ij}\ln y_{ij}=0$。

第三,信息熵冗余度:

$$d_j=1-e_j$$

第四,相应权重:

$$w_j=d_j\Big/\sum_{i=1}^{m}d_j$$

(二) 权重测算

首先我们将基础指标按照熵权法的要求进行标准化处理,然后基于熵权法的步骤计算出各指标的权重,如表 4-3 所示:

表 4-3　中国基本经济制度基础指标权重

所有制	公有制经济	公有制经济固定投资金额	0.034
		公有制经济当年资产增加额	0.033
	私有制经济	私有制经济固定投资金额	0.043
		私有制经济当年资产增加额	0.038
	混合所有制经济	混合所有制经济固定投资金额	0.039
		混合所有制经济当年资产增加额	0.034
收入分配	一次分配	国有企业就业人员平均工资	0.038
		城镇集体企业就业人员平均工资	0.037
		其他企业就业人员平均工资	0.035

第四章 基本经济制度指标体系研究

续 表

收入分配	调节机制	基尼系数	0.034
		税收调节调节	0.029
		社会保障和就业调节（本级公共财政支出＋地方公共财政支出）	0.040
		中央对地方税收返还和转移支付调节	0.029
	第三次调节	捐赠收入调节	0.060
社会主义市场经济	市场机制	市场化程度	0.013
		商业自由	0.030
		劳工自由	0.021
		货币自由	0.059
		贸易自由	0.014
		投资自由	0.031
		金融自由	0.027
	政府机制	财政能力	0.027
		政府效率	0.039
		监管质量	0.081
		法治	0.030
	创新机制	全球创新指数	0.036
		高新技术产品出口比	0.035
		研发效率（专利数除以RD）	0.033

通过以上指标体系及其基础指标的分值与权重可以得到中国基本经济制度发展指数。

第四节 中国基本经济制度演进趋势

一、中国基本经济制度发展指数整体分析

基于上文的分析,综合测算出的指数,本章对中国基本经济制度进行整体分析,进而对中国基本经济制度的实践状况和具体的指数进行相互映照,进而对中国基本经济制度进行更加全面的分析。

(一)基本经济制度形成的实践脉络

在马克思主义政治经济学理论框架下,所有制是重要的核心理论。然而,马克思和恩格斯,乃至于列宁和斯大林都仅仅局限于所有制理论本身,其根本原因就在于,他们对所有制实践的过程中考察还相对欠缺。自中华人民共和国成立之后,中国所有制经济实践不仅十分丰富,而且实现了从传统社会主义所有制经济模式,向中国特色社会主义所有制模式进行了转型。因此,对中国基本经济制度进行充分的考察,就是相关制度不断完善的重要实践基础。

中华人民共和国成立之初,中国所有制经济基于社会主义制度的理念,在一化三改造之后,完成了公有制经济的塑造。此时,对应的计划经济模式也逐步构建起来,平均主义的分配模式也与两者相互对应。这样的经济制度体系随着在实践中的发展,逐步体现出僵化的特征。在很长一段时间,中国所有制经济一直在社会主义制度的约束下,难以形成有效的发展。一直到明确了社会主义初级阶段,中国经济发展实践中充分把握了生产力和生产关系之间的辩证统一关系后,生产关系的变革与优化,成了所有制经济不断完善的必然。而且,中国生产关系的完善,尤为注重对经济机制的考察。

如果从中国经济发展实践的历程看,所有制、经济体制和收入分配制度的变化是协同推进的。从传统的完全的公有制经济向以公有制为主体,多种所有制经济共同发展转型的过程中,对应的经济体制也逐步从计划经济向着社会主义市场经济转型。但是,这种转型的过程,不是一蹴而就的,特别是对市

场经济的认知也需要从发展理念上进行革新。为此,邓小平反复强调,"计划多一点还是市场多一点,不是社会主义与资本主义的本质区别。计划经济不等于社会主义,资本主义也有计划;市场经济不等于资本主义,社会主义也有市场。计划和市场都是经济手段。"①并且,"不要以为,一说计划经济就是社会主义,一说市场经济就是资本主义,不是那么回事,两者都是手段,市场也可以为社会主义服务"。② 由此,逐步形成了社会主义市场经济的发展方向和基本框架。这一过程中的所有制经济主体的变化也是遵循渐进的原则,尤其是公有制经济和非公有制经济之间的辩证关系的处理尤为重要。中国没有像苏联一样,采取所谓的激进的改革策略,而是在农村经济改革的基础上,首先探索了土地制度的革新,实现经济增量的不断优化。进而在乡镇出现了乡镇经济的大爆发,支撑了经济的有序发展。随着改革经验的逐步积累,城市所有制经济的改革也逐步展开。中国所有制经济的变革大致经历了完全公有制经济到公有制经济和非公有制经济由改革开放初期的"对立"到"必要补充";邓小平南方谈话进一步推进了中国改革开放的进程,随之公有制经济和非公有制经济由"必要补充"到"共同发展"。

如果说,所有制经济和经济体制的变革是一条改革开放主线的话,那么这条改革开放主线是否成功的重要标准就是收入分配的状况。首先,在改革开放之初,邓小平就提出过,如果出现两极分化,那么改革就失败。其次,邓小平在社会主义本质中已经十分清晰地提出了"共同富裕"的重要目标。最后,随着改革开放的推进,收入分配状况也深刻影响着所有制经济和经济体制的变革。整体而言,中国收入分配经历了从平均主义,到按劳分配为主、多种分配方式共存,再到强调第三次分配的阶段。

我们进一步将相应的实践与实证结果进行对应考察。从实证结果看,各类基础指标的权重,比较重要的依次是监管质量、捐赠收入、货币自由、私有制经济固定投资金额、社会保障和就业、混合所有制经济固定投资金额、政府效率、私有制经济当年资产增加额和国有企业就业人员平均工资。从相应的基础指标的权重排序中可以发现,社会主义市场经济体制、收入分配和所有制经济三者的排序与之一一对应。这进一步说明了三者有机统一的实践过程在实

---

① 邓小平. 邓小平文选:第3卷[M]. 北京:人民出版社,1993:373.
② 邓小平. 邓小平文选:第3卷[M]. 北京:人民出版社,1993:367.

证结果上得到了充分体现。

以上的实证结果,从基础指标层面也论证了仅仅从所有制经济维度进行基本经济制度分析的局限性。基本经济制度体系中虽然以所有制为基础,但是从实证结果来看,恰恰是社会主义市场经济的基础指标权重排名第一,这进一步证明了资源配置机制的重要性。同理,基础指标权重中的收入分配指标也排名相对靠前,这进一步说明了功能性评价的重要性。如果将分析的视野拓展至全球,那么也会得到相似的结果。因为,中国基本经济制度指标体系的本质依然是在基本经济制度指标体系的基础上的优化,都呈现出显著的"三位一体"的结构特征,只是在中国的国情下,具体体现为所有制、收入分配制度和经济体制的有机统一。

(二)基本经济制度拓展的理论内涵

上文已经从实践和实证相互印证的层面论证了中国特色社会主义基本经济制度在实践逻辑和实证逻辑层面的有机统一,本章将进一步从理论逻辑层面对此进行进一步的分析,以实现理论逻辑、实践逻辑和实证逻辑的有机统一。

从基本经济制度的理论基石来看,所有制依然是该制度的理论核心,因为,"所有制问题是运动的基本问题,不管这个问题的发展程度怎样"[1]。从上文的实践历程来看,所有制经济发展变迁的根本原因是"所有制功能"的综合体现,之所以是综合体现,是因为社会主义经济发展不是仅仅局限于经济发展的效率。如果仅仅关注于效率本身,那么在既定生产力水平下,恐怕私有制经济的效率在一定范围内是高于公有制经济的。但在社会责任、政治偏好和制度属性等因素的影响下,以公有制为主体,多种所有制经济共同发展的模式,则充分体现了其本身的科学性和优越性。

如果从经济体制维度看,市场经济是资本主义国家配置资源的重要模式,而中国所采取的社会主义市场经济同样是集合了"无形的手"+"有形的手"的综合作用。这一方面从理论上实现了对资本主义生产社会化与政府无序之间的弊病,而且充分彰显了中国社会主义市场经济配置资源的优越性。这种经

---

[1] 马克思,恩格斯. 马克思恩格斯选集(第1卷)[M].北京:人民出版社,2012,435.

济体制不同所有制有效推动了中国的经济发展，更为关键的是这种经济体制也是中国抵御外部经济冲击的重要体制。

进一步从收入分配制度层面看，如果在公平的价值导向下，平均主义存在一定的合理性。但是，仅仅具备公平，往往存在效率的损失。这在人民公社的体制机制下已经可以清晰地看出平均主义的弊病。虽然这种平均主义的收入分配机制可以在一定程度上满足稳定的需要，但这种低效的、消极的稳定，却往往是潜在的最大的不稳定因素。而多种分配制度下，激励机制的作用得到了充分的发挥，经济发展有效兼顾了公平和效率。因此，以按劳分配为主，多种分配方式并存的收入分配模式，在社会主义初级阶段的中国，成了一种必然。

（三）中国基本经济制度整体演进的实证结果

基于指标体系的各基础指标打分与基础指标权重，本文分别测算了中国基本经济制度评价指标体系的各级别重要的指数，这里主要从整体维度进行分析。

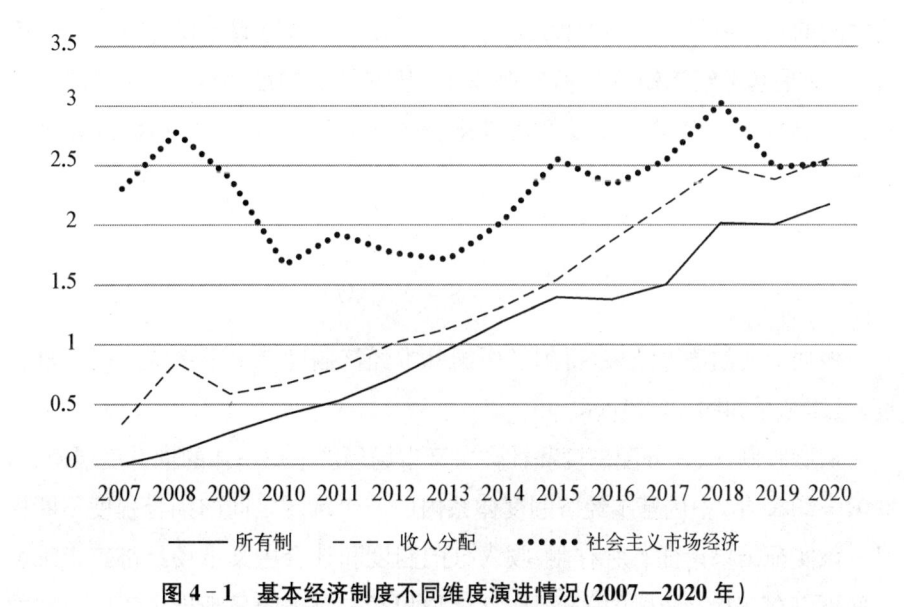

图4-1 基本经济制度不同维度演进情况（2007—2020年）

首先从基本经济制度三个维度的整体层面进行分析，从所有制、收入分配制度和社会主义市场经济三位一体的整体出发可以发现，2007—2020年，中国基本经济制度的三个维度分别呈现出显著的健康发展态势。并且，三者演进的趋势整体保持一致,这进一步从实证层面论证了中国基本经济内涵拓展的合理性和科学性。因为,该实证结果说明了,中国基本经济制度所对应的三个维度现实的运行态势整体一致,符合中国社会主义实践过程中的基本现实。

在中国社会主义实践的进程中,所有制、收入分配制度和社会主义市场经济在中国都逐步实现了重大的理论突破与创新。随着中国经济社会发展的需要,所有制、收入分配和社会主义市场经济之间的耦合程度也不断提升,原有的以所有制为主的基本经济制度理论迫切需要对应的理论创新,由此形成了十九届四中全会所形成的所有制、收入分配制度和社会主义市场经济三位一体的基本经济制度理论。为此,本章进一步测算所有制、收入分配制度和社会主义市场经济三个维度耦合程度,以更好论证中国基本经济制度内涵拓展的理论基础。

耦合度模型是将物理学中的耦合关系运用到社会科学的重要工具,主要分析的是社会经济发展相关子系统的协调程度。其中,耦合度主要关注的是两个及以上系统的相互作用,考察的是协调发展的动态关联,科学反映了子系统之间的相互依赖和制约的程度,以字母 C 表示。本模型主要涉及三个子系统,分别是基本经济制度的所有制维度、基本经济制度的收入分配维度、基本经济制度的社会主义市场经济维度三个子系统,该模型的具体测算公式如下:

$$C = 3 * \sqrt[3]{\frac{G * S * M}{(S + S + M)^3}}$$

根据上文的测算结果,得到了中国基本经济制度三个子系统之间的耦合度,具体结果如图 4-2 所示。

从所有制、收入分配制度和社会主义市场经济三位一体的耦合度层面看,2007—2020 年,中国基本经济制度体系内的三个维度之间的耦合程度不断提升。该实证结果论证了所有制、收入分配制度和社会主义市场经济三个维度之间不仅存在相互影响的关系,而且这种相互影响之间呈现出了正向反馈的特征,最后集中体现为了三者的有机统一关系。从此维度看,中国基本经济制度内涵拓展为所有制、收入分配制度和社会主义市场经济三个方面,是符合中国经济发展实际的,具有很强的理论合理性。

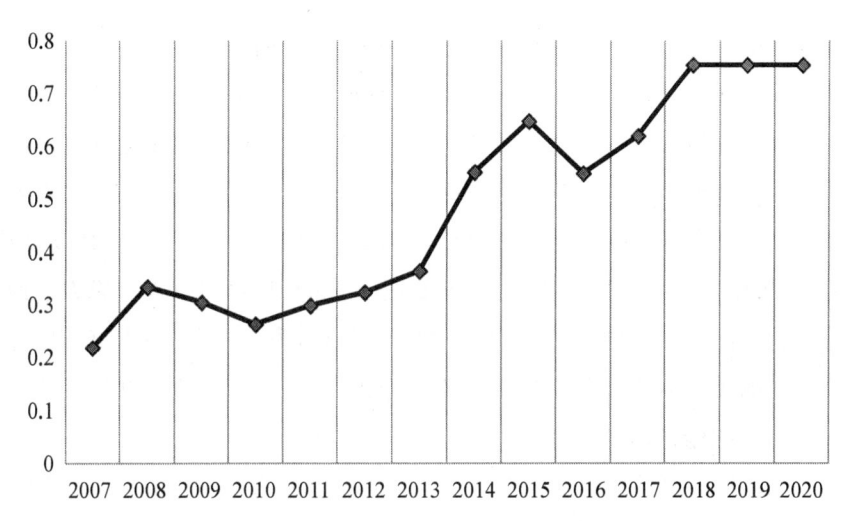

图 4-2　中国基本经济制度三位一体耦合度示意图（2007—2020 年）

（四）中国基本经济制度发展指数演进

我们进一步考察 2007—2020 年中国基本经济制度整体的演进情况，为此，本章将这一阶段中国基本经济制度发展指数的演进情况的示意图呈现出来，以更好地形成科学直观的分析。

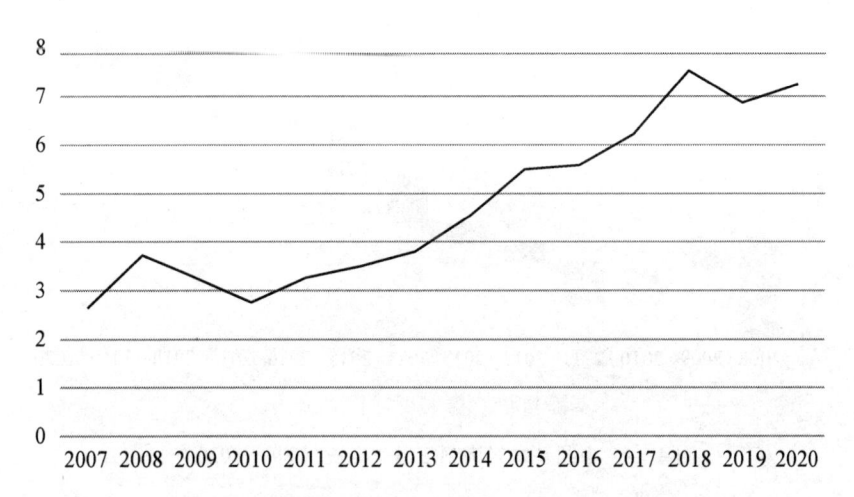

图 4-3　中国基本经济制度发展指数（2007—2020 年）

从这一阶段中国基本经济制度发展指数的演进情况来看，2007—2020 年，中国基本经济制度整体呈现出十分稳健的增长态势。虽然在个别年份中国基本经济制度发展指数会出现小幅度波动,但是,一方面是因为这种波动往往没有影响其后健康发展的态势;另一方面这种波动也往往是由于经济外部冲击导致的。这说明,中国基本经济制度体系具有较强的科学性和优越性。这种科学性主要体现为中国基本经济制度本身三位一体的科学性,所有制、收入分配和社会主义市场经济之间是一个有机整体,并且它们之间还可以相互制约。因为,如果仅仅局限于所有制经济层面的发展,那么盲目的投资就成为一种推动发展的偏好,但社会主义市场经济则约束了这种盲目投资,因为市场配置资源会内生地要求体系的均衡性,仅仅依赖投资的经济增长是不可持续的。同时,这一阶段中国基本经济制度的演进情况也充分体现了中国基本经济制度体系的优越性。这种优越性主要体现为基本经济制度的韧性,尤其是面临经济外部冲击的韧性。

整体而言,所有制、收入分配和社会主义市场经济三位一体的中国基本经济制度整体演进态势良好,有力支撑了中国经济健康持续发展。

我们进一步从动态视角考察中国基本经济制度的整体情况,具体如图 4-4 所示。

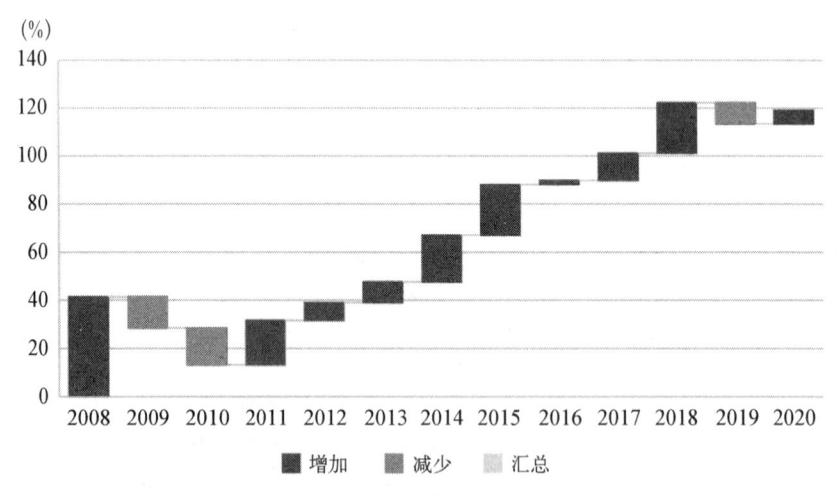

图 4-4 中国基本经济制度增长概况(2008—2020 年)

运用历年中国基本经济制度演进的时间序列,本章进一步测算历年中国基本经济制度的增长情况,从实证结果看,从 2008 年至今,仅有个别年份出现了基本经济制度负增长。如果进一步结合相应的发展背景可以发现,这几年的负增长存在两个显著的特征：第一个就是负增长往往出现在基本经济制度大幅度增长之后，不论是 2008 年还是 2019 年都呈现出这样的特征。从经济发展的基本规律看，这也属于经济发展过程中的正常波动与调整。第二个就是基本经济制度波动往往与国际经济的外部冲击有关。特别是，自中国 2001 年加入 WTO 之后，中国的经济发展与全球经济之间的相关性显著增强，因此，在全球经济出现大幅波动时，中国的基本经济制度出现些许波动也属于正常。

二、中国基本经济制度发展指数结构分析

对中国基本经济制度的整体分析已经使得我们可以对中国基本经济制度演进的状况有了充分的把握，但仅仅从整体层面还难以充分阐明中国基本经济制度内涵拓展的合理性和科学性。为此，本章将进一步对中国基本经济制度结构特征进行更加深入的分析，一方面充分考察中国基本经济制度的结构特征；另一方面更好从实证层面为中国基本经济制度内涵的拓展提供学理支撑。

（一）所有制维度分析

本章首先测算了 2008—2020 年中国不同所有制经济发展指数的状况，具体计算的结果如表 4-4 所示。

表 4-4 不同所有制经济发展指数

年份	公有制经济发展指数	私有制经济发展指数	混合所有制经济发展指数
2008	0.034 973	0.036 783	0.031 545
2009	0.109 323	0.080 251	0.077 499
2010	0.161 43	0.121 417	0.132 734
2011	0.172 757	0.163 202	0.194 141
2012	0.222 859	0.230 036	0.266 109

续 表

年份	公有制经济发展指数	私有制经济发展指数	混合所有制经济发展指数
2013	0.298 524	0.326 764	0.332 376
2014	0.374 188	0.423 491	0.398 643
2015	0.443 916	0.503 215	0.451 297
2016	0.392 881	0.520 741	0.465 343
2017	0.452 404	0.567 118	0.481 764
2018	0.611 277	0.753 608	0.651 636
2019	0.603 746	0.740 841	0.658 608
2020	0.654 649	0.807 039	0.715 278

这一阶段，中国不同所有制经济发展状态良好，其中增长态势最好的是私有制经济发展指数，其从2008年的0.036 8逐步增长至0.807，其次是混合所有制经济发展指数，最后是公有制经济发展指数。我们进一步分析发现：（1）从发展的起点来看，在2008年，不同所有制经济发展指数的起点差异并不大。这一方面说明了中国不同所有制经济在2008年基本处于"中性"的竞争环境，另一方面主要是与本节实证分析的基期有很大关系，毕竟从1978年改革开放至今，整体来说所有领域的改革已经相对完善，这也从本章的实证结果可以得到很好的印证。（2）从发展的过程来看，不同所有制经济基本保持了同步发展的态势，并未出现显著的"国进民退"或者"国退民进"的不良状况。（3）从发展的结果来看，不同所有制经济在这一阶段基本都得到了相应的发展，而私有制经济发展的态势最为良好，但整体上三者之间的差距不是特别大。这一方面与当前生产力的水平有关，在既定生产力水平下，私有制经济具有存在的合理性，并且确实得到了相应的发展；另一方面与中国的社会主义属性有关，中国在秉持社会主义制度的基础上，公有制经济也得到了长足发展。

本章进一步将不同所有制经济发展的状况进行加总，就可以得到这一阶段所有制维度的演进状况，具体演进趋势见图4-5。

将不同所有制经济发展指数进行加总得到的所有制维度的演进情况显

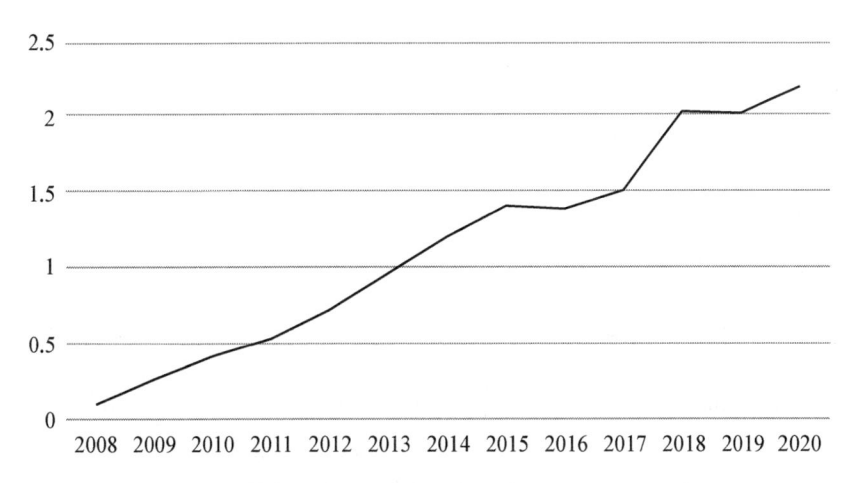

图 4-5　基本经济制度所有制维度指数(2008—2020 年)

示,从 2008 年至 2020 年,中国基本经济制度所有制维度的发展态势良好。如果结合中国所有制经济的具体结构可以发现,从宏观层面看,中国基本经济制度不同所有制经济形成了混合所有制经济的发展形态,而所有制维度的演进情况恰恰说明了这种混合所有制经济的合理性。如果进一步结合微观层面的混合所有制经济发展指数,就可以发现混合所有制经济在中国宏观层面与微观层面的一致性。这进一步体现了混合所有制经济作为中国基本经济制度实现形式的科学性。

(二) 收入分配维度分析

在基本经济制度指标体系层面的基本经济制度功能具体到中国基本经济制度则在很大程度上与收入分配状况密切相关。上文已经论证了收入分配是检验基本经济制度合理性的关键标准。为此,本章进一步从收入分配维度进行深入考察,一方面全面把握中国收入分配制度的演进情况;另一方面也进一步分析作为基本经济制度重要组成部分的结构特征。为此,本章测算了2007—2020 年中国收入分配维度的相关指数。

从 2007 年至 2020 年中国基本经济制度体系中的收入分配维度来看,这一阶段三次分配的格局基本形成。从这一阶段收入分配的具体结构来看,自 2007 年至 2017 年,第二次分配的指数明显高于第一次分配和第三次分配对应的指数,这也意味着,这一阶段收入分配中多种分配方式起到了重要的作用。

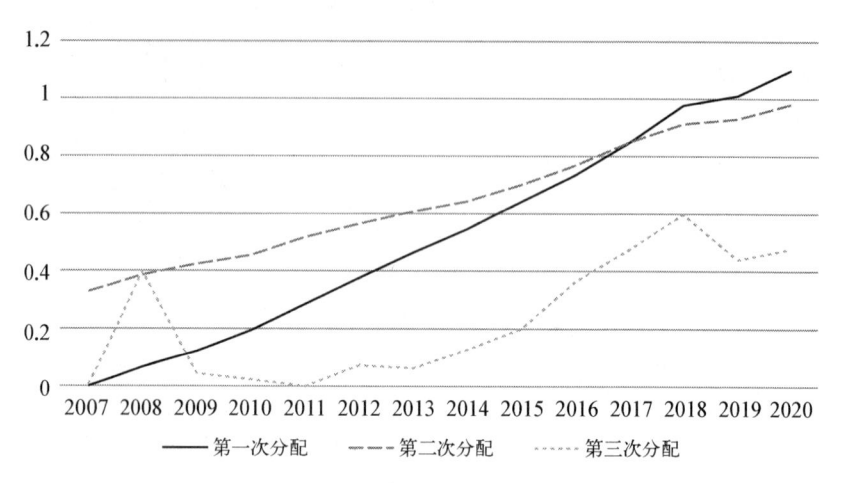

图 4-6 收入分配结构状况

值得注意的是,第一次分配一直稳定增长,甚至在 2017 年之后超过了第二次分配,这进一步凸显了中国分配结构的内部变化。从中国收入分配的具体制度安排来看,第一次分配更加注重效率,更多体现了收入的激励机制,而再次分配更加注重公平,体现了收入分配的调节机制。整体而言,这一阶段中国收入分配制度兼顾效率和公平的作用突出。

为进一步考量这一阶段收入分配中效率与公平的关系,本章进一步从收入分配的内部结构构建了收入分配层面效率与公平的指数,如图 4-7 所示。

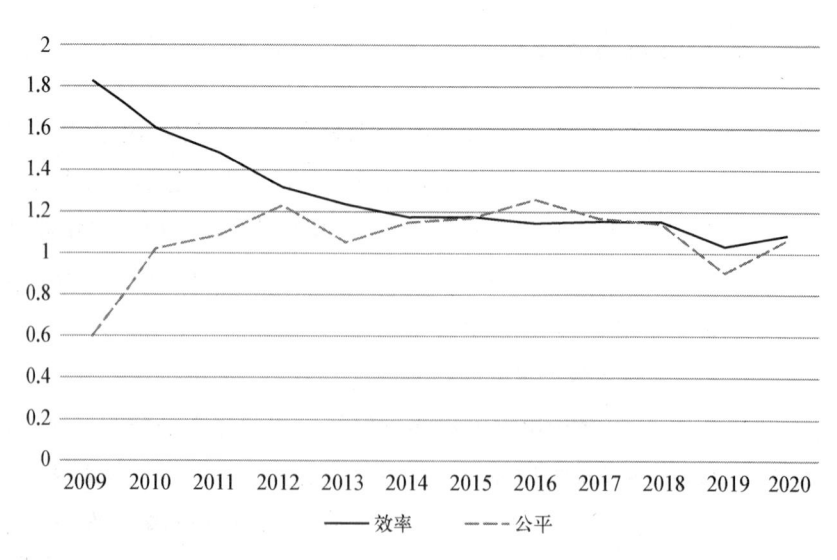

图 4-7 收入分配效率与公平示意图(2009—2020 年)

从 2007 年至 2020 年我国收入分配效率和公平之间的关系来看,在 2015 年之前,收入分配制度所体现的效率作用大于公平的作用,随后两者逐步靠拢。这与我国兼顾效率和公平的价值趋向是一致的。自 2015 年之后,中国收入分配体制下的效率与公平整体保持了平衡的态势。

本章进一步测算了 2007 年至 2020 年中国基本经济制度体系下收入分配维度的演进情况,如图 4-8 所示。

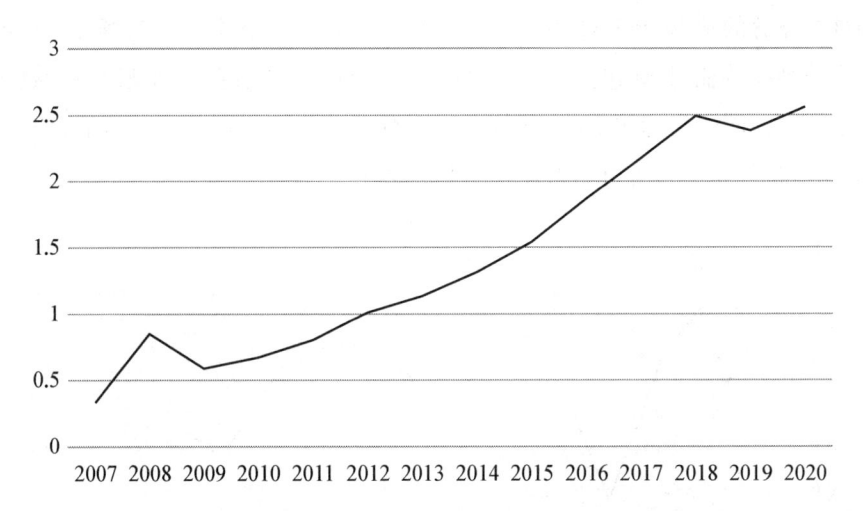

图 4-8　基本经济制度收入分配维度指数(2007—2020 年)

从 2007 年至 2020 年中国基本经济制度收入分配维度指数的演进情况来看,这一阶段中国基本经济制度收入分配维度指数发展态势良好。但值得注意的是,如果单单从此维度看,似乎中国基本经济制度收入分配维度指数稳步增长与其他国家没有太大差异。但通盘考虑收入分配的内部结构,我们可以发现,中国基本经济制度收入分配维度具有显著的中国特色,与其他国家,尤其是资本主义国家有着本质的区别。这一阶段,中国基本经济制度收入分配维度指数从整体上证明了中国收入分配制度的科学性,更为关键的是该制度符合中国的具体国情。从宏观层面来看,这一分配制度有助于凸显社会主义本质,更好达成共同富裕的目标;从中观的全国区域维度来看,这一分配制度有助于推进不同区域之间发展的协调性,尤其是凸显了先富带动后富的协同机制;从微观层面来看,这一分配制度不论是对于个人还是企业主体,都起到了显著的调节作用。整体而言,中国的收入分配制度一方面凸显了基本经济制度的优越性,另一方面也为推进中国经济高质量发展起到了重要的协调作用。

(三) 市场经济维度分析

在基本经济制度指标体系层面的基本经济制度环境具体到中国基本经济制度则在很大程度上与经济体制状况密切相关。为此,我们进一步考量了中国基本经济制度体系中的经济体制维度的演进状况。为了对社会主义经济体制进行充分的把握,在具体的分析过程中,本章注重了社会主义市场经济体制的内部结构特征,具体包括三个方面:市场维度、政府维度和创新维度。这里与基本经济制度指标体系的不同在于,本章在具体到中国基本经济制度指标体系时,将创新作为与市场和政府一个层面进行分析。

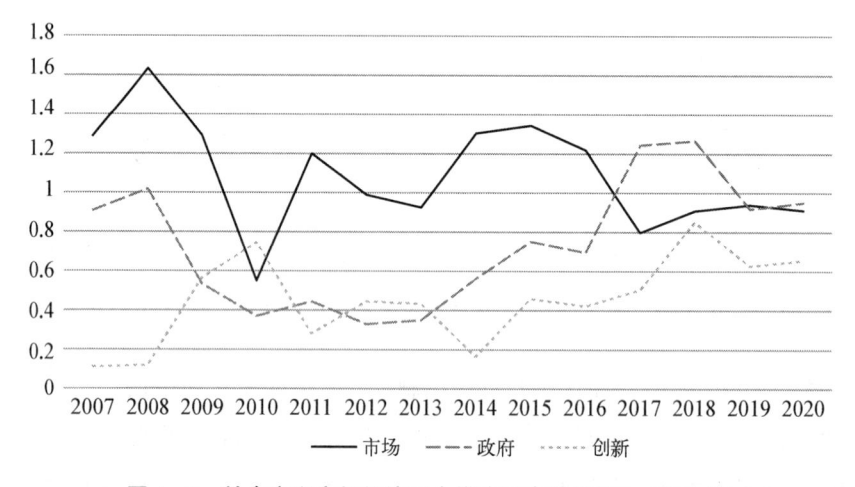

图 4-9 社会主义市场经济三个维度示意图(2007—2020 年)

通过 2007—2020 年中国社会主义市场经济三个维度的演进情况可以发现,这一阶段中国社会主义市场经济的结构性特征十分显著。2007—2016 年,中国社会主义市场经济体之中贡献最大的是市场维度,这与中国改革开放过程中资源配置模式的改革与完善密切相关。同时,在中共十八大之后,社会主义市场经济体制不断完善,不仅进一步突出了市场在资源配置中的决定性作用,而且明确了更好地发挥政府作用。随着社会主义市场经济体制的完善,政府作用也随之凸显。从实证结果来看,自 2017 年之后,中国社会主义市场经济体之中贡献最大的是政府维度。

值得注意的是,除了个别年份之外,这一阶段创新维度在中国社会主义市场经济中的贡献较低,这在很大程度上与中国经济发展的模式密切相关。在改革开放之初,中国经济发展还在很大程度上依赖于计划经济的模式,随着社会主义市场经济体制的完善,经济发展中的市场化程度显著提升,市场主体逐步成长起来。但这一过程中,依然处于要素推动型的发展模式。自十八大以来,中国开始逐步走向高质量发展的路径,特别是新发展理念的提出,创新的作用在经济发展中逐步凸显。在具体经济发展层面体现为从资源推动型的经济发展向全要素生产率引领型的经济发展。因此,创新的贡献程度不高与具体发展的阶段有很大关系。但进一步从创新指数的演进里程可以发展,从2014年起,创新层面的指数稳步提升,而且创新指数的增长态势明显优于市场指数和政府指数的增长态势,成为2014—2020年中国社会主义市场经济发展过程中的重要支撑。

为了对中国社会主义市场经济维度进行更加全面的考察,本章进一步测算了2007—2020年中国社会主义市场经济的指数,其演进情况如图4-10所示。

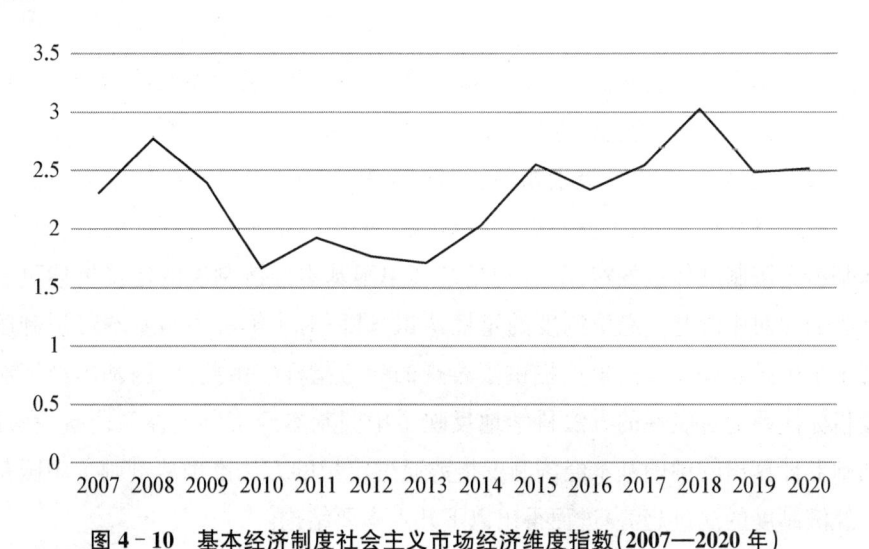

图4-10 基本经济制度社会主义市场经济维度指数(2007—2020年)

从2008年起,中国基本经济制度社会主义市场经济维度指数呈现出了先小幅度下跌,其后稳步增长的态势。结合具体的发展背景,以美国次贷危机引起的全球金融危机造成了全球经济发展的动荡。中国作为世界第二大经济体,很多行业已经与世界接轨。更为关键的是,中国的货币政策、财政政策以及其他经济体制相关的运行机制,已经不可能完全脱离世界经济的大环境。为此,国际金融危机的冲击确实给中国社会主义市场体制造成了负面影响,这也是中国参与全球化必须面临的客观现实。但值得注意的是,从2009年开始,中国经济发展就开始复苏,中国社会主义市场经济体制也逐步得到恢复并稳步发展。如果结合中国社会主义市场经济体制的内部结构可以发现,在市场指数和政府指数下降的过程中,创新指数反而稳步增长,这进一步体现了社会主义市场经济结构的优越性。

从2009年起,一直到2020年,中国社会主义市场经济体制整体呈现了稳步增长的态势,并在2018年前后达到了峰值。这一方面证明了中国社会主义市场经济体制的科学性;另一方面也凸显了社会主义+市场经济的优越性。

第五节 中国基本经济制度指数的结论

中国基本经济制度指标体系的构建是在中国特色社会主义政治经济学理论指导下,运用科学的统计方法,通过数据之间客观的相关关系确定了相关指标的权重,然后计算出各级别指数。对中国基本经济制度指标体系对应的各项指数进行分析,有助于我们更加深刻地了解中国基本经济制度的演进与中国基本经济制度体系的特征,特别是结合中国基本经济制度的定量描述更有助于加深对中国基本经济制度的定性认识,进而对于解决中国基本经济制度乃至于中国发展模式的争论提供了客观的参考指标。由此,中国基本经济制度指标体系通过定性的方法科学地反映了中国基本经济制度体系内容,在此基础上计算出的中国基本经济制度指数通过定量的方法准确地刻画了中国基本经济制度的演进趋势,进而得出以下几点重要结论。

一、公有制经济的主体地位依然稳固

对于中国基本经济制度中公有制经济主体地位的争论一直比较大,至今

尚未形成一个统一的评判标准。通过本章构建的基本经济制度指标体系及其指数的分析，我们发现，公有制经济的主体地位依然稳固。这种稳固主要体现在两个方面。

第一，从不同所有制经济发展指数的层面来看，2008—2020年，中国公有制经济发展态势良好，虽然在一定程度上低于私有制经济和混合所有制经济发展的态势。但是，一方面这与实证分析基期选择有关，在固定投资方面，公有制经济投资规模一般远大于非公有制经济，因此其增长的速度相对较慢也符合相应的经济规律；另一方面混合所有制经济中也具备公有制经济成分，这意味着我们至少单纯从公有制经济发展指数衡量，则造成了对公有制经济发展状况和发展水平的低估。因此，在不同所有制经济发展指数的层面看，我们认为，中国公有制经济的主体地位依然稳固。

第二，从不同所有制经济发展的实践层面来看，中国不同所有制经济所处的行业、领域和区域差异较大，造成了从统计数据层面来看，似乎公有制经济发展的主体地位有所动摇，但是，一旦我们深入考察公有制经济所处的行业、领域和区域等，就会发现公有制经济不是简单的以经济效率最大化为考量。上文也从社会责任的是维度论证了公有制经济的重要性。如果将分析视角进一步拓展就可以发现，公有制经济所在的行业往往具备显著的主导性和战略性等，因此不能用当期经济绩效来简单衡量公有制经济发展的情况。因为，当期不是最优的发展，恰恰是跨期最优的选择。因此，从这些方面来看还难以得出公有制经济失去了主体地位的结论。

如果结合中国发展实践来看，本书认为，公有制经济的主体地位依然稳固，而且公有制经济的主体地位不能单纯地从是否低于50％作为唯一的评判标准；从不同所有制经济发展状况指数还可以发现：公有制经济本身发展良好，公有制经济在不同所有制经济的发展过程中能够起到引领作用，公有制经济与不同所有制经济协同发展。

除了对不同所有制经济的发展状况进行分析以外，我们更关心不同所有制经济的发展效率，可以通过投资效率衡量不同所有制经济的发展效率，因此，本章从不同所有制经济的发展效率出发，进一步深入分析不同所有制经济的发展。

表 4-5 不同所有制经济投资效率

年份	国有经济	集体经济	私营个体经济	联营经济	股份制经济	外商投资经济	港澳台投资经济	其他经济
2002	0.689	0.873	0.878	0.636	0.663	0.808	0.697	0.692
2003	0.638	0.874	0.796	0.569	0.602	0.537	0.594	0.614
2004	0.608	0.899	0.781	0.619	0.485	0.585	0.524	0.447
2005	0.584	0.872	0.745	0.867	0.575	0.658	0.645	0.595
2006	0.573	0.651	0.722	0.605	0.624	0.689	0.569	0.687
2007	0.554	0.695	0.705	0.810	0.582	0.588	0.532	0.656
2008	0.522	0.704	0.729	0.754	0.569	0.568	0.571	0.676
2009	0.515	0.713	0.746	0.731	0.604	0.651	0.578	0.698
2010	0.529	0.664	0.705	0.526	0.566	0.582	0.561	0.690
2011	0.569	0.738	0.714	0.612	0.571	0.636	0.563	0.677
2012	0.562	0.709	0.702	0.600	0.582	0.629	0.551	0.678
2013	0.615	0.753	0.720	0.703	0.592	0.645	0.559	0.726
2014	0.656	0.788	0.731	0.802	0.599	0.660	0.566	0.757
2015	0.684	0.836	0.766	0.842	0.631	0.697	0.574	0.783
2016	0.561	0.806	0.682	0.817	0.524	0.545	0.530	0.720
2017	0.583	0.818	0.683	0.811	0.527	0.595	0.561	0.775
平均值	0.590	0.774	0.738	0.706	0.581	0.630	0.574	0.679

如果从不同所有制经济的投资效率[①]进行考量可以发现,自 2002 年至 2017 年,不同所有制经济平均投资效率最高的是集体经济,而集体经济恰恰是公有制经济的有机组成部分。除此之外,平均投资效率最低的是港澳台经济,也并非公有制经济。如果进一步结合具体年份看,不同所有经济在发展过程

---

① 这里需要说明,这里的投资效率主要是针对固定资产投资,是狭义的投资效率。同时,因为 2018 年的相关数据是估算的,这里不再分析 2018 年的相关数据,并且将分析的数据向前延伸至 2002 年。

中投资效率最高的依然是集体经济,其次是联营经济。当然,在个别年份中,私有制经济也会出现投资效率最高的状况,比如2006年、2009年等。如果从不同所有制经济投资效率的情况看,不同所有制经济之间的共同发展的特征显著,并且在不同年份,不同所有制经济会出现协同的发展趋势。通过比较分析可以发现,公有制经济的效率并不一定低于私有制经济,私有制经济的效率也不一定是最高的。不同所有制经济有着自身不同的发展属性,我们应该遵循不同所有制经济的发展规律,理直气壮地发展公有制经济。

我们进一步从动态的视角考察不同所有制经济的发展可以发现,从2002年开始,除了联营经济和其他经济的投资效率相对稳步发展之外,其他不同所有制经济的投资效率都出现了明显的投资效率不断下降的发展趋势。这种状况与我们分析的样本和时间跨度有很大关系,从样本层面看,联营经济和其他经济的发展规模相对比较小,而其他所有制经济的规模比较大,从发展规模和发展效率之间的关系来看,一般而言,随着规模的增加,增长的速度也会边际递减;从实践跨度来看,这一阶段中国改革开放已经20多年,经济发展的速度也逐步收敛,与之对应的经济发展的微观主体发展速度也必然会呈现出整体的收敛态势。但这一过程中,值得注意的是,公有制经济的投资效率下降的并不是最低的,在个别年份,特别是应对经济外部冲击时,公有制经济(比如,集体经济)还在一定程度上呈现出逆周期发展的特征。从动态的分析视角来看,公有制经济在经济发展中的稳定性作用,特别是逆周期调节的作用凸显。这是非公有制经济往往难以具备的特征,一方面是因为非公有制经济发展的规模整体上小于公有制经济的规模,因此,非公有制经济更容易受到外部经济的冲击;另一方面是在发生经济异常波动的过程中,私人决策为主的非公有制经济往往不具备逆周期投资的动力,而公有制经济因为可以在一定程度上存在预算软约束,进而可以进行逆周期调节。

通过以上分析可以发现,2002—2017年,很难从投资效率维度论证公有制经济效率不高。但从这一时期不同所有制经济发展的历程来看,公有制经济恰恰体现出发展的稳定性和发展的韧性。由此可以发现,从投资效率维度可以进一步佐证公有制经济占主体的地位并未动摇,不能仅仅从国民生产总值的维度考察不同所有制经济的占比情况,还应该综合考虑资产、效率等其他维度的发展情况。只有这样才有助于更好地推动不同所有制经济健康发展,推动基本经济制度更加完善,实现经济高质量发展。

从投资效率来看,公有制经济中国有经济的效率虽然不是最低,但是整体也不算很高,而且从2002—2017年,个体经济的效率一直高于国有经济的效率。那么,以此作为标准,存在私有制经济替代公有制经济主体地位的可能吗?本书认为,哪怕公有制经济的效率低于个体经济效率,也不存在私有制经济替代公有制经济主体地位的可能。因为,从纵向方面分析,我们发现,公有制经济中的国有经济从2009年至2015年呈现出良好的增长趋势,与此同时,私有制经济中的个体经济效率并没有大幅提升;从横向方面分析,公有制经济中的国有经济虽然低于私有制经济中的个体经济,但在私有制经济中的港澳台投资经济明显低于国有经济效率,而且公有制经济中的集体经济效率一直较高,公有制经济中的集体经济和国有经济的一高一低,反而能够有力地证明国有经济存在进一步继续发展壮大的可能。因此,结合不同所有制经济的发展状况指数以及不同所有制经济的效率系数,我们发现,不论从发展状况还是发展效率,都不存在私有制经济取代公有制经济主体地位的可能。既然不存在私有制经济取代公有制经济主体地位的可能,我们认为,在大力发展公有制经济的同时,也不能阻碍私有制经济的发展,公有制经济为主体,多种所有制经济共同发展才能更好地发展和完善中国基本经济制度。

二、中国的所有制形态与社会主义市场经济相互兼容

整体而言,以公有制经济为主体、多种所有制经济共同发展的所有制制度与中国特色社会主义市场经济具有很强的兼容性。不同所有制经济的发展状况结合不同所有制经济的发展效率共同说明了公有制经济主体地位坚固,中国基本经济制度体系内所有制层面的指数与社会主义市场经济层面的指数发展趋势一致。在中国,社会主义市场经济体制是配置资源的重要方式,而资源配置的效率与经济微观主体的效率在逻辑上也是对应的。不存在说资源配置的机制扭曲情况下,不同所有制经济可以高效发展;同时,不同所有制之间的协同关系也进而决定了市场机制的功能实现。因此,中国公有制经济为主体、多种所有制经济共同发展的所有制制度与中国特色社会主义市场经济具有很强的兼容性。

一般而言,经济发展微观主体与市场机制的兼容性是所有经济体的内在规律。但在西方经济理论中,对公有制经济与市场经济的兼容性往往存在质疑。不论是政府和企业的关系,还是所有权和经营权的关系,都往往得到了公有制经济很难自觉与市场经济相匹配。结合中国国情可以发现,中国特色社会主义基本经济制度理论在此方面进行了相应的理论拓展。一方面,中国的公有制经济并非传统意义上的政企不分,特别是随着国有企业的改革,公有制经济已经成为能够自负盈亏的市场主体。另一方面,中国的市场机制不是简单地对资本主义国家市场经济的照搬,而是结合中国国情有所创新的社会主义市场经济体制。因此,这就使得公有制经济能够与社会主义市场经济很好的兼容,进而实现了公有制经济为主体、多种所有制经济共同发展的所有制制度与中国特色社会主义市场经济具有很强的兼容性。

以下笔者结合基本经济制度的经济功能和非经济功能进一步研究公有制经济为主体、多种所有制经济共同发展的所有制制度与中国特色社会主义市场经济具有很强的兼容性。中国所有制制度与中国特色社会主义市场经济是否兼容的主要判断标准就是它们是否有效推动经济、社会、政治、生态等方面的发展。从中国经济发展的实践来看,公有制经济为主体、多种所有制经济共同发展的所有制制度确实有效推进了各项事业的发展,社会主义市场经济体制也同时兼顾了非经济层面的社会发展功能。因此,公有制经济为主体、多种所有制经济共同发展的所有制制度与中国特色社会主义市场经济具有很强的兼容性。

三、所有制、收入分配制度与社会主义市场经济是一个有机整体

中国基本经济制度内涵的拓展是基于所有制领域为理论基石的,而本书的实证研究进一步论证了所有制、收入分配制度与社会主义市场经济是一个有机整体。

首先,从实证层面看,上文已经基于2002—2020年中国所有制、收入分配制度与社会主义市场经济三者的指数,从三者的演进趋势来看,三者在统计数据层面体现出显著的同向发展特征。为了进一步考察三者在具体逻辑层面是

否具有统一性，本章进一步测算了2002—2020年所有制、收入分配制度与社会主义市场经济三者之间的耦合程度。实证结果显示，2002—2020年，中国所有制、收入分配制度与社会主义市场经济之间的耦合性显著提升。由此，通过实证分析可以发现，不论是统计学意义上，还是具体逻辑关系上，都充分体现了所有制、收入分配制度与社会主义市场经济是一个有机整体。

其次，从发展实践层面看，改革开放以来，随着中国经济的发展，所有制、收入分配制度与社会主义市场经济在具体实践历程中体现出了显著的协同性特征。从三者的转型实践历程来看，中国的所有制结构经历了从一大二公到以公有制经济为主体、多种所有制经济共同发展，收入分配制度经历了从平均主义到基于市场机制的初次分配、基于政府机制的再分配和基于社会机制的三次分配的收入分配格局，资源配置方式经历了从计划经济到社会主义市场经济。所有制、收入分配制度与社会主义市场经济的变迁历程整体是一致的，是相互促进的。因此，从发展实践层面看，所有制、收入分配制度与社会主义市场经济是一个有机整体。

最后，从具体学理层面来看，上文基于实证结果已经从学理上充分论证了公有制经济为主体、多种所有制经济共同发展的所有制制度与中国特色社会主义市场经济具有很强的兼容性。本章进一步纳入收入分配制度，对三者之间的关系进行分析可以发现，有什么样的所有制结构就应该有对应的收入分配制度和资源配置方式。生产力决定生产关系，在既定生产力水平下，所有制经济不能实现完全公有制经济的条件下，一方面社会化大生产内在要求公有制经济；另一方面生产力水平又制约了公有制经济的程度。因此，与之对应的资源配置方式和收入分配制度也必然受到相应的制约。于是，中国作为社会主义初级阶段的发展中国家，多层次的生产力水平决定了多层次的所有制结构，进而决定了多层次的资源配置方式和多层次的收入分配模式。因此，这从学理上就可以十分清晰得到，所有制、收入分配制度与社会主义市场经济是一个有机整体，是中国基本经济制度的有机组成部分。

第五章

中国省域基本经济制度实证研究

基本经济制度可以在不同行业、省域进行贯彻。必须承认,由于各种因素的差异,比如地理位置、环境、开放程度等因素,导致中国省域不同地区在坚持中国基本经济制度性质不变的基础上,贯彻过程中的"量"的层面存在诸多差异,那么中国基本经济制度在省域层面贯彻后的特征也不尽相同。在上文,我们构建了基本经济制度指标体系,利用中国改革开放以来的相关数据测算了中国基本经济制度指数(2002—2020 年),并根据相关指数总结了中国基本经济制度的相关特征。本章将进一步利用基本经济制度指标体系,对中国省域基本经济制度进行实证研究,进一步归纳中国基本经济制度在省域层面的特征。[①]

改革开放以来,中国各省、自治区、直辖市(统称省份或省域)的基本经济制度变迁路径大相径庭,基本经济制度的理论(比如中国省域基本经济制度变迁理论、所有制经济发展理论、中国特色市场经济理论等)相对于实践而言可谓是停滞不前。当前,基本经济制度理论与基本经济制度密切相关的理论并没有随着实践的发展而发展。基本经济制度在不同省域进行贯彻的实践过程中取得了很多成绩,同时也遇到很多挑战,比如:如何在省域更好地贯彻基本经济制度?省域基本经济制度对经济、社会、政治、生态等不同系统的影响到底如何?各省份今后如何优化基本经济制度?可以说,由于相关理论研究的欠缺,既不利于理论的梳理与总结,也不利于指导下一步的实践工作。在相关理论欠缺的同时,涉及相关理论的研究也颇有争议,比如,很多在省域层面对基本经济制度贯彻的相关研究都是以工业数据库作为研究的实证样本,但当

---

① 因为涉及基本经济制度在省域层面的贯彻,很多国家层面的指标难以一一匹配,所以,这一部分的分析依然沿用一般意义上的基本经济制度指标体系,从基本经济制度发展状况、基本经济制度环境和基本经济制度功能三个方面进行分析。

前我国的经济结构已经发生了很大的变化,如此容易产生很大的误差。为了更加深刻、精准地认识基本经济制度在中国省域的贯彻程度,从而探究基本经济制度在省域贯彻的原理与特征,[①]进而更好地发展基本经济制度理论,使得基本经济制度理论与实践相契合。本章以中国 31 个省域为样本,在测算中国省域基本经济制度指数的基础上,对中国省域基本经济制度进行实证研究。相关研究有助于我们总结中国省域基本经济制度的特征,研究不同所有制经济在省域层面的发展状况,验证中国特色市场经济制度的效率。在实证研究的基础上,本章进一步探索了中国省域基本经济制度变迁的最优路径,提出了相关的政策建议。

第一节　中国省域基本经济制度体系相关指数测算

为了精准地认知中国省域基本经济制度的状况,就需要利用科学的手段对其进行定量的观测,这就需要将基本经济制度指标体系进一步运用于中国省域层面。因此,本章对基本经济制度指标体系在地区层面进行合理的调整,延续上文中基本经济制度指标体系的方法对中国省域基本经济制度体系相关指数进行测算。

一、基本经济制度指标体系的基础指标在省域层面的说明

在对中国省域基本经济制度体系各项指数进行测算时,本章依然遵循上文所构建的基本经济制度指标体系的框架。与此同时,一方面本部分指数测算的对象是中国省域地区。因此,国家级别的某些基础指标不再适用;另一方面为了更好地进行各地区之间的比较分析,需要将部分基础指标进一步细化。因此,需要根据实际情况对基本经济制度指标体系中的个别指标进行合理的调整。相关调整如下:

---

① 我们认为,基本经济制度在地级市层面的研究更加精准,但受到数据结构的限制,本章重点对中国省域基本经济制度进行了研究。

第一，对不同所有制经济发展状况的定量测算是基本经济制度体系定量测算的关键一环，其是不同所有制经济发展的重要衡量指标。可是，在不同省域，由于不同所有制经济的实际状况相差很大，在全国层面的计算方法已经不再适用。特别是在全国层面公有制经济的主体地位是十分显著的，不同所有制经济协同发展；在省域层面，由于发展基础、生产力水平、地理位置等因素相差较大，在使用公有制经济、混合所有制经济和私有制经济的加总指标已经不能反映出不同省域的不同所有制经济发展状况，很难进一步理顺不同所有制经济发展的特征。因此，为了更精细地比较地区间不同所有制经济的发展状况，对于基本经济制度发展状况中的不同所有制经济不再进行公有制、私有制和混合所有制的归类加总。

第二，国家级别层面的很多基础指标需要同性质的转化为省域级别层面的对应指标。以政府透明度指数替代政府环境中的政府诚信，其中省域层面政府透明度的指标及其权重[①]如表5-1所示：

表5-1 省级政府透明指数指标及其权重

指标	政府信息公开专栏	规范性文件	财政信息	行政审批信息	环境保护信息	政府信息公开年度报告	依申请公开
权重(%)	10	15	15	15	15	10	20

通过对政府透明指数指标及权重的分析可以发现，政府透明指数的指标能够很好地反映出政府的诚信状况。

以政府效率报告中的省级政府效率指数表示政府环境中的政府效率，其中省级层面政府效率测度的指标及其权重[②]如表5-2所示：

表5-2 省级政府效率指数指标及其权重

指标	政府公共服务	政府规模	居民经济福利	政务公开
权重(%)	55	20	10	15

---

① 中国社会科学院法学研究所法治指数创新工程项目组，《中国政府透明指数报告(2015)》。
② "中国地方政府效率研究"课题组，《2016中国地方政府效率研究报告》。

以市场化指数中的市场中介组织的发育和法律制度环境方面指数表示法治水平，其中市场中介组织的发育和法律制度环境的对应指标是：市场中介组织的发育、对生产者合法权益的保护、知识产权保护和消费者权益保护。

以市场化指数中的产品市场的发育程度评分表示商业自由指标，其中产品市场的发育程度的对应指标是：价格由市场决定的程度和减少商品市场的地方保护。

以税收收入占 GDP 的比重表示税收负担指标；以金融机构营业网点从业人数占分地区年末人口数的比值表示金融自由指标；以经汇率转换后的进出口贸易总额与 GDP 的比值表示贸易自由指标。

第三，以出口金额减去进口金额表示外汇指标，以社会融资（包括社会直接融资和社会间接融资）替代原来的社会杠杆数据，以收入分配 GAP 数据[①]替代原来的基尼系数，以地方政府财政赤字与地方公共财政收入的比值替代原来的国际脆弱指数。

二、数据描述与指标处理

（一）数据来源

中国省域基本经济制度发展状况数据包括以下几个方面[②]：国有经济、集体经济、私营个体经济、联营经济、股份制经济、外资投资经济和港澳台投资经济的投资金额和新增金额，相关数据都选自《中国固定资产投资统计年鉴》；中国省域的建设用地面积数据选自《中国统计年鉴》中的分地区土地利用情况。

中国省域基本经济制度环境包括政府环境和市场环境。其中政府环境中的一般公共财政预算支出来源于《中国统计年鉴》，政府环境中的法治水平来源于《中国市场化指数》中的市场中介组织的发育和法律制度环境方面指数，政府环境中的政府诚信数据来源于中国社会科学院法学研究所编制的《中国政府透明度指数报告》，政府环境中的政府效率数据来源于"中国地方政府效

---

① 城乡收入差距系数 GAP 衡量社会收入分配差距程度，其中，城乡收入差距系数 GAP 定义为城乡人均收入之差与城乡人均收入之和之比。
② 一方面由于其他经济的所有制属性很难判断，另一方面由于其占比较少，所以此处不选取相关数据纳入基本经济制度发展状况中。

率研究"课题组发布的《中国地方政府效率研究报告》。其中市场环境中的商业自由来源于《中国市场化指数》中的产品市场的发育程度方面指数,市场环境中的税收负担、金融自由和贸易自由的数据都来源于 wind 数据库中的相关数据。

中国省域基本经济制度功能包括经济功能和非经济功能。其中经济功能中的 GDP、城镇居民人均可支配收入、农村居民人均可支配收入来源于《中国统计年鉴》,外汇、社会直接融资、社会间接融资的相关数据来源于 wind 数据库;非经济功能中的收入分配差距、社会稳定和工业污染治理的相关数据来源于《中国统计年鉴》,非经济功能中的地方政府脆弱指数来源于 wind 数据库中的相关数据。

(二) 指标处理

本部分中指标依然存在不可公度性,其指标属性不一致问题和指标量纲量级不同的处理方法与上文的基本经济制度指标体系研究章节的处理方法基本相似,其中有几点需要进一步说明。

第一,由于涉及中国省域的固定资产投资,但省域的面积不同,甚至有些省份的山地较多,单纯使用投资数据就会存在偏误。为了更加客观和科学地反映省域基本经济制度发展状况,在中国省域运用投资密度衡量更加合适。投资密度是将投资金额除以建设用地面积,相关新增固定资产也进行单位面积的处理。

第二,社会融资规模中的直接融资包括:企业债券和非金融企业境内股票融资,非直接融资包括:人民币贷款、外币贷款(折合人民币)、委托贷款、信托贷款和未贴现银行承兑汇票。为了体现融资结构的优化,本书视间接融资为负向指标,需要进行正向化调整。

同理,根据同样的打分原则,对中国省域的基本经济制度发展状况、环境和功能的基础指标进行打分。[①]

三、中国省域基本经济制度指数计算

本章在各项基础指标进行了科学处理的基础上,首先运用分别求得中国省域基本经济制度发展状况、环境和功能的各项基础指标的系数,其次分别求

---

① 由于相关打分数据较多,相关数据不在文中提供,如读者需要可与本书作者联系。

出中国各地区基本经济制度发展状况指数、环境指数、功能指数,最后将发展状况指数、环境指数和功能指数运用同样的方法求出中国省域基本经济制度指数。① 同样,在合成相关指数时,本章依然通过不同主成分所占不同的权重,进而将所有主成分合成为综合评价指数。

本章运用 SPSS 进行主成分分析,通过矩阵系数、KMO 和 Bartlett 检验,可得到中国省域基本经济制度各级指标的系数,如表 5-3 所示:

表 5-3 不同级别指标系数

各级指标系数②			
三级指标	三级指标系数	一级指标	一级指标系数
国有经济固定资产投资	0.949 928	基本经济制度发展状况	0.517 949
国有经济固定资产新增	0.692 111		
集体经济固定资产投资	1.065 131		
集体经济固定资产新增	1.046 384		
私营个体经济固定资产投资	0.799 705		
私营个体经济固定资产新增	0.713 95		
联营经济固定资产投资	0.906 369		
联营经济固定资产新增	0.898 131		
股份制经济固定资产投资	1.211 161		
股份制经济固定资产新增	1.224 281		
外资投资经济固定资产投资	1.279 377		
外资投资经济固定资产新增	1.349 338		
港澳台投资经济固定资产投资	1.194 975		
港澳台投资经济固定资产新增	1.250 533		

① 在本部分求基本经济制度指数时,将发展状况指数、环境指数和功能指数重新打分。
② 这里的系数是将各个主成分的系数根据主成分的权重加总而得。

续 表

各级指标系数				
三 级 指 标	三级指标系数	一级指标	一级指标系数
一般公共财政预算支出	0.367 295	基本经济制度环境	0.609 412
法治水平	0.264 022		
政府诚信	0.332 438		
政府效率	0.347 64		
商业自由	0.266 485		
税收负担	0.022 632		
金融自由	0.041 585		
贸易自由	0.195 329		
GDP	0.379 236	基本经济制度功能	0.600 288
城镇居民人均可支配收入	0.166 087		
农村居民人均可支配收入	0.190 624		
外汇	0.277 706		
社会直接融资	0.156 036		
社会间接融资	−0.307 27		
社会稳定	0.096 713		
地方政府脆弱指数	0.211 357		
工业污染治理	0.312 405		

在计算中国省域基本经济制度发展状况指数时,有四个主成分,它们的累计方差贡献率为 90.07%;在计算中国省域基本经济制度环境指数时,有两个主成分,它们的累计方差贡献率为 74.75%;在计算中国省域基本经济制度功能指数时,删除了收入分配 GAP 这一指标变量,删除后 KMO 值从 0.517 提升至 0.600,有两个主成分,它们的累计方差贡献率为 71.52%;在计算中国省域基本

经济制度指数时,有一个主成分,且主成分分析的累计方差贡献率为81.62%。

通过以上系数可以得到中国各地区基本经济制度的实证方程,如下式所示:

$$Z_{it} = 0.517\,949 F_{it} + 0.609\,412 H_{it} + 0.600\,288 X_{it}$$

由此可得中国各地区基本经济制度的具体指数及排名,如表5-4所示:

表5-4 中国省域基本经济制度指数及排名

省 份	基本经济制度指数	排 名	省 份	基本经济制度指数	排 名
广东	14.38	1	安徽	5.97	17
江苏	14.15	2	江西	5.74	18
浙江	13.10	3	内蒙古	5.23	19
上海	12.32	4	山西	5.14	20
北京	11.47	5	贵州	5.09	21
福建	11.20	6	广西	5.00	22
山东	10.96	7	吉林	4.83	23
天津	10.94	8	云南	4.45	24
重庆	7.60	9	黑龙江	3.96	25
湖北	7.39	10	甘肃	3.54	26
陕西	7.37	11	新疆	3.14	27
河南	7.35	12	宁夏	2.56	28
四川	7.16	13	海南	2.26	29
辽宁①	7.04	14	青海	1.53	30
湖南	6.72	15	西藏	0.37	31
河北	6.67	16			

① 关于对辽宁省数据造假情况的说明:在国务院新闻办公室举行的发布会上,国家发展改革委员会副主任兼国家统计局局长宁吉喆表示,尽管辽宁的部分统计数据不实,但全国的统计数据是真实可靠的。本文数据采用的都是全国的统计数据,因此可以排除数据失真状况。

第二节　中国省域基本经济制度体系比较

通过对中国省域基本经济制度指数的测算，有利于我们观测出省域基本经济制度之间量的差异，总结中国省域基本经济制度体系的特征。以下首先对中国省域基本经济制度进行整体比较，然后对中国省域基本经济制度进行发展状况、环境和功能三个维度上的比较，最后探寻出中国省域基本经济制度体系的特征。

一、中国省域基本经济制度整体比较

在对中国省域基本经济制度进行整体比较时，我们需要对中国省域基本经济制度的发展状况、环境和功能进行深层次剖析，其不仅是为了更加精准地把握中国省域基本经济制度体系的特征，更是为了通过这些特征的把握将整体特征的内在表现凸显出来。为了更加有效、科学地从基本经济制度发展状况、环境和功能三个维度对中国省域基本经济制度体系进行分类和比较，我们首先将这三个维度的排名按照基本经济制度指数的顺序进行整理，如表5-5所示：

表5-5　中国省域基本经济制度体系排名及制度分类

省份	基本经济制度发展状况排名	基本经济制度环境排名	基本经济制度功能排名	基本经济制度排名	区域	基本经济制度分类
广东	8	1	1	1	东部	基本经济制度成熟区
江苏	4	2	2	2	东部	
浙江	7	3	3	3	东部	
上海	3	5	5	4	东部	

续 表

省份	基本经济制度发展状况排名	基本经济制度环境排名	基本经济制度功能排名	基本经济制度排名	区域	基本经济制度分类
北京	5	4	6	5	东部	基本经济制度成熟区
福建	2	6	7	6	东部	
山东	10	7	4	7	东部	
天津	1	13	12	8	东部	基本经济制度发展区
重庆	6	16	20	9	西部	
湖北	14	9	11	10	中部	
陕西	9	15	16	11	西部	
河南	18	10	9	12	中部	
四川	13	8	14	13	西部	
辽宁	17	11	10	14	东北	
湖南	12	12	13	15	中部	
河北	16	18	8	16	东部	
安徽	22	14	17	17	中部	
江西	19	17	18	18	中部	
内蒙古	28	19	15	19	西部	
山西	11	24	21	20	中部	
贵州	15	20	24	21	西部	
广西	21	23	19	22	西部	
吉林	23	22	22	23	东北	基本经济制度待发展区
云南	20	26	23	24	西部	
黑龙江	30	21	25	25	东北	

134

续 表

省份	基本经济制度发展状况排名	基本经济制度环境排名	基本经济制度功能排名	基本经济制度排名	区域	基本经济制度分类
甘肃	24	25	28	26	西部	基本经济制度待发展区
新疆	31	27	26	27	西部	
宁夏	26	28	29	28	西部	
海南	25	30	27	29	东部	
青海	29	29	30	30	西部	
西藏	27	31	31	31	西部	

在对中国省域基本经济制度排序的基础上，我们进一步按照基本经济制度体系结构对省域进行归类。我们将中国省域基本经济制度体系分为三大类：

第一类是基本经济制度成熟区，其对应的基本经济制度从发展状况、环境和功能三个维度观察，都已经比较成熟。其标准是，取基本经济制度发展状况、环境和功能三个维度均处于前十名的几个省自治区或直辖市作为基本经济制度成熟区的样本。

第二类是基本经济制度发展区，其对应的基本经济制度从发展状况、环境和功能三个维度观察，还有一定的发展空间。其标准是，取基本经济制度发展状况、环境和功能三个维度有任意维度排名在前十九名且不属于基本经济制度成熟区的几个省自治区或者直辖市作为基本经济制度发展区的样本。

第三类是基本经济制度待发展区，其对应的基本经济制度从发展状况、环境和功能三个维度观察，都处于发展滞后的状态。即除了基本经济制度成熟区和发展区之外的省自治区都属于待发展区。

通过中国省域的基本经济制度指数的排名可以发现，处于基本经济制度发达区的省或直辖市依次为广东、江苏、浙江、上海、北京、福建、山东，排名基本经济制度指数排名第一的广东省基本经济制度指数为14.38。处于基本经济制度待发展区的共有九个，且基本经济制度指数小于5，它们依次为吉林、云南、黑龙江、甘肃、新疆、宁夏、海南、青海、西藏,排名末尾的西藏基本经济制度指数仅为0.37。通过比较分析发现,2015年中国省域基本经济制度呈现出明显的地区差异,基本经济制度指数最高的省份与最低的省份差距达14.01。在地区间存在差异的同时,基本经济制度指数在排名中呈现明显的阶梯特征,排名中基本经济制度指数并未出现明显的落差。

除了地区之间的差异,基本经济制度的区域集聚特征更为明显。基本经济制度发达区的省份全部为东部地区,基本经济制度待发展区的省份中,仅海南为东部地区,除了吉林和黑龙江为东北地区,其他全部为西部地区。基本经济制度发展区省份中,除了辽宁省属于东北地区,河北属于东部地区,其他省份都是中西部地区。通过比较分析发现,2015年中国各地区基本经济制度呈现明显的区域集聚特征,其中基本经济制度发达区一般集聚的都是东部地区的省份,基本经济制度待发展区一般集聚的都是西部与东北部分省区。

深入分析发现,中西部地区排名最为靠前的5个省份依次为:重庆(西部)、湖北(中部)、陕西(西部)、河南(中部)、四川(西部),且这5个省份在地区上呈现明显的集中特征。通过比较分析发现,2015年中国中西部地区排名靠前的省份也呈现出明显的地域集聚特征。

上文从整体上对中国省域基本经济制度指数进行区域划分,在基本经济制度发达、发展和待发展区呈现了明显的差异和区域集聚特征。为了更加科学、全面地把握中国省域基本经济制度内部结构的特征,并探寻基本经济制度体系的内在经济规律,以下将从基本经济制度发展状况、环境和功能三个维度进行比较分析。

通过中国省域基本经济制度发展状况指数的排名可以发现,基本经济制度发展状况处于基本经济制度发达区的省或者直辖市依次为:天津、福建、上海、江苏、北京、重庆、浙江,其中基本经济制度发展状况排名第一的天津基本经济制度发展状况指数为109.23。基本经济制度发展状况处于基本经济制度待发展区的省份依次为吉林、甘肃、海南、宁夏、西藏、内蒙古、青海、黑龙江、新疆,其中排末尾的新疆基本经济制度发展状况指数为8.74。通过比较分析发现,在基本经济制度发展状况这个维度依然呈现出明显的地区差异。

与此同时,基本经济制度发展状况也呈现出明显的区域集聚特征。基本经济制度发展状况处于基本经济制度发达区的省或者直辖市,除了重庆为西部地区之外,其他省或者直辖市都是东部地区。基本经济制度发展状况处于基本经济制度待发展区的省份,除了吉林和黑龙江处于东北地区,海南处于东部地区,其他省份都属于西部地区。通过比较分析发现,基本经济制度发展状况也呈现出明显的区域集聚特征。

中西部地区基本经济制度发展状况排名前5的依次如下:重庆(西部)、陕西(西部)、山东(东部)、山西(中部)、湖南(中部)。其中重庆在基本经济制度发展状况处于全国第六。

通过中国省域基本经济制度环境指数的排名可以发现,基本经济制度环境处于基本经济制度发达区的省份依次为:广东、江苏、浙江、北京、上海、福建、山东,其中排名第一的广东基本经济制度环境指数为16.35。基本经济制度环境处于基本经济制度待发展区的省份依次为广西、山西、甘肃、云南、新疆、宁夏、青海、海南、西藏,其中排末尾的西藏基本经济制度环境指数为1.79。通过比较分析发现,中国省域基本经济制度环境存在较大的地区差异。

基本经济制度环境也呈现出明显的区域特征。基本经济制度环境处于基本经济制度发达区的省份都处于东部地区,基本经济制度环境处于基本经济制度待发展区的省份除了山西为中部地区,海南为东部地区,其他几个省份都处于西部。通过比较分析发现,中国省域基本经济制度环境也呈现出明显的区域集聚特征。

中西部地区基本经济制度环境排名前5的依次如下:四川(西部)、湖北(中部)、河南(中部)、辽宁(东北)、湖南(中部)。其中,四川在基本经济制度发展状况维度处于全国第八。

通过中国省域基本经济制度功能指数的排名可以发现,基本经济制度功能处于基本经济制度发达区的省份依次为:广东、江苏、浙江、山东、上海、北京、福建,其中排名第一的广东基本经济制度功能指数为12.28。基本经济制度功能处于基本经济制度待发展区的省份依次为:云南、贵州、黑龙江、新疆、海南、甘肃、宁夏、青海、西藏,其中排名最末位的西藏的基本经济制度功能指数为-0.81,而且其是唯一基本经济制度功能为负值的省份。通过比较分析发现,中国省域基本经济制度功能存在地区差异。

基本经济制度功能也呈现出明显的区域特征。处于基本经济制度发达区的省份都处于东部,处于基本经济制度待发展区的省区除了黑龙江为东北地区,海南为东部,其他几个省都处于西部地区。通过比较分析发现,中国省域基本经济制度功能也呈现出明显的区域集聚特征。

中西部地区基本经济制度功能排名前5的依次如下:河南(中部)、辽宁(东北)、湖北(中部)、天津(东部)、湖南(中部)。其中河南在基本经济制度功能维度处于全国第九。

通过进一步对中国省域的基本经济制度发展状况、环境和功能三个维度的比较分析发现:基本经济制度发展状况、环境和功能与基本经济制度本身的特征基本保持一致,可以归纳出两个重要特征:第一,基本经济制度在中国省域之间存在明显的差异,这种差异虽然在排名层面没有出现较大的落差,但是排名靠前与靠后的地区之间差异依然较大;第二,基本经济制度在中国省域之间存在明显的区域集聚特征,通过比较分析发现,可以分为东部区域基本经济制度发达集聚、中西区域(包括部分东北地区)基本经济制度发展集聚和西部区域(包括部分东北地区和东部的海南)基本经济制度待发展集聚。一般而言,基本经济制度体系指数较高的地区主要在东部区域集聚,体系指数较低的主要在西部区域集聚,其他主要在中西部集聚。

中国省域基本经济制度除了以上两点主要特征之外,还有几点值得注意的地方。东部的海南在基本经济制度体系中的各个维度排名都比较靠后,西部的重庆在基本经济制度体系中的发展状况这个维度排名比较靠前,西部的四川在基本经济制度体系中的环境和功能排名比较靠前。

二、中国省域基本经济制度内部结构比较

那么,究竟是什么原因导致基本经济制度在各地区出现明显的差异?是什么原因导致基本经济制度呈现区域集聚特征?当然,在经济增长和社会发展的过程中,地理位置的差异的确会产生对应增长和发展的差异。如果仅仅将这种特征归结为地理位置的差异,那么同为东部地区的海南为何基本经济制度却沦为倒数第三名?处于西部地区的重庆又为何排名第九?同为东北地区三个省份为何排名差距如此之大?这一系列的问题都是位置决定论所不能解答的,只有通过基本经济制度体系的深层次剖析,进一步从基本经济制度发展状况、环境和功能三个维度内部结构进行比较分析,深究基本经济制度体系

的结构特性,才能更加科学、全面地把握基本经济制度的一系列特征,探寻出基本经济制度体系的内在经济规律。科学、全面地掌握中国省域基本经济制度的特征,结合其内在的经济规律,有助于我们根据省域的特点寻找出适合该地区基本经济制度发展的策略,进而探寻出推动不同省域基本经济制度变迁的最优路径。

(一)中国省域基本经济制度发展状况剖析。

通过计算,我们得到中国省域基本经济制度发展状况内部结构的相关指数,如表5-6所示:

表5-6　中国省域基本经济制度发展状况内部结构

省份	国有经济发展状况指数	集体经济发展状况指数	私营个体经济发展状况指数	联营经济发展状况指数	股份制经济发展状况指数	外资投资经济发展状况指数	港澳台投资经济发展状况指数
北京	9.154	3.562	0.841	0.117	21.986	18.094	13.147
天津	10.946	21.115	11.910	18.045	21.660	16.221	9.428
河北	1.768	4.228	8.129	1.331	8.921	1.730	2.796
山西	5.858	9.934	5.787	0.450	7.536	1.362	1.513
内蒙古	4.238	1.078	1.312	0.192	6.789	0.456	0.351
辽宁	1.031	1.916	7.844	0.683	5.071	4.896	6.639
吉林	3.072	1.148	5.159	0.277	10.584	1.724	0.992
黑龙江	0.174	0.796	2.499	0.367	4.054	0.475	0.714
上海	8.737	1.723	3.707	1.388	15.167	26.287	24.455
江苏	5.444	9.318	15.137	1.910	9.092	17.435	13.486
浙江	9.076	8.194	8.912	1.671	13.210	10.324	13.887
安徽	2.083	1.940	7.350	0.267	6.345	2.083	3.409
福建	13.320	14.046	12.023	1.911	16.241	9.498	18.155
江西	2.778	0.930	8.213	1.576	8.584	1.279	2.549
山东	0.883	12.017	10.534	0.641	10.234	4.602	3.396

139

续 表

省份	国有经济发展状况指数	集体经济发展状况指数	私营个体经济发展状况指数	联营经济发展状况指数	股份制经济发展状况指数	外资投资经济发展状况指数	港澳台投资经济发展状况指数
河南	0.000	6.463	6.307	1.095	11.851	1.171	0.856
湖北	3.401	3.726	7.488	0.394	8.644	3.095	2.670
湖南	6.437	4.721	8.232	0.954	7.406	1.838	1.698
广东	2.453	8.154	4.754	0.565	10.599	10.633	15.843
广西	3.993	2.435	7.226	1.108	4.956	2.175	2.830
海南	1.558	0.308	0.572	0.038	7.007	3.789	5.192
重庆	13.178	3.949	9.039	1.432	8.871	14.635	14.250
四川	8.986	1.213	4.327	1.286	8.447	2.563	2.820
贵州	15.124	0.411	3.739	0.735	7.713	0.328	1.350
云南	9.186	5.058	3.230	0.324	5.012	0.873	1.344
西藏	11.366	0.040	0.000	0.841	0.000	3.701	0.000
陕西	16.259	8.046	5.228	2.864	10.316	7.044	1.286
甘肃	6.744	4.215	2.527	1.864	3.087	0.281	0.140
青海	7.389	0.574	1.232	0.255	1.710	0.000	0.915
宁夏	7.287	0.076	6.344	0.001	2.848	0.512	0.500
新疆	3.483	0.449	1.097	0.240	2.548	0.548	0.376

本章为了更深层次、更细致地挖掘中国省域基本经济制度发展状况的内部结构,将基本经济制度发展状况分为七大部分,它们分别是国有经济发展状况、集体经济发展状况、私营个体经济发展状况、联营经济发展状况、股份制经济发展状况、外资投资经济发展状况和港澳台投资经济发展状况。

我们逐一对这七类所有制经济的发展状况进行比较分析。国有经济发展状况指数最高的地区是陕西,其后依次为贵州和福建;集体经济发展状况指数最高的地区是天津,其后依次为福建和山东;私营个体经济发展状况指数最高的地区是江苏,其后依次为福建和天津;联营经济发展状况指数最高的地区是天津,其后依次为陕西和福建;股份制经济发展状况指数最高的地区是北京,其后依次为天津和福建;外资投资经济发展状况指数最高的地区是上海,其后依次为北京和江苏;港澳台投资经济发展状况指数最高的地区是上海,其后依次为福建和广东。上文中已经列出基本经济制度发展状况指数排名前几位的依次是天津、福建、上海、江苏、北京、重庆、浙江、广东、陕西。可以发现,不同所有制经济中发展状况在31个地区中排名靠前的地区,其基本经济制度发展状况指数也相对较高。这说明了,在全国范围内,如果某地区有一种或者几种所有制经济发展比较好,那么对应的基本经济制度发展状况也是较好的。其中最为典型的省份是福建,该地区在国有经济发展、联营经济发展、股份制经济发展以及在港澳台地区的经济发展都名列前三,在外资经济发展方面排名第八。虽然,福建没有在某一所有制经济发展方面占据第一,但是,其不同所有制经济实现了协同发展,最终呈现出该地区基本经济制度发展状况指数全国排名第二。类似这样的地区还有重庆、浙江等。

国有经济发展状况指数最低的地区是河南,其后为黑龙江;集体经济发展状况指数最低的地区是西藏,其后为宁夏;私营个体经济发展状况指数最低的地区是西藏,其后为海南;联营经济发展状况指数最低的地区是宁夏,其后为海南;股份制经济发展状况指数最低的地区是西藏,其后为青海;外资投资经济发展状况指数最低的地区是青海,其后为甘肃;港澳台投资经济发展状况指数最低的地区是西藏,其后为甘肃。上文中已经列出,基本经济制度发展状况指数排名最后几位依次为:甘肃、海南、宁夏、西藏、内蒙古、青海、黑龙江、新疆。可以发现,某种所有制经济发展全国范围最差的几个地区,其基本经济制度发展状况几乎都不是很好。其中,最典型的省份是西藏,该地区在集体经济发展、私营个体经济发展、股份制经济发展、港澳台投资经济发展这几方面都是全国倒数第一。我们必须承认以西藏地区为代表的省份地理位置偏远、生产条件恶劣、资源环境不足、贸易基础短缺等一系列因素[①]制约了这种类型地区的市场环境,进而制约了不同所有制经济的发展。我们不禁要问,该地区如何满足基本的生产、生活需要,靠什么维持基本的经济发展条件呢?通过比较

---

① 笔者深入分析发现,这类地理因素的影响最终还是通过基本经济制度环境体现出来了,因为地理位置较差,必然会导致较差的贸易条件,进而体现在了基本经济制度环境中的市场环境。上文我们已列出西藏的市场环境全国排名倒数第一。

分析,我们发现,他们依靠的就是国有经济,西藏国有经济发展状况指数达到11.366,而西藏其他所有制经济的基本经济制度发展指数几乎都是零。

还存在一种典型的区域,比如海南,这里物产丰富、贸易条件较好,生产生活条件适宜,但该地区的基本经济制度发展指数(18.46)依然较低(排名第21)。这一类的地区影响发展的因素不是地理影响了市场环境,其影响发展的根源主要是政府环境较差,政府效率报告中,海南为所有省区或直辖市的最末位,为-0.4983;与此类似的还有东北地区的黑龙江,黑龙江土地肥沃,新中国成立初期的工业底子也较好,但该地区的基本经济制度发展指数(9.08)很低(排名第30)。影响该地区发展的根源也是政府环境较差,政府效率报告中,黑龙江排名第28位(共31名),为-0.2262。深入分析还可以发现,此类地区的市场环境也必然较差,此类地区市场环境的恶化不是源于地理因素,而是因为政府环境对市场环境的影响,可以说,由于政府环境的低下,进而会损害到了市场环境。

与此同时,我们发现,排名较低的几个省份甘肃、海南、宁夏、西藏、内蒙古、青海、黑龙江、新疆。在这些地区中,除海南处于东部,其股份制经济最高,黑龙江处于东北,其他全是西部地区,这类地区不同所有制经济中发展最好的几乎都是国有经济。[①] 与上文一样,由于这类地区地理位置偏远,生产条件恶劣、资源环境不足、贸易基础短缺等一系列因素最终导致市场环境较差,以利润最大化为目标的私有制经济不可能在该地区发展。那么,如何保持此类地区的基本生产、生活呢?最终,这类地区就是依靠国有经济的发展推动了该地区经济的发展,进而维护了社会稳定。比如,在甘肃,国有经发展指数为6.744,集体经济发展指数为4.215,而私有制经济发展指数仅为2.527,联营经济发展指数为1.864,股份制经济发展指数为3.087,外资经济发展指数为0.281,港澳台经济发展指数为0.140。其中,公有制经济发展状况明显高于非公有制经济发展状况,而且外资经济和港澳台经济几乎发展停滞。同理,宁夏、西藏、青海、新疆等地区情况也是如此。

某地区不同所有制经济发展存在这样一个前提,既不同所有制经济所处的基本经济制度环境是一致的,在满足这一前提的条件下,我们通过比较

---

① 其中,黑龙江、内蒙古两地分别是股份制经济发展较好。

中国省域基本经济制度发展状况指数可以发现：当不同所有制经济发展的外部环境条件是不适宜的,不同所有制经济都很难发展,为了维持该类地区发展的基本功能(如基本生存、教育等),国有经济起到了关键的作用;当不同所有制经济发展的外部环境条件是适宜的,不同所有制经济能够健康发展、协同发展。

(二) 中国省域基本经济制度环境剖析

通过计算,我们得到中国省域基本经济制度环境内部结构的相关指数,如图5-1所示:

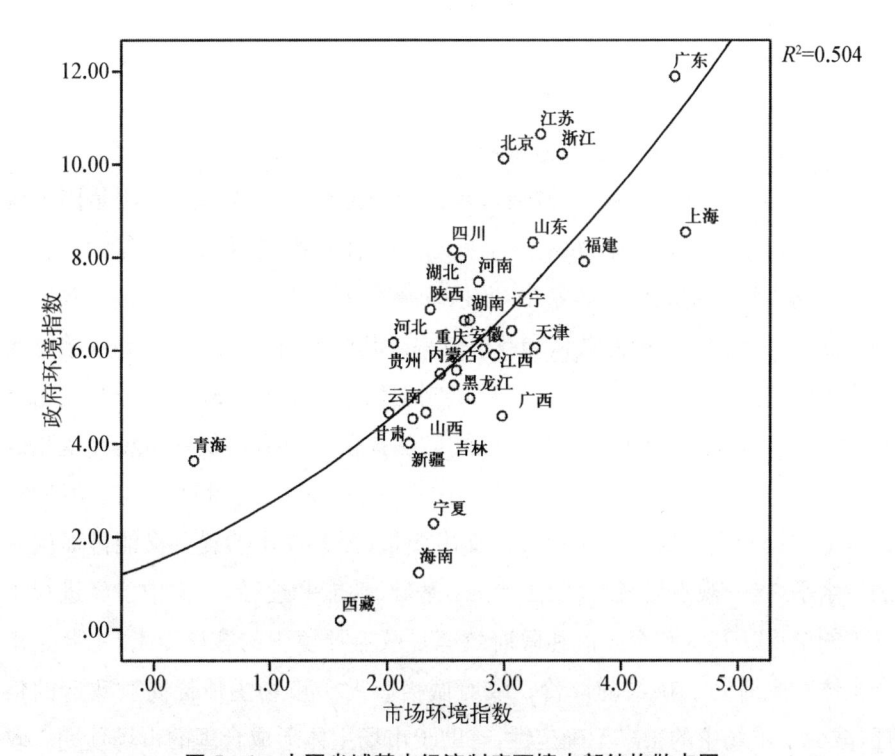

图5-1 中国省域基本经济制度环境内部结构散点图

基本经济制度环境可以分为政府环境和市场环境两个方面。如图5-1所示,在政府环境指数方面,中国省域中广东省的排名第一,为11.885,其后依次为:江苏(10.648)、浙江(10.225)、北京(10.124)、上海(8.536),排名后5位依次为新疆(4.009)、青海(3.629)、宁夏(2.274)、海南(1.225)和西藏

(0.191);在市场环境方面,中国省域中上海的排名第一,为4.553,其后依次为:广东(4.464)、福建(3.685)、浙江(3.499)、江苏(3.316),排名后五位的依次为新疆(2.190)、河北(2.056)、云南(2.016)、西藏(1.602)和青海(0.347)。

通过以上比较分析我们发现,在中国省域基本经济制度环境方面,政府环境明显优于市场环境,其中市场环境与政府环境之比大于1的省份仅有宁夏、西藏和海南3个省份,而这3个省份的市场环境的绝对值在所有省域中的排名又比较靠后。由此可以发现,中国基本经济制度环境中,政府环境的贡献大于市场环境的贡献。

如图5-1所示,政府环境与市场环境基本呈现出正相关关系,且这种关系可通过拟合曲线的方程表示,如下式[①]:

$$y = 1.46 + 1 \times x + 0.26 \times x^2$$

其中y表示政府环境,x表示市场环境。

在基本经济制度环境中,政府环境之所以起到至关重要的作用是因为政府环境是市场环境的基础,没有一个良好的政府环境,很难形成良好的市场环境。在基本经济制度指标体系中,政府环境主要涉及以下四个方面:政府的公共支出、法治水平、政府诚信和政府效率。其中政府的公共支出和法治是政府环境中的主体因素,主要是政府提供制度供给的基础。政府的公共支出是基础,只有政府通过合理的公共支出才能够提供与政府环境和市场环境相匹配的公共品。政府支出可以对应多个层面,包括经济、社会和政治等。其中法治水平的提升可以提高政府的公共支出质量,公共支出的提升又能进而提升法治水平,这一观点笔者在《依法治国:基础、功能和途径》一文中已经进行了详细的论证。其中政府诚信和政府效率是政府环境中的客体因素,主要是市场主体对政府制度供给的评价。政府诚信有助于市场主体提高对政府的信任,减少了市场中的很多不确定性,有助于市场主体形成合理的市场预期。政府效率不仅关乎政府工作的评价,它在很大程度上影响着市场主体的效率。因为政府供给制度基础的同时,相关制度的运行效率是制度质量的核心因素。无论制度本身如何优越,制度运行的效率不高,就一定会影响到制度的效果。

---

① 政府环境和市场环境的拟合曲线是直线时对应的R^2小于二次曲线时对应的R^2,因此本书选择二次曲线。

因此,政府效率作为政府环境的核心部分,其对市场主体的影响就极为重要。

在基本经济制度环境中,市场环境是资源配置的关键因素,资源能否有效配置,直接影响到生产、交换、流动等环节,没有良好的市场环境,发展就无从谈起。在基本经济制度指标体系中,市场环境主要涉及四个方面,即商业自由、税收负担、金融自由和贸易自由。其中商业自由和税收负担主要针对的是市场主体的生产环节。商业自由关注的是产品市场的发育程度,只有产品市场发育逐步成熟,产品的生产才能够不断扩大规模,市场主体才有机会获取一定的收益。决定收益的另外一个关键因素就是税收,税率在很大程度上会影响到市场主体的生产决策,同时也是政府的主要收入来源,因此其对市场环境的影响不言而喻。其中金融自由和贸易自由主要针对的是市场主体的非生产环节。金融自由决定了市场主体的资本运用行为,资本是决定市场主体决策的关键因素,金融自由程度的提升有助于市场主体的融资,融资对于市场主体进行技术提升、品牌推广等行为都极为重要。贸易自由是市场主体参与国际竞争的基本保障,通过贸易可以使得市场主体参与国际竞争,通过国际竞争可以使得参与竞争的主体优胜劣汰,是提升市场主体国际竞争力的重要机制。

通过比较分析可以推论出政府环境的改善(或者恶化)会导致市场环境的改善(或者恶化)。其理论机制如下:当一个地区政府环境改善时,比如政府效率提升或者法治水平提升,就会有效提升市场主体的经济效率,市场主体的经济效率提升会增强经济主体的竞争力,进而从各个层面改善市场环境。同理,当一个地区政府环境恶化时,比如政府效率降低或者法治水平下降,很可能会导致"寻租"的出现,进而影响市场主体的经济效率,最终损害了市场主体的竞争力,恶化了市场环境。

(三) 中国省域基本经济制度功能剖析

通过计算,我们得到中国省域基本经济制度功能内部结构的相关指数,如图 5-2 所示。

基本经济制度功能分为经济功能和非经济功能两个方面。如图 5-2 所示,在经济功能方面,排名第一的省为广东(8.55),其他排名靠前的省份依次为:江苏(7.25)、浙江(5.84)、北京(4.78)、上海(4.77)。经济功能为负值的省份有 11 个,它们依次为:吉林(-0.02)、山西(-0.15)、黑龙江(-0.19)、贵

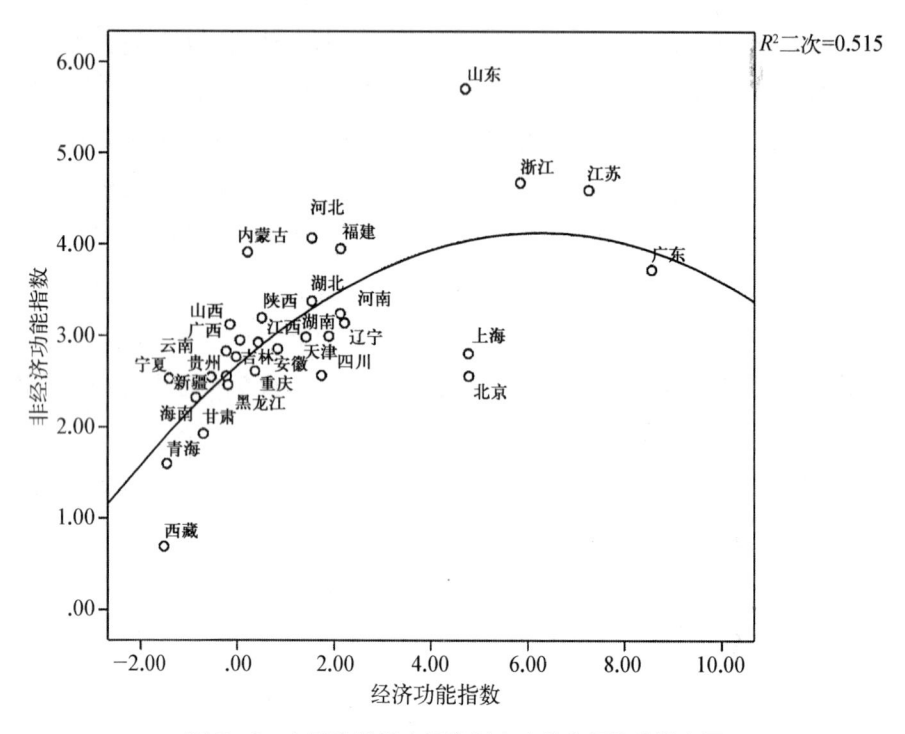

中国基本经济制度的理论创新与演进历程

图 5-2 中国省域基本经济制度功能内部结构散点图

州(−0.22)、云南(−0.23)、新疆(−0.54)、甘肃(−0.70)、海南(−0.85)、宁夏(−1.39)、青海(−1.44)、西藏(−1.51)。在非经济功能方面,排名第一的省为山东(5.70),其他排名靠前的省份依次为:浙江(4.68)、江苏(4.60)、河北(4.07)、福建(3.95)。非经济功能排名最末位的省份是西藏(0.69),其他排名比较靠后的省份依次为:黑龙江(2.46)、海南(2.32)、甘肃(1.93)、青海(1.60)。

通过比较分析可以发现,中国总体上呈现出非经济功能占主导的省区或直辖市较多,其中经济功能与非经济功能之比大于1的省或者直辖市有5个,它们依次为:广东、北京、上海、江苏、浙江。本文涉及的其他26个省份中,非经济功能均大于经济功能。

如图 5-2 所示,经济功能和非经济功能的拟合曲线是明显的二次曲线形式,其拟合曲线的方程如下①:

---

① 经济功能和非经济功能的拟合曲线是直线时对应 R^2 小于二次曲线时对应 R^2,因此本书选择二次曲线。

$$y = 2.67 + 0.47 \times x - 0.04 \times x^2$$

其中,y表示非经济功能,x表示经济功能。

该拟合方程具有很深刻的经济含义。其表示,在一定范围内,经济功能对非经济功能具有促进作用,而且这种存进作用呈现出边际递减的规律。当经济功能达到一定阈值之后,经济功能对非经济功能就会呈现出明显的阻碍作用。这种现象在各地区之间表现得十分明显,比如上海的经济功能明显高于河北、福建等地区,但是该地区的非经济功能又低于河北、福建等地区。图5-2中,能够将经济功能和非经济功能统一,且表现最好的地区是山东。

除了以上的整体特征外,经济功能和非经济功能的局部特征也很明显。其中,比较典型的就是西藏、青海、宁夏和新疆等地区,这些地区都地处西部区域。上文已经分析了,在该区域由于客观原因基本经济制度环境较差,因此为了维持基本的非经济功能(如生存、医疗等)牺牲了经济功能,但此类发展模式中的非经济功能基本上都能抵消经济功能上的损失(仅有西藏例外)。至此,结合中国省域基本经济制度发展状况剖析的结论,我们发现,国有经济在客观环境受到约束的地区更多地起到了非经济功能的作用,而且这种作用大于经济功能的损失。与此同时,我们也会发现,公有制经济占比较高且其他所有制经济不发达的地区,经济功能基本都很难发挥,比如西藏、新疆等地区;而混合所有制经济发展比较好的地区,经济功能一般都比较好,而且能够在理论和实践上实现经济功能和非经济功能的统一,比如山东、浙江、江苏等地区。

通过以上的分析可以得出以下推论:(1)在整体上,基本经济制度在经济功能较低的地区,非经济功能也较低,在一定范围内,经济功能对非经济功能有促进作用,但是,这种促进作用呈现出边际递减的特征,当经济功能达到一定阈值时,经济功能与非经济功能就体现出不平衡的特征。(2)在结构上,特别是在西部地区,国有经济能明显承担起很多社会责任,发挥了非经济功能,而且非经济功能发挥的作用大部分可以抵消经济功能上的损失。(3)混合所有制发展较好的地区,基本经济制度经济功能和非经济功能可以实现统一。

第三节 中国省域基本经济制度变迁的最优路径

我们之所以对中国省域基本经济制度的发展状况、环境和功能进行深层次剖析的目的,不仅仅是为了更加精准地把握中国省域基本经济制度体系的特征,更是为了通过这些特征的把握,结合经济理论探寻出一条适合中国省域基本经济制度变迁的最优路径。

通过对中国省域基本经济制度的深度剖析,结合上文的中国省域按照基本经济制度体系的区域分布我们发现:

对于属于基本经济制度成熟区的省或者直辖市,不论从基本经济制度发展状况、环境或是功能,此类地区都已经相对成熟,三个维度的发展情况在国内排名都比较靠前。在这种情况下,需要关注的就是基本经济制度发展状况、环境和功能这三者之间发展的协调性问题。对于第一类还可以进行细分:基本经济制度发展状况起到关键作用(排名在三个维度中最靠前)的可以称之为投资驱动型;基本经济制度环境起到关键作用的可以称之为环境带动型;基本经济制度功能起到关键作用的可以称之为功能导向型。通过对不同类型的深入判断,就可以对三个维度进行补短板,进而推动基本经济制度体系机构的优化,引导基本经济制度按照最优路径变迁。

对于属于基本经济制度发展区的省区或者直辖市,其基本经济制度的主要问题应该是基本经济制度发展状况与环境不能够有机的耦合,进而束缚了基本经济制度功能的发挥,其主要体现在两个方面:第一,当基本经济制度环境排名靠前,起到关键作用的同时,基本经济制度发展又没能够与环境匹配,进而功能就排名靠后,这类也可称为环境引导型;第二,当基本经济制度环境排名靠后时,基本经济制度发展和环境会制约功能的进一步发挥,发展就会遇见瓶颈,这类也可称为非环境引导型。因此,应对基本经济制度发展区的这种状况,我们认为,应该首先观测基本经济制度发展和环境的不匹配因素在哪里,进而提升基本经济制度发展状况与环境的耦合程度,提高发展效率,那么基本经济制度功能的提升就是内生决定的了。进而基本经济制度发展状况、环境和功能共同推动基本经济制度沿着最优路径变迁。

对于属于基本经济制度待发展区的省份，其基本经济制度问题的根源在于发展，不论是客观的因素还是非客观的因素，基本经济制度待发展区的环境都是相对恶劣的，哪怕通过行政手段推动某种所有制经济在该地区发展，也会损失发展中的经济功能。正是由于基本经济环境的恶劣，导致经济功能不能正常发挥，进而很少有私有制经济、外资经济和港澳台经济在此类区域发展。那么，如何才能进一步推动基本经济制度待发展区的发展呢？其发展的首要问题是建立健全的基本经济制度环境，进而推动适合本区域发展的多种所有制经济共同发展。如此就可以有效地推动基本经济制度沿着最优路径变迁。

沿着以上的分析路径，就能够科学、有效地引导省域的基本经济制度沿着对应的最优路径变迁。基本经济制度变迁路径的最优路径决策树如图5-3所示：

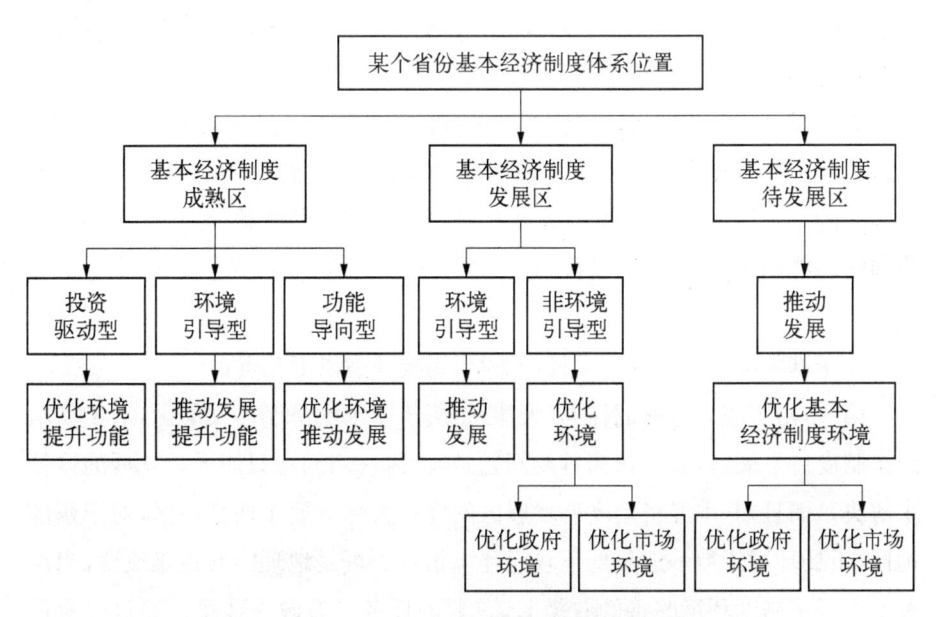

图 5-3 基本经济制度变迁路径的最优路径决策树

我们可以依据以上基本经济制度变迁的最优路径决策树对不同省份的基本经济制度变迁提供政策依据。我们可以某一省份为例，进一步分析。

以下以天津为例，提出天津的基本经济制度变迁最优路径的策略。

第一步：判断天津基本经济制度属于哪个区域。经过判断我们发现，天津基本经济制度属于基本经济制度发展区，这也就意味着天津基本经济制度的根本问题是基本经济制度发展与基本经济制度环境之间不能够很好地耦合。进而可以进行第二步判断。

第二步：判断天津基本经济制度体系中，究竟是基本经济制度发展还是基本经济制度环境的排名比较靠后。通过比较发现，天津基本经济制度发展排名第一，环境排名第十三。因此，可以断定，天津基本经济制度体系中属于非基本经济制度环境引导型，需要提升基本经济制度环境。这就涉及第三步的判断。

第三步：通过政府环境和市场环境的散点图（图5-1）所显示，天津的市场环境明显低于政府环境。我们提出的建议是，大力改善市场环境，推进产品市场、金融市场、劳动力市场等市场化程度。与此同时，上文中，我们已经论证了政府环境与市场环境之间的正向关系，并且其所处位置图处于拟合曲线的下方，我们进一步建议，在推进市场化程度的同时，进一步提升政府环境，通过提升政府环境进一步推进市场程度的改善。

通过以上三个步骤可以提供天津最优的基本经济制度变迁路径。通过提升市场环境并以提升政府环境作为辅助，可以逐步达到与基本经济制度发展相匹配的基本经济制度环境，在基本经济制度环境不断改善的过程中，基本经济制度功能的作用也不断发挥，进而基本经济制度体系就会沿着最优路径变迁。

关于基本经济制度变迁的最优路径，需要注意以下几点：

第一，由于我们选取的样本（天津）是属于基本经济制度发展区，对于基本经济制度待发展区，我们认为首要问题是发展，一切问题只能通过发展的途径来解决。而且，基本经济制度待发展区的样本大部分属于西部地区，对于西部地区，市场环境指数一般是低于政府环境指数。可是地理因素很难改变，当涉及基本经济制度环境改善的政策时，首要的任务提升政府环境。通过政府环境的改善，激活市场的活力，降低市场主体的制度成本，有助于不同所有制经济发展。

第二，一旦基本经济制度最优路径的政策涉及提升功能时，在经济功能不是处于阻碍非经济功能的区域，我们建议优先提升经济功能，辅助改善非经济功能。因为,一方面经济功能的提升有助于非经济功能改善时,经济功能的提升可以很好地发挥其溢出效应;另一方面虽然此阶段经济功能与非经济功能处于正相关关系,但是优先改善非经济功能可能会损害效率,进而影响经济功能。我们很难对改善的非经济功能和损失的经济功能(效率),以及经济功能损失(效率)导致的非经济功能改善的压力之间进行衡量。

第三,对于基本经济制度待发展区,首要的任务是发展。当涉及该区域的基本经济制度发展的政策时,一方面基本经济制度环境改善比较缓慢;另一方面还要持续推进发展。我们提供的建议是,一方面,充分体现公有制的优势,虽然其损失了部分经济功能,但是公有制发展过程中的非经济功能贡献大于经济功能损失;另一方面,我们深入分析可以发现,公有制经济在发展的过程会产生引致需求,随着基本经济制度体系的不断完善,其他所有制经济可以伴随公有制经济的发展而不断发展,进而形成发展的良性循环。

第六章

基本经济制度框架下国有企业发展逻辑探析

上文已经详细论证了中国基本经济制度的理论创新与演进历程,虽然本书已经从多个方面论证了公有制经济存在的合理性和科学性,但是为了更加深入阐明公有制经济的主体地位,本章进一步对国有企业的演进历程进行更加深入的分析。由此,从微观经济主体的维度论证,国有企业是中国经济发展的中流砥柱,进而增强对中国基本经济制度的认知。

新中国70多年国有企业发展的实践是中国经济实践的重要组成部分,国有企业70多年的发展是一个不可分割的历史过程。改革开放前后,国有企业经历了不同的发展阶段。本章通过深入剖析国有企业的成立并逐步发展(1949—1977年)、新时期国有企业改革(1978—2012年)和新时代深化国有企业改革(2013年至今)的历史进程与关键内容,对新中国70多年国有企业发展历程进行系统、全面的梳理。通过国有企业70多年的实践证明:从新中国成立到改革开放,国有企业是中国社会主义实践的中流砥柱,从改革开放至今,国有企业依然是中国社会主义实践的中流砥柱。

新中国成立70多年,特别是改革开放40多年来,中国取得了举世瞩目的成就,这是中国社会主义实践的成就。在此过程中,国有企业发挥了重要作用,正如习近平指出的:"国有企业是推进国家现代化、保障人民共同利益的重要力量。经过多年改革,国有企业总体上已经同市场经济相融合。"[①]但有些学者认为,这是"市场化"和"自由化"的结果,特别是很多学者基于国有企业效率低下的片面认知,强调国有企业的私有化推动了全面改革,进而实现了中国经

---

① 十八大以来重要文献选编:上[M].北京:中央文献出版社,2014:501.

济的快速发展,并由此对改革开放前的国有企业持否定的态度,对改革开放以来的国有企业持"私有化"的态度,认为新时代国有企业改革应该继续沿着私有化的道路持续推进。但是,事实果真如此吗?习近平总书记指出:"这几年一些人用西方的市场经济理论给国有企业改革开出了许多'药方',但到头来没有几帖能治'病'。一定的理论总是适用于一定的对象和范围,'乱点鸳鸯谱'是要造成严重后果的。"① 本章以历史唯物主义的视角,通过对新中国成立70多年以来的国有企业实践历程及其对整个国民经济的贡献进行系统而全面的分析发现,国有企业是中国社会主义实践的中流砥柱,做大做强做优国有企业是中国社会主义建设发展的方向。正如习近平一再强调的:"国有企业是国民经济发展的中坚力量。对国有企业要有制度自信。深化国有企业改革,要沿着符合国情的道路去改,要遵循市场经济规律,也要避免市场的盲目性,推动国有企业不断提高效益和效率,提高竞争力和抗风险能力,完善企业治理结构,在激烈的市场竞争中游刃有余。"②

第一节 新中国 70 多年国有企业实践历程

新中国 70 多年国有企业实践历程主要可以分为三个层级:从建立新中国到改革开放,国有企业处于开始成立并初步发展的层级;从改革开放到十八大,国有企业处于不断改革完善到大力发展的层级;从十八大至今,国有企业处于深化改革到逐步"做强、做优、做大"的层级。

一、国有企业的成立并逐步发展③(1949—1977 年)

新中国成立之后,国民经济发展面临诸多挑战,特别是新中国成立初期的

---

① 习近平.社会主义市场经济和马克思主义经济学的发展与完善[J].经济学动态,1998(7):3-6.
② 习近平.国有企业是国民经济发展的中坚力量[R/OL].2015-7-17. http://news.cnr.cn/native/gd/20150717/t20150717_519243684.shtml.
③ 在新中国建立之初,国有企业被称为"国营企业",1993 年八届全国人大一次会议通过修正案,将"国营企业"改为"国有企业"。本书为将统一使用"国有企业",特此说明。

工业基础极为薄弱,毛泽东对此这样描述:"现在我们能造什么?能造桌子椅子,能造茶碗茶壶,能种粮食,还能磨成面粉,还能造纸,但是,一辆汽车、一架飞机、一辆坦克、一辆拖拉机都不能造。"[①]正是在中国一穷二白的基础上,国有企业逐步建立起来,为新中国的经济发展做出了巨大贡献。

(一)国有企业成立初期(1949—1952年)

新中国成立之后,国有企业主要通过发展原有抗日根据地的国有企业、没收官僚资本主义企业、没收帝国主义在华企业、改造民族资本主义工商业企业等途径建立起来。新中国成立初期,国民经济处于恢复阶段,私营和个体经济还客观存在。据统计数据显示,1952年的工业总产值中,国有企业占比41.5%,集体企业占比3.3%,公私合营企业占比4%,私营和个体企业占比51.2%。[②] 在新中国成立的前三年,虽然非公经济还存在一定比例,但是国有企业在新中国一穷二白的基础上迅速建立起来,并已经逐步占据了主导地位,集中表现为国有企业在新中国重要的工业部门和关系国家命脉的产业中占绝对优势,为此阶段国民经济恢复做出了巨大贡献。

(二)国有企业快速发展期(1953—1957年)

1953年新中国开始实施第一个"五年计划",并确立过渡时期总路线,至1956年完成"一化三改造",1957年完成第一个"五年计划"。随着对生产资料私有制的社会主义改造在此期间基本完成,国有企业快速发展。据统计数据显示,1956年工业总产值中,国有企业占比67.5%,公私合营企业占比32.5%,[③]私营和个体经济几乎已经不存在了。国有企业数量急剧增加,到1957年国有工业企业个数已达5.8万个。与此同时,国家直接经营国有企业,采用统一领导、分级管理的模式,[④]以"计划"管理企业经营。这也决定了国有企业在投资、生产、定价、财务、薪酬等方面都由国家直接管理。

---

① 毛泽东.毛泽东文集:第6卷[M].北京:人民出版社,1999:329.
② 国家统计局.中国统计年鉴(1984)[M].北京:中国统计出版社,1984:194.
③ 薛暮桥.中国社会主义经济问题研究[M].北京:人民出版社,1979:38.
④ 分级管理是指对国有企业的管理分为:中央管理,中央和地方共同管理,以中央管理为主、中央和地方共同管理,以地方管理为主,地方管理等四种形式。

(三) 国有企业改革尝试期(1958—1965年)

由于国家直接经营国有企业,并且国有企业占比又高,使得全国的资源配置机制逐步成了高度集中的计划经济,国有企业与计划经济结合的弊端也逐步显露,企业经营效率低下,国家开始尝试对国有企业进行改革。1958年,国家通过调整隶属关系,将中央各部门管理的企业权限下放到地方(包括:计划管理权、企业管辖权、固定资产投资权、物资分配权、财政税收权、人事管理权和信贷权)。1958年的权力下放起到了部分经济效果,比如,当年固定资产投资增加了84.53%,是改革开放前仅次于1953年的增幅。[①] 但权力下放到地方,企业依然没有经营管理权,反而造成了企业管理更加混乱,特别是叠加1958—1960年"大跃进"的因素,国民经济发展出现了困难,导致1959年在庐山会议[②]上决定部分权力重新收回中央,1961年颁布的《关于调整管理体制的若干暂行规定》要求国有企业经济管理权限到中央、中央局和省三级,在两三年内更多集中于中央和中央局。由此,第一次国有企业改革的尝试就此结束了。随着1963年国民经济的好转,我国先后在几个重要行业领域(包括烟草、盐业、医药、橡胶、铝业、汽车、纺织机械、地质机械仪器等)相继建立了托拉斯企业。

(四) 国有企业发展停滞期(1966—1977年)

"文化大革命"期间,国家各方面工作都遭遇了困难,特别是经济领域的工作。在此背景下,1970年也曾尝试对国有企业进行体制改革,一方面由于处于"十年动乱"的时期;另一方面本质依然没有给予企业自主经营管理权,最终导致国民经济管理混乱,财政赤字增加,权力再次收回中央,国有企业改革基本流产,国有企业发展整体停滞。其中,最为关键的指标是国有企业的创新程度对经济增长的贡献,依据汪海波(1989)研究的国有工业企业全要素生产率增长率在产出增长率中所占的比重可以发现,在1970—1977年为0,1958—1969年为-4.4%,远低于1956—1957年的13.8%,和1953—1955年的24.3%。[③]

[①] 中国经济发展五十年大事件[M].北京:人民出版社,1999.
[②] 即:1959年在庐山举行的政治局扩大会议和中国共产党第八届第八次会议。
[③] 汪海波.对我国工业经济效益历史和现状的分析:上[J].中国工业经济,1989(4):50-57.

至1977年，国民经济中公有制经济已经基本"一统天下"，国有经济占比最高，成了社会主义经济的中流砥柱。据统计，1977年我国工业总产值中，国营工业占83.2%，集体工业占16.8%；商业销售额中国营商业占92.2%，集体商业占7.7%，个体商业仅占0.1%。① 新中国成立之后至改革开放之前，虽然国有企业发展也遇见了这样或者那样的问题，但总体上国有企业为中国构建并发展完备的工业体系打下了坚实的基础。

二、新时期国有企业改革（1978—2012年）

中共十一届三中全会开启了中国特色社会主义现代化建设的序幕，国有企业改革是社会主义现代化建设进程中最重要的领域。1978年年末国有企业改革启动之初，国有企业在中国工业部门乃至中国整体经济总量中都占据绝对优势地位，工业总产值中国有企业占比达77.6%，集体企业占比为22.4%。可是，国有企业在"数量"上的优势并不代表"质量"上的优势。从社会主义资源配置方式而言，计划经济模式制约了国有企业继续壮大；从国有企业自身运营管理而言，国有企业政企不分、自主管理权限不足、激励机制欠缺等问题严重制约了国有企业的进一步发展，甚至严重影响了国民经济的健康运行。由此，我国开启了国有企业的改革，改革开放初期至十八大期间，国有企业改革主要可以分为几个重要的阶段。

（一）国有企业自主经营探索期（1978—1992年）

在改革开放之前，国有企业主要是由政府直接管理经营，与之相对应的国民经济是在计划经济的体制下运行。随着国有企业"放权让利""两步利改税"以及国有企业"承包制"等改革措施的顺利实施，国有企业进入了自主经营探索期。1978年，我国首先在四川进行了"扩大企业自主权"试点，以1979年国务院发布的《关于扩大国营工业企业经营管理自主权的若干规定》为起点，1979—1983年国有企业改革整体按照逐步扩大企业经营管理自主权模式改革。1983年国有企业通过实施利税并存的模式进行了第一步"利改税"，1984

---

① 王成元. 马克思主义中国化中的社会主义公有制理论[J]. 喀什师范学院学报，2008(1)：8-11.

年开始实施更大幅度的第二步"利改税"。中共十二届三中全会提出按照所有权与经营权分离的原则对国有企业进行改革,进而逐步实施"承包制""租赁制"等多种形式的经营责任制。由此,启动了以"国家对企业的管理应逐步转向以间接管理为主"[1]的改革模式,增强了国有企业的生机与活力,逐步实现国有企业自主经营、自负盈亏。

改革开放初期,由于国有企业自主经营的探索在本质上没有改变政企不分的模式,政府、企业与职工的关系也没有实质性突破等原因,国有企业自主经营的探索依然处于局部范围内的改革范畴。改革过程中也出现了各种问题(比如部分国有企业几乎没有国家分红、国有企业纳税连年减少等),但整体上此阶段国有企业自主经营的探索为国有企业进一步的改革奠定了良好的基础。

(二) 国有企业现代化制度培育与发展期(1993—2002 年)

20 世纪 90 年代初期,为实现国有企业良性发展,国有企业迫切需要进一步的改革。与此同时,我国周边很多国家经济迅速崛起,与当时我国经济发展形成了鲜明的对比,也对国有经济的发展提出了不小的挑战,正如十四大报告所指出的:"我国经济能不能加快发展,不仅是重大的经济问题,而且是重大的政治问题。"[2]为了实现发展目标,国有企业进入了现代化制度的培育与发展期。其中,国有企业现代化制度的微观目标是构建现代企业制度,国有企业现代化制度的宏观目标是服务于社会主义市场经济体制。在国有企业现代化制度的培育与发展的过程中,微观目标与宏观目标是相互联系、密不可分的。随着中共十四大明确提出我国经济体制改革的目标是建立社会主义市场经济体制,必然要求国有企业同其他不同经济类型的企业一样进入市场,并且在平等竞争的过程中发挥国有企业的主导作用。

国有企业现代化制度的培育和发展于国有企业本身就是逐步构建现代化企业制度,核心是产权改革。1993 年 11 月,中共十四届三中全会进一步明确

---

[1] 沿着有中国特色的社会主义道路前进——在中国共产党第十三次全国代表大会上的报告(1987 年 10 月 25 日)[J]. 党的建设,1987(Z1):3-23.
[2] 加快改革开放和现代化建设步伐夺取有中国特色社会主义事业的更大胜利——在中国共产党第十四次全国代表大会上的报告(一九九二年十月十二日)[J]. 党的建设,1992(Z1):4-21.

提出国有企业改革的目标是建立"产权清晰、权责明确、政企分开、管理科学"的现代企业制度。1995年,国务院确立100家企业构建现代企业制度试点工作,其后放开国有小企业,进而集中力量发展国有大型企业。伴随着国有企业现代化企业制度的培育、发展以及社会主义市场经济体制的建立,原有在计划经济体制下国有企业的管理模式对国有企业发展的束缚愈加严重,国有企业出现大面积亏损,至1998年国有企业亏损比例近70%。为了解决改革过程中的问题,国有企业加快改革步伐,1999年9月,中共十五届四中全会通过了《中共中央关于国有企业改革和发展若干重大问题的决定》,提出"市场经济条件下,国有经济在国民经济中的主导作用主要体现在控制力上",进而开始从战略上调整国有企业布局,进而推进改革。此阶段改革更多强调了国有经济的控制力、影响力和带动力。在此过程中,不断完善国有企业公司法人治理结构,现代化企业制度改革初见成效,国有企业亏损状况逐步扭转。据国家统计局调查,至2001年年底,国有企业现代企业制度框架已经基本形成,在调查的重点国有企业中,76%的国有企业实行了公司制改造,完成改造的企业出资人到位率为93.9%。以股东会、董事会、监事会和经理层组成的公司法人治理结构基本建立,其中成立股东会的占80.9%,成立董事会的占96.2%,成立监事会的占83.9%。[①] 由此,产权清晰、责权明确、政企分开、管理科学的国有企业改革要求分步得以实施。

(三)国有企业现代化制度完善与创新期(2003—2012年)

2003年,中共十六届三中全会《关于完善社会主义市场经济体制若干问题的决定》提出,我国社会主义市场经济体制初步形成以及基本经济制度的确立,这标志着国有企业改革步入现代化制度的完善与创新期。完善主要体现在国有企业现代化企业制度的完善,由于此阶段国有企业产权改革进展较快,伴随产权改革引起的国有资产流失引起不小争议,直到2005年国务院出台了对于经营者收购的"五条禁令"及相关措施,国有企业产权改革才继续有序推进。创新主要体现在国资委模式的创新,2003年,国务院国有资产监督管理委员会成立,由此建立起了管资本与管人、管事相统一的国有资产出资人制度,

---

① 国家统计局:全国重点企业改制与发展现状[R/OL]. http://www.people.com.cn/GB/jinji/31/179/20020919/826676.html.

从制度层面理顺了政府、国资委和企业三者之间的关系。

新时期国有企业现代化制度的完善与创新,使得国有企业在国民经济发展的过程中贡献效果突出。据统计数据显示,2002—2012年,全国国有企业营业收入由8.53万亿元增长至42.54万亿元,利润总额从3 786.3亿元增长至2.43万亿元。[①] 与此同时,国有企业国际竞争力显著增强,以2012年世界500强企业为例,中国企业上榜数量79家,其中国有企业占比近80%。

三、新时代深化国有企业改革(2013年至今)

在新时期国有企业改革的过程中,国有企业先后经历了自主经营探索、现代化制度的培育与发展、完善和创新的改革路径,取得了举世瞩目的成绩。步入新时代后,一方面是国有企业自身发展新旧问题交织;另一方面是国际竞争日趋激烈,必然要求国有企业通过深化改革,不断完善国有企业的治理结构,不断提升国有企业的国际综合竞争能力,逐步实现国有企业做强做优做大。

2013年,中共十八届三中全会关于《中共中央关于全面深化改革若干重大问题的决定》明确提出了"完善国有资产管理体制,支持有条件的国有企业改组为国有资本投资公司,推动国有企业完善现代企业制度,准确界定不同国有企业功能,健全协调运转、有效制衡的公司法人治理结构"[②]等重要改革事项。2015年,《关于深化国有企业改革的指导意见》进一步明确了新时代全面深化国有企业改革主要集中在以下几个方面,并重点出台了更为详细的改革细则:(1) 分类推进国有企业改革(对应:《关于国有企业功能界定与分类的指导意见》);(2) 完善现代企业制度(对应:《国务院关于改革国有企业工资决定机制的意见》《国务院办公厅关于进一步完善国有企业法人治理结构的指导意见》);(3) 完善国有资产管理体制(对应:《上市公司国有股权监督管理办法》);(4) 发展混合所有制经济(对应:《关于国有企业发展混合所有制经济的意见》);(5) 强化监督防止国有资产流失(对应:《关于加强和改进企业国有资产监督防止国有资产流失的意见》);(6) 加强和改进党对国有企业的领导(对应:《关于深化国有企业改革中坚持党的领导加强党的建设若干意见》);

---

① 相关数据源自中国财政部。
② 中国共产党第十八届中央委员会第三次全体会议文件汇编[M].北京:人民出版社,2013.

(7) 为国有企业改革创造良好环境条件。

近几年,全国国有企业收入与利润保持持续增长,并且利润增幅逐步扩大(见表6-1)。深化国有企业改革成效突出,特别是在当前国际经济发展环境日趋复杂的背景下,国有企业成了国民经济发展的中坚力量。

表6-1 近几年国有企业发展状况[①]

年 份	国有企业营业收入(万亿元)	增幅(%)	国有企业利润(万亿元)	增幅(%)
2016	45.9	2.6%	2.3	1.7%
2017	52.2	13.6%	2.9	23.5%
2018	58.75	10.0%	3.4	12.9%
2019	62.5	6.9%	3.6	6.9%
2020	63.3	2.1%	3.4	−4.5%
2021	75.5	18.5%	4.5	30.1%

注:相关数据整理自国资委。

第二节 国有企业在中国社会主义实践的贡献

新中国成立70多年来,中国国有企业经历了从无到有、从发展到改革,如今急需对国有企业70多年发展历程进行经验总结。国有企业70多年的历程为中国社会主义建设做出了巨大的贡献,正如习近平指出:"新中国成立以来特别是改革开放以来,国有企业发展取得巨大成就。我国国有企业为我国经济社会发展、科技进步、国防建设、民生改善做出了历史性贡献,功勋卓著,功不可没。"[②]国有企业70多年的发展实践充分证明了国有企业是中国社会主义实践的中流砥柱。

---

① 相关数据进行了四舍五入。
② 习近平.习近平谈治国理政:第2卷[M].北京:外文出版社,2017:175-176.

第六章 基本经济制度框架下国有企业发展逻辑探析

一、改革开放之前(1949—1977年),国有经济是国民经济发展的领导力量,国有企业是中国社会主义实践的中流砥柱

新中国成立初期,国家经济一片凋敝,正是由于国有企业的突出贡献,新中国才在一穷二白的基础上迅速形成了有效的生产力,为形成完备的工业体系打下了坚实的基础,实现了《共产党宣言》所阐述的"把一切生产工具集中在国家即组织成为统治阶级的无产阶级手里,并且尽可能快地增加生产力的总量"。[①] 到1957年,随着国有企业的发展,尤其是国有工业企业的发展,已经具备了生产重要工业产品(比如发电设备、采矿设备、汽车、喷气飞机、大型及优质钢材等)的生产能力。到1966年我国已经实现了石油全部供给,电子工业、石油化工等一批新兴的工业也具备了生产能力。从1952—1978年,全国国有工业总产值由142.6亿元增长至3416.4亿元,其中发展最快的就是重工业。

由于国有企业的快速发展,中国工业化初期发展状况大幅超过了同阶段的英国(1801—1941年,工业份额仅上升11%)和日本(1878—1923年,工业份额上升了22%)。[②] 在改革开放之前,国有企业为新中国集中力量发展生产力,集中力量办大事做出了巨大贡献,使得中国工业产品生产能力在全球的排名逐步提升(见表6-2)。特别是以国有企业为主力军推动了新中国经济的发展和现代化建设,在国有企业不同产业布局的基础上所构造的"独立的、比较完整的工业体系(包括国防体系)以及对应的国民经济体系,为改革开放之后中国的经济起飞创造了有利条件"。[③]

表6-2 中国工业产品产量居世界位次

工业产品	中国工业产品产量居世界位次 (新中国成立初期)	中国工业产品产量居世界位次 (改革开放初1978年)
钢	26(1949年)	5
煤	9(1949年)	3

[①] 马克思,恩格斯.共产党宣言[M].北京:人民出版社,2013:49.
[②] 林毅夫,等.充分信息与国有企业改革[M].上海:上海人民出版社,1997:35.
[③] 王绍光.坚守方向、探索道路:中国社会主义实践六十年[J].中国社会科学,2009(5):4-19,204.

续　表

工业产品	中国工业产品产量居世界位次 （新中国成立初期）	中国工业产品产量居世界位次 （改革开放初 1978 年）
原油	32(1950 年)	8
发电量	25(1949 年)	7
水泥	8(1957 年)	4
化肥	36(1957 年)	3
化学纤维	26(1960 年)	7

注：相关数据整理自国家统计局。

二、改革开放以来(1978 年至今)，国有经济是国民经济发展的主导力量，国有企业是中国社会主义实践的中流砥柱

由于我国处于社会主义初级阶段，原有的"一统天下"的完全公有制模式已经不再适用国民经济的进一步发展。随着改革开放的推进，国有经济逐步从涵盖几乎所有行业国民经济的领导力量转变为国民经济重点行业和领域的主导力量。虽然在国有企业改革的过程中一度出现了这样或者那样的问题，但是国有企业改革的实践证明，通过国有企业改革，国有经济更好地发挥了在国民经济中的主导力量。主要体现在以下几个层面：

第一，从微观层面而言，改革开放以来，国有企业探索出了具有中国特色的"产权清晰、权责明确、政企分开、管理科学"的现代企业制度。国有企业从完全按照国家计划生产的单位，到成为自主经营管理的市场主体，再到不断完善企业经营模式，逐步形成了具有中国特色的现代企业制度。由此，国有企业塑造了有效的激励机制，提升了市场竞争动力；同时，国有企业与同类型国有企业及非国有企业的市场竞争模式，增加了国有企业竞争压力；更为重要的是现代企业制度下的国有企业与产业链相关的国有企业及非国有企业合作，凝聚了国有企业竞争合力。综合以上改革历程，国有企业效率的大幅提升，并有效地推进了国民经济发展。因此，从微观层面而言，国有企业是中国社会主义实践的中流砥柱。

第二,从中观层面而言,有效的国有企业改革凸显了国有企业在产业门类中的主导力量以及在产业链条中的控制力。以 2017 年的数据为例,国有企业在产业层面的分布呈现出结构性的特征:(1)国有企业在关系国家安全和国民经济命脉的主要行业和关键领域占据支配地位;(2)国有企业在中国共产党执政和国家政权的基础性行业中起支柱作用。具体分布情况如表 6-3 所示。

表 6-3 2017 年不同行业国有控股企业占内资企业固定投资比重及排名

行 业	比重	排名	行 业	比重	排名
铁路运输业	0.976	1	环境管理业	0.711	18
中国共产党机关	0.954	2	水上运输业	0.700	19
石油和天然气开采业	0.947	3	卫生	0.668	20
国家机构	0.935	4	基层群众自治组织	0.667	21
航空运输业	0.899	5	房屋和土木工程建筑业	0.637	22
电信和其他信息传输服务业	0.887	6	电力燃气水的生产供应业	0.621	23
道路运输业	0.885	7	电力、热力的生产和供应业	0.609	24
水利管理业	0.882	8	文化艺术业	0.607	25
管道运输业	0.871	9	体育	0.598	26
社会保障业	0.857	10	人民政协和民主党派	0.566	27
烟草制品业	0.811	11	建筑业	0.552	28
交通运输业	0.805	12	银行业	0.530	29
水利、环境和公共设施管理业	0.780	13	农、林、牧、渔服务业	0.517	30
公共设施管理业	0.768	14	居民服务业	0.504	31
教育	0.760	15	文化、体育和娱乐业	0.481	32
水的生产和供应业	0.746	16	林业	0.473	33
新闻出版业	0.720	17	采矿业	0.465	34

续　表

行　业	比重	排名	行　业	比重	排名
金融业	0.445	35	工艺品及其他制造业	0.250	55
煤炭开采和洗选业	0.442	36	黑色金属矿采选业	0.247	56
租赁业	0.436	37	农、林、牧、渔业	0.239	57
信息传输、计算机服务和软件业	0.428	38	建筑安装业	0.237	58
其他金融活动	0.426	39	有色金属矿采选业	0.235	59
租赁和商务服务业	0.408	40	邮政业	0.224	60
商务服务业	0.406	41	娱乐业	0.223	61
燃气生产和供应业	0.398	42	通信设备、计算机及其他电子设备制造业	0.211	62
证券业	0.389	43	仓储业	0.208	63
专业技术服务业	0.382	44	科技交流和推广服务业	0.198	64
群众团体、社会团体和宗教组织	0.382	45	黑色金属冶炼及压延加工业	0.197	65
居民服务和其他服务业	0.374	46	农业	0.183	66
石油加工、炼焦及核燃料加工业	0.347	47	有色金属冶炼及压延加工业	0.166	67
广播、电视、电影和音像业	0.339	48	住宿业	0.159	68
研究与试验发展	0.334	49	装卸搬运和其他运输服务业	0.157	69
计算机服务业	0.319	50	软件业	0.153	70
保险业	0.302	51	零售业	0.141	71
其他服务业	0.297	52	住宿和餐饮业	0.141	72
科学研究、技术服务和地质勘查业	0.291	53	其他采矿业	0.134	73
房地产业	0.291	54	化学原料及化学制品制造业	0.116	74

续 表

行　业	比重	排名	行　业	比重	排名
畜牧业	0.111	75	非金属矿采选业	0.053	89
批发和零售业	0.110	76	饮料制造业	0.053	90
餐饮业	0.098	77	农副食品加工业	0.050	91
医药制造业	0.089	78	通用设备制造业	0.043	92
制造业	0.087	79	纺织业	0.036	93
渔业	0.087	80	纺织服装、鞋、帽制造业	0.034	94
废弃资源和废旧材料回收加工业	0.085	81	文教体育用品制造业	0.034	95
批发业	0.080	82	金属制品业	0.032	96
电气机械及器材制造业	0.073	83	印刷业和记录媒介的复制	0.032	97
专用设备制造业	0.071	84	木材加工及木竹藤棕草制品业	0.025	98
化学纤维制造业	0.069	85	家具制造业	0.025	99
仪器仪表文化办公用机械制造业	0.060	86	造纸及纸制品业	0.025	100
食品制造业	0.055	87	皮革毛皮羽毛（绒）及其制品业	0.021	101
非金属矿物制品业	0.054	88			

注：相关数据整理自国家统计局。

国有企业在中国共产党执政和国家政权的基础性行业中起支柱作用是国有经济在国民经济中发挥主导力量的重要形式，在此类基础性行业的国有企业是国家发展的定盘星，为国民经济的发展做出了特殊的贡献。国有企业在关系国家安全和国民经济命脉的主要行业和关键领域占据支配地位，进一步凸显了国有企业是经济结构调整、科技技术创新、科学可持续发展和增强国家综合竞争力的主力军，是国民经济高质量发展的关键力量。特别是为了发展重要的战略性产业以及其他行业快速发展所必须的基础型产业等，国有企业付出了超出一般企业所能承受的成本,是私营企业不能替代的。比如:攻坚芯片技术的中芯国际、推进商用飞机发展的中国商飞、拥有完全自主知识产权的中国高铁等。因此,从中观层面而言,国有企业自然而然成了中国社会主义实践的中流砥柱。

第三,从宏观层面而言,国有经济在国民经济增长中的主导力量更加显著。我国是社会主义国家,经济增长应该遵循社会主义国家的原则。邓小平一再强调:"一个公有制占主体,一个共同富裕,这是我们所必须坚持的社会主义的根本原则。"①国有企业的健康发展既符合公有制占主体的原则,又符合共同富裕的原则,因此,国有企业必然是中国特色社会主义经济增长的中流砥柱。以2018年中国企业500强为例,国有企业占比为52.6%,纳税占500强企业总额的80.91%;同时,千亿元级企业中,国有企业占比高达72.7%,进一步凸显了国有企业的规模贡献与控制力量,也进一步论证了"国有企业雄居企业顶层是不争的事实"②。同时,中国经济增长的调控手段除了货币政策和财政政策之外,国有企业也成了国家宏观调控的产权基础,为经济逆周期调节发挥了重要的作用。在国民经济发展的过程中,国有企业还承担了很多社会责任,特别是在中西部地区为维护社会稳定发挥了重要作用。因此,从宏观层面而言,国有企业必然是中国社会主义实践的中流砥柱。

第四,从国际层面而言,国有企业是中国参与国际竞争的主力军。虽然从数量层面而言,改革开放以来国有企业占比逐渐下降,其中最为典型的是央企户数从国资委成立时的196户调整至96户③,但是从质量层面而言,改革后的国有企业竞争力更加突出,很多国有企业已经达到世界一流水平。当前,国有企业在航空航天、深海测量、高速高铁、电网电器等领域拥有世界领先的技术水平,取得了很多举世瞩目的成绩。国有企业,不管是央企(比如中国中车、中国建材等)还是地方国企(比如格力电器、振华重工等)都在对应的行业成了国际竞争的佼佼者。以2018年世界500强为例,我国上榜企业120家,仅次于美国的126家。其中,国有企业83家,央企48家。因此,从国际层面而言,国

---

① 邓小平.邓小平文选:第3卷[M].北京:人民出版社,1993:111.
② 荣兆梓.公有制为主体的基本经济制度:基于中国特色社会主义实践的理论诠释[J].人文杂志,2019(3):1-13.
③ 相关数据整理自国资委网站。

有企业理所当然是中国社会主义实践的中流砥柱!

三、改革开放前后(1949年至今),两个阶段国有企业中流砥柱作用的关系

改革开放之前,国有企业作为领导力量发挥了全面性的中流砥柱作用,几乎涉及了前30年的所有工商业。正是由于国有企业为新中国的国民经济打下了坚实的基础,才实现了之后的国有企业改革以及全面改革的有序推进。十一届三中全会之后,国有企业改革不仅是对原有国有企业经营管理的完善,而且是引领不同所有制企业共同发展的中坚力量,更是参与国际竞争的主力军。由此可以发现,改革开放前国有企业的中流砥柱作用是其领导力量的集中体现,改革开放后国有企业的中流砥柱作用是其主导力量的集中体现,对应的表现形式也从改革开放前所有行业、领域的全面发力转变为集中在改革开放后的重点行业、领域的控制力。因此,改革开放前后国有企业的中流砥柱作用是一脉相承的,而不是相互否定的。前30年国有企业发挥的中流砥柱作用是后40年国有企业发挥中流砥柱作用不可替代的基础和必要条件,后40年国有企业中流砥柱作用是前30年中流砥柱作用的完善与升华,它们共同体现了马克思主义中国化在所有制领域的理论与实践的飞跃。

第三节 新时代中国共产党国有企业改革逻辑

中共十八大以来,习近平总书记关于我国国有企业改革的系列重要讲话形成了新时代国有企业改革思想体系,形成了新时代中国共产党国有企业改革逻辑。新时代中国共产党国有企业改革逻辑结合中国国有企业改革的成就、问题与新时代历史使命,主要涵盖了新时代国有企业改革的方针与目标、国有企业治理结构改革、国有企业改革的具体举措和重要形式、国有企业改革在国家重大举措中的作用等方面,对新时代国有企业的深化改革具有重要的理论价值与实践价值。新时代中国共产党国有企业改革逻辑是马克思主义政

治经济学在新时代中国特色社会主义经济建设过程中的全新演绎,是国有企业改革理论的丰富与创新,是中国特色社会主义政治经济学理论的重要组成部分。

一、新时代中国共产党国有企业改革逻辑形成的背景

新时代中国共产党国有企业改革逻辑主要是基于改革开放以来国有企业改革已取得的成就、问题及新的历史使命而逐步形成的。

(一) 改革开放以来国有企业改革已取得的成就

自1978年改革开放以来,国有企业改革是中国经济体制改革进程中的重要环节。在改革开放之初,国有企业改革的主要任务是探索企业所有权与经营权的分离,进而扩大了国有企业自主权。1990年代初期国有企业又进行了股份制改革的试点,这也为国有企业建立现代企业制度打下了坚实的改革基础。中共十四届三中全会通过了《关于建立社会主义市场经济体制若干问题的决定》,其中明确提出建立适应市场经济要求、产权清晰、权责明确、政企分开、管理科学的现代企业制度,这是当时我国国有企业改革的重点。从中共十四届三中全会到十六大,国有企业改革沿着建立现代企业制度这条主线,相继进行了国有企业现代公司治理改革、完善国有企业现代产权、国有企业兼并重组等重要的改革措施。十六大之后,特别是以国务院国有资产监督管理委员会的成立为标志,国有企业进一步实施了以国有资产管理体制改革为契机进而推动国有企业改革的全新模式。十八大以来,尤其是以2015年9月13日中共中央、国务院出台的《关于深化国有企业改革的指导意见》为标志,国有企业迈向了"分类"[①]改革的新阶段。

纵观从1978年开启的改革历程,国有企业改革的侧重点各不相同,国有企业改革经历了从初期的扩大国有企业自主权到致力于建立现代化企业制度、现代产权制度,从强化国有资产管理到全面深化国有企业改革。国有企业

---

① 2015年9月13日,中共中央国务院发布《关于深化国有企业改革的指导意见》,国有企业被分为以下三类:第一,公益类;第二,主业处于充分竞争行业和领域的商业类;第三,主业处于重要行业和关键领域的商业类。

在公司制改革层面取得重大进展,截至2017年9月,全国国有企业中超过90%已经进行了公司制改革,其中,在中央企业各级子企业中,超过92%进行了公司制改革;近97%的地方国资委所监管的一级企业已完成公司制改革。在董事会建设层面积极推进,截至2017年9月,全国各省份国资委所监管一级企业中已经有92%的企业建立了董事会。混合所有制改革有效实施,截至2016年年底,中央企业集团及下属企业中混合所有制企业占比达到68.9%,省级国资委所出资企业及各级子企业中混合所有制企业占比达47%。[1] 随着国有企业改革的逐步推进,国有企业的竞争力显著提升,在参与国际竞争方面起到了至关重要的作用。1990年,我国世界500强的国有企业还只有1家,到2019年已达到90家,占中国登榜企业的近70%。随着国有企业改革的深入,国有企业营业收入与利润不断增长,在国民经济发展与经济结构优化等方面都发挥了重要作用。2021年国有企业营业收入为755 543.6亿元,同比增长18.5%;国有企业利润总额为45 164.8亿元,同比增长32%,国有企业应交税费为36 234.1亿元,同比增长16.2%。[2] 同期我国国企营业总收入、利润增速均超过国内生产总值增速,并且高新技术产业门类中的国有企业占较大比重。特别是在当前国际经济发展环境日趋复杂的背景下,国有企业成为国民经济发展的中坚力量[3]。

改革开放以来,中国国有企业改革取得了如此多的成绩,积累了很多宝贵的改革经验,"经过多年改革,国有企业总体上已经同市场经济相融合"[4]。这就是新时代中国共产党国有企业改革逻辑形成的现实前提。

(二) 改革开放以来国有企业改革过程中存在的问题

习近平总书记指出:"三十五年来,我们用改革的办法解决了党和国家事业发展中的一系列问题。同时,在认识世界和改造世界的过程中,旧的问题解决了,新的问题又会产生,制度总是需要不断完善,因而改革既不可能一蹴而

---

[1] 相关数据源自国资委网站。
[2] 相关数据源自国资委网站。
[3] 马立政.国有企业是中国社会主义经济实践的中流砥柱——新中国70年来国有企业发展历程及主要经验[J].毛泽东邓小平理论研究,2019(6):47-55,108-109.
[4] 十八大以来重要文献选编:上[M].北京:中央文献出版社,2014:501.

就,也不可能一劳永逸。"①国有企业改革也是如此,改革开放以来,国有企业的历次改革都是为了解决所处阶段的突出问题,但随着改革的不断推进,新问题也会不断出现。

改革开放以来,虽然我国国有企业改革取得了很多成就,但是仍然有很多旧的问题还没有完全解决,比如:企业主体地位尚未真正确立、现代企业制度还不健全、政企不分等旧问题。确立企业主体地位和建立现代企业制度的本质是使得国有企业符合市场行为规则,更好地参与市场竞争,是公有制经济与中国特色社会主义市场经济结合过程中关键的企业组织形式。通过参与中国特色社会主义市场经济,国有企业可以激发"内生性"改革的动力,通过市场化"优胜劣汰",进而才能高效提升国有企业的竞争力。那些没能很好确立市场主体地位和建立现代企业制度的国有企业,一方面很难在中国特色社会主义市场经济的条件下参与市场竞争;另一方面,此类国有企业不仅不利于自身的管理和经营,也会对市场中的其他市场主体造成不良影响,阻碍了社会主义市场经济的效率。

随着国有企业改革的逐步推进,也衍生出一些新的问题。比如:在国有企业改革进程中,衍生出监管体系需要不断完善、改革过程中的企业管理与内部人控制、党组织管党治党责任不落实、作用被弱化等新的问题。特别是在国企改制的进程中,由于受到监管成本约束、信息不对称等原因,相关监管体制并未有效跟进,极易出现国有资产流失问题。正如习近平总书记提出的:"改革开放以来我们是见识过的,一些人就是利用新旧制度转换的落差和时差来牟取私利、中饱私囊的……国有企业改制,又肥了多少人?"②

随着新旧问题的交织,在新时代国有企业改革取得系列成绩的基础上,习近平指出:"国有企业也积累了一些问题、存在一些弊端,需要进一步推进改革。"③我们认为,新时代国有企业改革进程中面临以下几个亟须解决的重大问题:(1)新时代国有企业改革的方针和目标定位是什么?(2)国有企业改革如何进一步提高国有资本运行效率?(3)国有企业治理模式如何随着改革的推进而不断完善?如何完善?(4)国有企业改革持续推进的具体措施是什

---

① 习近平关于全面深化改革论述摘编[M].北京:中央文献出版社,2014:8.
② 习近平关于全面深化改革论述摘编[M].北京:中央文献出版社,2014:81-82.
③ 十八大以来重要文献选编:上[M].北京:中央文献出版社,2014:501.

么?(5)在新时代以怎样的形式更好地推进国有企业改革?(6)在新时代国家重大举措推进进程中,国有企业改革能发挥怎样的作用?新时代中国共产党国有企业改革逻辑的很多方面都是针对国有企业改革存在的问题。

(三) 新时代国企改革承担的历史使命

国有企业是我国国民经济发展进程中的中坚力量,是中国特色社会主义市场经济的重要经济主体,在国家现代化经济体系中占据关键地位。在新时代中国特色社会主义建设过程中,国有企业改革承担着新的、重要的历史使命。

通过国有企业改革能够坚持和完善我国基本经济制度,这是国有企业在制度层面最为关键的历史使命。随着我国经济的发展,中国特色社会主义政治经济学理论体系已经逐步形成,其中,基本经济制度理论是中国特色社会主义政治经济学理论体系中的核心理论。[1] 我国基本经济制度是以公有制为主体,多种所有制经济共同发展,其中,公有制为主体必然对国有企业的发展提出更高的要求。因此,新时代国有企业承担着重要的历史使命,关系着公有制经济的主体地位,是基本经济制度逐步完善的压舱石。

通过国有企业改革实现产业结构升级、提升国际竞争力,这是国有企业在实践层面最为关键的历史使命。随着我国国有企业的改革,国有企业取得了很多成绩。但值得注意的是我国国有企业在国际上的竞争力还不高,特别是在关键技术领域还相对落后,集中体现为"缺芯少魂"。新时代,在国际经济环境日趋复杂的背景下,如何更好地推进国家产业结构升级,如何更好地参与国际分工,都需要国有企业更多地承担此类历史使命,提升国有企业的国际竞争力,建立国际一流的国有企业。

二、新时代中国共产党国有企业改革的主要内容

为了更好地实现国有企业高质量发展,必然要求深化国有企业改革,必然需要更加完善的理论指导新时代国有企业改革。新时代中国共产党国有企业

---

[1] 李正图.论中国特色社会主义政治经济学核心理论[J].毛泽东邓小平理论研究,2017(7):11-17.

改革逻辑正是在中国特色社会主义建设进程中,在国有企业发展的成就、问题和新时代需要的基础上形成的。既然如此,新时代中国共产党国有企业改革逻辑主要有哪些内容呢?

(一)国有企业改革的方针与目标

改革开放以来,中国的国有企业改革取得了举世瞩目的成绩。进入新时代,需要针对改革进程中突出的问题和历史使命,有的放矢地进行国有企业改革。特别是在当前国际环境愈加复杂多变、跨国企业竞争愈加激烈的全球背景下,国有企业改革的方针不能局限于国有企业本身是否盈利。为此,习近平总书记指出新时代国有企业改革的方针是:"推进国有企业改革,要有利于国有资本保值增值,有利于提高国有经济竞争力,有利于放大国有资本功能。"[①]习近平总书记"三个有利于"的方针是新时代国有企业改革的准绳,是判断国有企业改革是否成功的主要标准。以往国有企业改革主要致力于国有资本保值升值,单纯以此方针指导国有企业改革,忽视了国有企业发展过程中对"质"和"结构"的要求。国有企业改革方针中的"有利于提高国有经济竞争力",是在国有企业"量"增加的基础上,对改革的"质"的新要求,是国有企业改革核心的要求。"有利于放大国有资本功能"是在"量"和"质"的基础上,对国有企业"结构"的新要求。

只要按照习近平总书记"三个有利于"的方针顺利推进国有企业改革,国有企业的综合竞争力就会得到有效提升,国有企业改革的目标就会自然达成。因此,方针和目标其实在国有企业的改革路径上必然具有一致性。那么,按照习近平总书记"三个有利于"的方针进行国有企业改革,所要达成的目标是什么呢?习近平总书记指出:"推动国有企业深化改革、提高经营管理水平,加强国有资产监管,坚定不移把国有企业做强做优做大。"[②]

新时代国有企业改革的目标是一个多层次的目标集合。为什么要"做强"国有企业?习近平总书记指出:"国有企业是推进国家现代化、保障人民共同

[①] 习近平.保持战略定力增强发展自信　坚持变中求新变中求进变中突破[J].党建,2015(8):6-7,13.
[②] 习近平.习近平谈治国理政:第2卷[M].北京:外文出版社,2017:175.

利益的重要力量。"①因此,新时代要推进国有企业做强,整体提升国有企业实力,为国家现代化和保障人民共同利益贡献更大力量。同时,"做优"国有企业的目标暗含国有企业与非国有企业协调发展的目标,因为"优"的国有企业不仅是自身发展状况良好,也要体现在"优"的国有企业在经济社会发展进程中对非国有企业的模范作用和带动作用。这种"优"的国有企业,不仅自身发展质量高,也对整体国民经济高质量发展起到重要作用。"大"也是国有企业改革的重要目标之一,只有在"大"的基础上才更容易孕育出"强"而"优"的国有企业。中国国有企业改革虽然已经完成了"抓大放小"的改革任务,但是随着国际竞争日益激烈,做大国有企业依然是今后国有企业改革的重要目标,这个重要目标的核心是将"强"而"优"的国有企业通过深化改革进一步"做大",将"大"的国有企业逐步"做强""做优"。

通过以上分析,我们进一步将国有企业改革的目标进行诠释,"强"是国有企业实力与竞争力的标志,"优"是国有企业"质"的标志,"大"是国有企业"量"的标志,"做强做优做大"就是国有企业综合实力的最佳表现。由此,我们更能深刻地理解习近平总书记对国有企业提出的"必须理直气壮做强做优做大,不断增强活力、影响力、抗风险能力"②。

(二)国有企业治理结构改革

在明确国有企业改革方针和目标基础上,习近平总书记在更深层次上对国有企业治理结构进行了重大理论创新,这是中国共产党国有企业改革逻辑的重要组成部分,也是企业治理理论的丰富和完善,是将马克思主义政治经济学在中国实践过程中的运用与创新。

习近平总书记指出:"坚持党的领导、加强党的建设,是我国国有企业的光荣传统,是国有企业的'根'和'魂',是我国国有企业的独特优势。"③因此,新时代深化国有企业改革要坚持"两个一以贯之",即:坚持党对国有企业的领导是重大政治原则,必须一以贯之;建立现代企业制度是国有企业改革的方向,

---

① 十八大以来重要文献选编:上[M].北京:中央文献出版社,2014:501.
② 习近平.理直气壮做强做优做大国有企业[J].国企,2016(7):5.
③ 习近平.习近平谈治国理政:第2卷[M].北京:外文出版社,2017:176.

也必须一以贯之。① 从"坚持党的领导、加强党的建设"出发,实现党对国有企业"政治领导、思想领导、组织领导的统一",坚持"全心全意依靠工人阶级的方针","强化对国有企业领导人员的责任和素质",并加强对其"党性教育、宗旨教育、警示教育",进而"坚持党管干部原则",实现"全面从严治党要在国有企业落实落地",在各级党委抓好"国有企业党的建设"工作。

习近平总书记所阐述的国有企业治理结构改革的模式,是在现代企业制度的国有企业治理结构中引入党建。这是在中国实际国情和历史经验的基础上进行的国有企业治理理论的改革和创新,因为,我国是在中国共产党领导下的社会主义国家,国有企业是整个国家的重要保障力量。中国国有企业治理的模式与传统企业的治理模式最根本的区别和优势在于:中国共产党对国有企业的领导是国有企业的"根"和"魂"。在传统企业治理过程中,必然会存在委托代理问题。把党组织引入国有企业治理结构,可以用党的领导、监督管理以及强化责任与素质等方式,进一步完善委托代理制度,提升企业效率,这是对国有企业治理结构的创新与升级的理论源泉。可以说,国有企业治理理论的创新与升级只能出现在中国,因为在传统企业理论中,一方面大部分国家缺乏此理论实践的土壤;另一方面欠缺此理论创新的理念。由此可见,党组织引入国有企业治理结构改革的理论意义重大。

新时代国有企业治理结构的改革和完善,党组织发挥的作用重大,必然要求:"一以贯之坚持党对国有企业的领导,一以贯之深化国有企业改革,努力实现质量更高、效益更好、结构更优的发展。"②由此,国有企业能够发挥更多作用、更强力量。正如习近平指出的,通过国有企业治理结构改革,"使国有企业成为党和国家最可信赖的依靠力量,成为坚决贯彻执行党中央决策部署的重要力量,成为贯彻新发展理念、全面深化改革的重要力量,成为实施'走出去'战略、'一带一路'建设等重大战略的重要力量,成为壮大综合国力、促进经济社会发展、保障和改善民生的重要力量,成为我们党赢得具有许多新的历史特点的伟大斗争胜利的重要力量"③。由此,也逐步形成了中国特色的国有企业

---

① 习近平.习近平谈治国理政:第2卷[M].北京:外文出版社,2017:176.
② 习近平在东北三省考察并主持召开深入推进东北振兴座谈会时强调 解放思想锐意进取深化改革破解矛盾 以新气象新担当新作为推进东北振兴[J].共产党员(上半月),2018(10):4-6.
③ 习近平.习近平谈治国理政:第2卷[M].北京:外文出版社,2017:175.

治理理论和中国特色的现代国有企业制度。这样一个制度"'特'就特在把党的领导融入公司治理各环节,把企业党组织内嵌到公司治理结构之中,明确和落实党组织在公司法人治理结构中的法定地位,做到组织落实、干部到位、职责明确、监督严格"[①]。

(三)国有企业改革的具体举措

国有企业改革的具体措施是执行国有企业改革的实施步骤,国有企业改革不是"喊口号",需要制订系列的改革措施。习近平正是基于国有企业改革的实际,以国有企业深化改革的视角,提出了具体的改革措施,主要包括:"国有资本加大对公益性企业的投入;国有资本继续控股经营的自然垄断行业,实行以政企分开、政资分开、特许经营、政府监管为主要内容的改革,根据不同行业特点实行网运分开、放开竞争性业务;健全协调运转、有效制衡的公司法人治理结构;建立职业经理人制度,更好发挥企业家作用;建立长效激励约束机制,强化国有企业经营投资责任追究;探索推进国有企业财务预算等重大信息公开;国有企业要合理增加市场化选聘比例,合理确定并严格规范国有企业管理人员薪酬水平、职务待遇、职务消费、业务消费。"[②]

习近平总书记提出的国有企业改革的举措涉及了国有企业的方方面面。第一,聚焦了国有企业改革的重点领域。国有企业种类繁多,在新时代深化改革的重点是公益性企业与自然垄断行业。一方面是由于此类行业国企的改革还不彻底;另一方面是因为此类行业国企的改革对于新时代的国有企业发展作用重大。第二,明确了国有企业深化改革的方向。我国国有企业改革方向主要致力于解决"政企不分"的弊病,明确国有企业改革的方向的本质是完善国有企业现代企业制度,通过制度改革理顺国有企业发展的路径。第三,阐明了国有企业改革的经营模式。不论是建立职业经理人制度,还是构建公司法人制度,都是为了进一步完善当前国有企业经营模式,推进国有企业市场化改革。通过改革经营模式进而全面提升经营效率。第四,详细规定了国有企业改革中的约束机制。国有企业的发展往往存在"预算软约束"的现象,要在深化国有企业改革的进程中,破除此类发展的弊端。通过建立明确的约束机制,

---

[①] 习近平.习近平谈治国理政:第2卷[M].北京:外文出版社,2017:176.
[②] 十八大以来重要文献选编:上[M].北京:中央文献出版社,2014:501.

比如责任追究、财务预算公开、市场化选聘比例等,提升改革效率、防范风险。特别是在当前国有企业高负债发展的背景下,要通过完善约束机制,"加强国有企业资产负债约束……推动国有企业降杠杆、防范化解国有企业债务风险"①。只有通过完善国有企业约束机制,才能更好地推进国有企业健康发展。"国有企业要改革创新,不断自我完善和发展"②,也必然要求深入贯彻这四方面具体的改革措施,进而可以提升国有企业的发展效率,也只有基于高效率发展的基础,国有企业才能更好地承担应有的社会责任,才能更好地发挥作用。

(四) 国有企业改革的重要形式

发展混合所有制经济是新时代国有企业改革的重要形式,这种改革形式既有利于国有企业自身提质增效,也有利于非国有企业健康发展。正如习近平总书记所指出的:"鼓励非公有制企业参与国有企业改革,鼓励发展非公有资本控股的混合所有制企业,鼓励有条件的私营企业建立现代企业制度。这将推动非公有制经济健康发展。"③在新时代国有企业深化改革的进程中,国有企业和非国有企业的共同发展本身就是混合所有制经济发展的重要形式,让非公有制企业参与国有企业改革是混合所有制经济另外一种重要的发展形式。两种混合所有制经济发展的形式在新时代国有企业改革的进程中都健康发展,对于增强经济发展质量、提升企业竞争力至关重要。正如习近平总书记所阐述的:"深化国有企业改革,发展混合所有制经济,培育具有全球竞争力的世界一流企业。"④这是发展混合所有制经济的重要目标之一。

从以往国有企业改革的经验来看,国有企业改革确实取得了很多成绩,同时也发现了很多问题。新时代国有企业改革既要汲取以往的成功经验,又要注重防止新旧问题的出现。在发展混合所有制经济的进程中,习近平总书记指出:"发展混合所有制经济,基本政策已明确,关键是细则,成败也在细则。要吸取过去国企改革经验和教训,不能在一片改革声浪中把国有资产变成谋

---

① 加强领导周密组织有序推进 统筹抓好中央和地方机构改革[N].人民日报,2018-05-12(1).
② 习近平在东北三省考察并主持召开深入推进东北振兴座谈会时强调 解放思想锐意进取深化改革破解矛盾 以新气象新担当新作为推进东北振兴[J].共产党员(上半月),2018(10):4-6.
③ 十八大以来重要文献选编:上[M].北京:中央文献出版社,2014:502.
④ 习近平.决胜全面建成小康社会 夺取新时代中国特色社会主义伟大胜利[N].人民日报,2017-10-28(1).

取暴利的机会。"①因此,新时代国有企业改革的具体形式更要注重细节管理,不能追求"一混就改""一混就灵"的形式主义,要在国有企业改革过程中对于发展混合所有制经济进行全方位把控,从发展混合所有制经济的"混合"标的、股权结构、法治基础和制度保障等多个层次进行合理设计。注重发展混合所有制经济的"质"与"量"并重,要尊重企业经营的基本规律,坚守国有企业改革的法治基础。只有注重发展混合所有制经济的具体细节,才能更好地探寻出深化国有企业改革、发展混合所有制经济的最优路径。习近平总书记将深化国有企业改革、发展混合所有制经济的细节管理总结为一条就是:"改革关键是公开透明。"②

(五) 国有企业改革在国家重大举措中的作用

在新时代,国有企业改革任务艰巨,一方面是新时代国有企业改革的方针更多元,目标更高远,另一方面是新时代要求国有企业改革在国家重要举措中的作用更大,正如习近平总书记指出的:"国有企业地位重要、作用关键、不可替代,是党和国家的重要依靠力量。"③国有企业改革在国家重大举措中的作用主要体现在以下几个方面。

第一,新时代国有企业要成为经济新常态中改革的"主力军和先行者"④。随着我国经济进入新常态,经济增长的动力需要从要素投入逐步转向创新驱动,经济发展由原来的粗放发展机制转变为集约发展机制,经济发展中的产业结构急需升级,经济发展由原来的注重规模到注重效率。深化改革的进程中会涉及各个领域的改革,改革任务繁重,挑战巨大。在新常态的背景下,国有企业一方面由于自身同样面临改革的内在动力;另一方面又是经济发展中的中坚力量承担更多改革任务。内在动力与外在任务都要求新时代国有企业必须深化改革,全力执行改革行为、率先突破改革瓶颈,真正成为改革的主力军和先行者。

第二,供给侧结构性改革的"本质属性是深化改革,推进国有企业改

---

① 习近平.不能在改革声浪中把国资变成谋取暴利的机会[R/OL].新华网,2014-03-19.
② 习近平.不能在改革声浪中把国资变成谋取暴利的机会[R/OL].新华网,2014-03-19.
③ 习近平在东北三省考察并主持召开深入推进东北振兴座谈会时强调 解放思想锐意进取深化改革破解矛盾 以新气象新担当新作为推进东北振兴[J].共产党员(上半月),2018(10):4-6.
④ 习近平再为振兴东北支招:下好供给侧改革先手棋[R/OL].人民网-理论频道,2017-03-08.

革……等领域基础性改革"①。新时代国有企业必然成为"深化供给侧结构性改革的生力军"②。供给侧结构性改革致力于扩大有效供给和提高供给质量。国有企业在供给侧结构性改革过程中,通过处理国有企业中的僵尸企业,使得低效率甚至无效率的要素从这些僵尸企业转移到更具有效率的企业,完成国有经济战略调整,通过结构性的改革扩大有效供给。同时,在供给侧结构性改革的进程中,提升国有企业技术水平,对标国际高质量管理和发展标准,增强国有企业国际竞争力,通过企业升级提升供给质量,进而"促进我国产业迈向全球价值链中高端"③。

第三,新时代国有企业是"落实新发展理念的排头兵、做创新驱动发展的排头兵、做实施国家重大战略的排头兵"④。新发展理念贯穿新时代发展的全过程,引领中国经济从高速发展到高质量发展的模式转变。国有企业在贯彻新发展理念过程中,可以结合自身发展优势,以创新作为企业改革发展的主要驱动力量,协调推进国有企业各项改革进程,坚持绿色发展、生态环保的发展理念,积极参与国际合作与竞争的开放发展,与人民共享发展成果。尤其注重使国有企业成为在"一带一路"倡议为代表的发展举措推进过程中的创新、协调、绿色、开放、共享的贯彻者和实践者,使国有企业不仅成为落实新发展理念的排头兵,更要成为创新驱动发展和实施国家重大战略的排头兵。

第四,除了上述三个方面以外,新时代国有企业改革在国家其他重大举措中的作用也十分重要。比如:在海南自由贸易港建设过程中国有企业改革的推进作用⑤;在生态文明建设过程中国有企业改革的带头保护环境和责任落实的重要作用⑥;在国家网络安全和信息化建设过程中发挥国有企业作用及与其相关的龙头企业优势作用⑦;等等。

---

① 习近平主持召开中央财经领导小组第十三次会议强调坚定不移推进供给侧结构性改革[J].《习近平在江苏徐州市考察时强调 深入学习贯彻党的十九大精神 紧扣新时代要求推动改革发展》,央视网,http://tv.cctv.com/2017/12/13/VIDEf8sb57AeR2lk7DU4FkSql71213.shtml?from=singlemessage&isappinstalled=0.
② 习近平十九大后首次调研:紧扣新时代要求推动改革发展[J].四川党的建设,2017(24):6.
③ 习近平十九大后首次调研:紧扣新时代要求推动改革发展[J].四川党的建设,2017(24):6.
④ 习近平在广西考察时强调:扎实推动经济社会持续健康发展 以优异成绩迎接党的十九大胜利召开[J].人事天地,2017(5):6-8.
⑤ 习近平.在庆祝海南建省办经济特区30周年大会上的讲话[N].人民日报,2018-04-14(2).
⑥ 习近平.把生态文明制度的"四梁八柱"建立起来[R/OL].人民网-中国共产党新闻网,2018-03-05.
⑦ 习近平.在网络安全和信息化工作座谈会上的讲话[N].人民日报,2016-04-26(2).

三、新时代中国共产党国有企业改革的战略价值

新时代中国共产党国有企业改革逻辑具有重要的理论价值与实践价值。在理论层面，中国共产党国有企业改革逻辑是中国深化改革思想的重要组成部分，是中国特色社会主义政治经济学的有机组成部分，不仅深化和丰富了国有企业改革理论，而且是新时代国有企业改革政策制定的指导思想，是指导新时代国有企业改革相关研究的上位理论。在实践层面，中国共产党国有企业改革逻辑本身就是源自国有企业改革的实践并且高于实践，是指导新时代国有企业改革的行动指南，是新时代更好地发挥国有企业作用的科学方略，是完善中国特色社会主义基本经济制度的根本遵循。

（一）理论价值

新时代中国共产党国有企业改革逻辑本身来源于中国国有企业改革实践，具有很重要的理论价值，主要体现在以下三方面。

第一，是中国特色社会主义政治经济学的有机组成部分。随着国有企业改革的不断推进，一方面原有的国企改革实践总结出了很多改革经验，需要从理论层面加以总结和提炼；另一方面原有的一些理论已经存在很多不适应于指导新时代国有企业改革的实践并继续推进，需要在理论层面进行创新。新时代中国共产党国有企业改革逻辑正是基于以上两方面进行不断地总结、丰富和创新的理论思想体系。就国有企业改革理论本身而言，习近平新时代国有企业改革理论推进了国有企业理论的丰富和创新。但其不仅局限于国有企业改革本身，而且更深一步阐明了新时代国有企业改革与在国家重大举措中的作用，强调了国有企业改革理论与经济新常态理论、新发展理念理论、供给层结构性改革理论的互动关系。

由此可见，在理论演进的时间维度，新时代中国共产党国有企业改革逻辑既总结了新时代之前的国有企业及国有企业改革的理论思想，又进一步创新了新时代的国有企业及国有企业改革的理论思想。在理论演进的空间维度，新时代中国共产党国有企业改革逻辑既强调了新时代国有企业及国有企业改革的理论本身的丰富与创新，又拓展了新时代国有企业与国有企业改革的理

论与国家其他重大理论的理论互动。所以说,新时代中国共产党国有企业改革逻辑推进了中国特色社会主义政治经济学理论思想的丰富与创新,是中国特色社会主义政治经济学的有机组成部分。

第二,是新时代国企改革政策制定的指导思想。新时代中国共产党国有企业改革逻辑并不是简单遵循西方传统企业理论的教条,不是将西方传统企业理论在中国进行生搬硬套,而是基于国有企业的经验、问题和历史使命提出的系统理论体系,全方位、多层次地阐述了新时代中国国有企业改革的方针与目标、国有企业治理结构改革、国有企业改革举措、国有企业改革的重要形式及国有企业改革在国家重大举措中的作用。在指导思想的体系层面:一方面新时代中国共产党国有企业改革逻辑是对原有国有企业改革理论的吸收和丰富,经受了改革开放以来国有企业改革实践的检验;另一方面该理论思想是针对国有企业改革过程出现的问题进行了国有企业改革的理论创新和升华,具有很强的理论前瞻性和实践指导性。因此,新时代中国共产党国有企业改革逻辑是在遵循马克思主义政治经济学理论基础上结合中国实践的国有企业改革理论体系。在指导思想的细节层面,习近平反复强调新时代国有企业改革的关键是"细节",而科学的细节源自科学的理论指导。新时代中国共产党国有企业改革逻辑对于中国国有企业改革的很多改革细节进行了阐述,比如:国有企业聘用经纪人制度,国有企业监督管理制度,国有企业预算约束制度,国有企业资产管理制度,等等。因此,理论体系的完整性和理论细节的精准性决定了该理论必然成为新时代国企改革政策方针制定的指导思想。

第三,是新时代国企改革相关研究的上位理论。在新时代,中国学者对国有企业改革的系列研究是政治经济学理论界研究的重点。只有做好做实新时代国有企业改革的研究,才能更好地促使相关理论与实践的匹配程度,推进改革理论和实践不断发展。从研究的源泉而言,研究的理论源泉是中国特色社会主义政治经济学理论,研究的实践源泉是中国国有企业改革的历史进程与未来展望。从研究目的而言,相关研究的目的在于:一方面通过与国际各类国有企业改革理论进行比较分析,进而总结出中国国有企业改革理论的优越性;另一方面通过世界一般意义上的企业理论的比较分析,进而总结出中国国有企业理论的特色。新时代中国共产党国有企业改革逻辑的源泉就是紧紧围绕新时代中国国有企业及其改革,并且,不论是中国国有企业改革理论的优越性,还是中国国有企业理论的特色,都是落脚于中国国有企业本身。因此,新时代中国共产党国有企业改革逻辑也必然成为新时代国企改革研究的上位理论。

(二) 实践价值

新时代中国共产党国有企业改革逻辑的形成就是为了系统推进国有企业改革,具有重要的实践价值,主要体现在以下三方面。

第一,是指导新时代国有企业改革的行动指南。以往国有企业发展的众多成绩,都是与市场化的推进有关。[①] 在新时代国有企业改革进程中,既遵循市场化改革的方向,又提出了更高、更确切的改革任务,是对国有企业改革的全面升级。之所以要按照新时代中国共产党国有企业改革逻辑所提出的系列内容进行改革,是因为升级后的国有企业改革思想更具有针对性、前瞻性和可操作性。该思想主要针对的是国有企业改革遇到的问题,比如:尚未真正确立企业市场主体地位,国有资产监管体制不健全,国有资本运行效率有待持续提高,等等。该思想前瞻性是将国有企业改革扩展至国际视野,致力于提升国有企业国际竞争力,培育具有全球竞争力的世界一流企业等。该思想的改革措施更具有操作性,对新时代国有企业改革的重点领域、改革的方向、经营模式、约束机制均有详细的阐述。由此可以发现,该思想必然成为新时代国有企业改革的行动指南,在改革进程中贯彻该思想不仅可以降低改革中的试错成本,还可以有节奏、分阶段达成改革目标,使得国有企业通过改革做强做优做大。

第二,是新时代更好地发挥国有企业作用的科学方略。当前,在中国经济从高速发展到高质量发展转变过程中,面临着国内经济转型和国际战略环境多变的两大挑战,经济发展的任务更加艰巨,系统和非系统性的风险因素也日益增多。在此背景下,更要深化国有企业改革,因为国有企业是我国"大生产力"的载体,抗风险能力最强,是整个国民经济的顶梁柱。[②] 新时代中国共产党国有企业改革逻辑对于国有企业改革方针和目标的明确,进一步凸显了国有企业在经济从高速发展到高质量发展转变过程中的定海神针作用。同时,中

[①] 袁恩桢.有关深化国有企业改革的几点思考[J].毛泽东邓小平理论研究,2015(10):6-10,91.
[②] 杨承训,杨承谕.落实"五大理念"必须发挥和扩展国企优势——"十三五"期间国有企业发展问题研究[J].毛泽东邓小平理论研究,2016(1):28-35,92.

国共产党国有企业改革逻辑还进一步明确了国有企业在国家重大措施中的作用。只有在新时代中国共产党国有企业改革逻辑的指导下,才能更好地发挥国有企业在产业转型升级过程中的主导作用,更好地发挥国有企业在不同所有制经济共同发展过程中的带动作用,更好地发挥国有企业参与国际竞争过程中的突出作用。因此,中国共产党国有企业改革逻辑是新时代更好地发挥国有企业作用的科学方略。

第三,是完善中国特色社会主义基本经济制度的根本遵循。坚持完善基本经济制度,是深化国有企业改革的根本要求。[①] 巩固公有制经济的主体地位必然要求通过国有企业改革提质增效,其重要的改革形式就是发展混合所有制经济。在新时代中国共产党国有企业改革逻辑的指导下,通过国有企业改革发展混合所有制经济,将更好地放大国有资本功能,明确国有资本投向,提升国有资本投资效率,促进国有资本保值增值,提升国有企业的竞争力。由此,才能更好坚持和巩固公有制经济的主体地位,增强国有经济的经济活力、控制力、影响力。同时,更好地推进多种所有制经济共同发展也必然要求国有企业深化改革,使得"公有制经济、非公有制经济应该相辅相成、相得益彰,而不是相互排斥、相互抵消"[②]。在新时代中国共产党国有企业改革逻辑的指导下,推进国有企业的改革既要有助于公有制经济的主体地位,也要有助于提升中国特色社会主义市场经济的资源配置效率,促进非公有制经济的健康发展,"进而不断优化所有制结构,毫不动摇坚持我国的基本经济制度,推动各种所有制经济健康发展"[③]。

第四节　新时代深化国有企业改革的思考

为了实现新时代国有企业持续健康发展,使得国有企业在参与国际竞争、

---

① 中共中央国务院关于深化国有企业改革的指导意见[N]. 人民日报,2015-09-14(6).
② 杜尚泽. 习近平总书记的两会声音[N]. 人民日报海外版,2016-03-16(1).
③ 张雷声. 论习近平新时代中国特色社会主义经济思想的理论创新[J]. 马克思主义理论学科研究,2018,4(2):25-36.

实现国民经济增长、推动产业结构转型和满足人民生活需要等过程中更好、更大、更多、更集中、更全面发挥中流砥柱作用,本文在详细梳理新中国成立70多年来国有企业发展的历史经验和深入剖析国有企业在中国社会主义实践的中流砥柱作用基础上,认为新时代深化国有企业改革应该密切关注以下几个关键问题。

一、国有企业的定位

从中华人民共和国成立初期至今,随着中国经济的发展,国有企业的定位也不断变化。1954年《宪法》明确规定:"国营经济是全民所有制的社会主义经济,是国民经济中的领导力量和国家实现社会主义改造的物质基础。"1975年《宪法》改为:"国营经济是国民经济中的领导力量。"1982年《宪法》改为:"国营经济是国民经济中的主导力量。"中共十五届四中全会提出:"国有经济在国民经济中的主导作用主要体现在控制力上。"国有企业定位的变化一方面有助于增强国有企业改革的针对性,另一方面也明确了国有企业改革的方向。依照最新宪法对于国有经济的定位,新时代深化国有企业改革必须巩固国有企业的地位,提升国有经济在国民经济中的主导力量。正如马克思在《〈政治经济学批判〉导言》中指出的:"在一切社会形式中都有一种一定的生产决定其他一切生产的地位和影响,因而它的关系也决定其他一切关系的地位和影响。这是一种普照的光,它掩盖了一切其他色彩,改变着它们的特点。这是一种特殊的以太,它决定着它里面暴露出来的一切存在的比重。"[①]因此,新时代国有企业在中国社会主义实践中中流砥柱的主导地位不能动摇,也不会动摇。

二、国有企业改革的标准

邓小平在南方谈话时明确提出,改革的判断标准就是"三个有利于"[②]。新时代以来,一方面国有企业随着70多年的发展与改革,已经处于新的发展阶段;另一方面国有企业所面临的发展环境也发生了翻天覆地的变化。由此,习

---

① 马克思,恩格斯.马克思恩格斯全集:第46卷[M].北京:人民出版社,1979:44.
② 邓小平.邓小平文选:第3卷[M].北京:人民出版社,1993:372.

近平总书记提出,"推进国有企业改革,要有利于国有资本保值增值,有利于提高国有经济竞争力,有利于放大国有资本功能"。[①] 新时代国有企业改革只有符合习近平所提出的新时代"三个有利于",才能不断做强做优做大。与此同时,国有企业改革不仅关系国有企业本身,与其他领域的改革也密切相关,因此,新时代国有企业也必须要符合邓小平所提出的"三个有利于"标准。习近平关于国有企业改革标准是邓小平关于改革判断标准在国有企业层面的聚焦,两个"三个有利于"标准是密切联系并一脉相承的。因此,在国有企业改革的过程中必须处理好两个"三个有利于"标准的关系,才能更好发挥国有企业在中国社会主义实践中的中流砥柱作用。

三、国有企业政企关系的最优模式

国有企业改革的关键内容就是处理好国有企业的政企关系。实践证明,改革开放以前的政府直接管理经营国有企业所对应的政企不分是低效率。改革开放之后,国有企业政企关系随着改革不断改善,特别是成立国资委以后,政企关系顶层设计上已经有了很大的突破。但在国有企业经营过程中,一方面国有企业管理者依然存在行政级别;另一方面国资委仍然对企业存在行政管理的惯性,甚至人事任命权、资产处置权等还分散在国家的其他部门,实际上的政资没有真正分开,政企也无法分开,企业经营管理还会受到政府的干预。因此,当前还处于最优政企关系的探索阶段。我们认为,新时代国有企业最优的政企关系不是简单的政企分开,最优的政企关系是应该分开的分开,应该加强的加强,不能为了分开而分开,也不是政企一分就灵,尤其要注意政企分开所导致的国有企业政府缺位的问题,特别是国有资产的流失。这样,才能更充分地发挥国有企业在中国社会主义实践中的中流砥柱作用。

四、国有企业效率评价的指标

一直以来,由于很多经济学者受到西方经济理论的影响,认为评价企业的

[①] 中共中央关于制定国民经济和社会发展第十三个五年规划的建议(辅导读本)[M].北京:人民出版社,2015:135.

指标就是企业利润最大化,并惯性地认为国有企业也应该如此。这些经济学者试图用西方经济学的理论生搬硬套在中国的国有企业上,进而得出了中国国有企业低效率或效率损失的结论。纵观中国经济70多年成绩以及国有企业70多年历程,可以发现,国有企业是"国民经济的重要支柱"[1],对经济的发展作出了巨大的贡献。实践已经证明,西方经济学理论是不能全面解释中国国有企业的效率,并且国有企业的效率也不能单纯用利润最大化原则进行评价。难道中国高铁的速度、中国港口的吞吐量不是国有企业高效率的体现?很多时候,"国有企业追求的是社会福利最大化,或者说其目标是多样性的,因此应该采取社会会计方法,不应只关注经济效率"[2]。除了国有企业目标的多样性,国有企业"在我们党执政和我国社会主义国家政权的经济基础中也是起支柱作用的"[3]。可以说,中国的国有企业在共产党执政、人民当家作主、共同富裕等方面作用重大。因此,不能简单运用西方经济学理论来片面地衡量中国国有企业效率,应该运用中国特色社会主义政治经济理论以更为全面的视角衡量中国国有企业效率,进而更充分地发挥国有企业在中国社会主义实践中的中流砥柱作用。

五、国有企业是否需要全面退出竞争性领域

新时代,国有企业是否需要全面退出竞争性领域也是理论界一直讨论的热点问题。在国内,有些不存在国有企业或国有企业占比极少的领域也会存在很多发展问题,有些竞争性领域存在国有企业依然发展态势良好。在国际范围内,很多领域的国有企业也逐步成为国际竞争的重要力量,比如新加坡航空、法国的雷诺汽车等。特别是随着经济全球化的逐步推进,深化国有企业改革的重要目标之一就是:"培育具有全球竞争力的世界一流企业。"[4]同时,国有

---

[1] 习近平.共同为改革想招 一起为改革发力 群策群力把各项改革工作抓到位[J].基础教育参考,2014(17):79.
[2] Yair Aharoni, The performance of state-owned enterprises. In Pier Angelo Toninell(eds), the rise and fall of state-owned enterprises in the western word[M]. Cambridge University press,2000,pp.52-53.
[3] 习近平.共同为改革想招 一起为改革发力 群策群力把各项改革工作抓到位[J].基础教育参考,2014(17):79.
[4] 习近平.决胜全面建成小康社会夺取新时代中国特色社会主义伟大胜利——在中国共产党第十九次全国代表大会上的报告[J].中国经济周刊,2017(42):68-96.

企业在参与国际竞争的过程中,作用更加突出,因为国有企业是我国"大生产力"的载体,抗风险能力最强,是整个国民经济的顶梁柱。[1] 因此,新时代,国有企业的改革重点不应该是全面退出竞争性领域,而是应该一方面完善现代化企业制度;另一方面塑造更加高效的竞争环境,特别是为"实现产权有效激励、要素自由流动、价格反应灵活、竞争公平有序、企业优胜劣汰"[2]而进一步深化国有企业改革,使得国有企业名正言顺地成为国内、国际竞争领域中的市场主体。通过提升国有企业竞争力更集中地发挥国有企业在中国社会主义实践中的中流砥柱作用。

六、国有企业改革与产权私有化不能画等号

一直以来,很多学者认为,中国经济的发展就是源自"私有化""市场化"和"自由化",甚至"存在着一些人完全照搬照抄西方经济理论,用西方资本主义私有制的市场经济理论来指导崭新的社会主义市场经济实践的问题"[3]。为此,认为私有化几乎成为国有企业改革的唯一方向。事实并非如此,国有企业治理的问题不是因为"国有",国有企业治理过程中面临的很多问题是企业治理过程中的普遍性难题,最为典型的就是委托代理问题。而且国际经验表明,一味追求私有化还可能导致更多的经济问题。没有证据表明非国有企业已经优于国有企业,正如 Oliver Hart(1995)研究发现,没有任何公司治理是最优的,任何公司治理都存在漏洞,都有可能存在道德风险的问题。[4] 因此,新时代国有企业改革不应该与产权私有化画等号。如果不能创造竞争条件和环境去完善市场机制,而是在所谓产权关系上做文章,对于解决真正的问题只能是缘木求鱼。[5] 新时代,国有企业改革必然会涉及产权改革,特别是在新时代"深化

---

[1] 杨承训,杨承谕.落实"五大理念"必须发挥和扩展国企优势——"十三五"期间国有企业发展问题研究[J].毛泽东邓小平理论研究,2016(1):28-35.
[2] 习近平.决胜全面建成小康社会夺取新时代中国特色社会主义伟大胜利——在中国共产党第十九次全国代表大会上的报告[J].中国经济周刊,2017(42):68-96.
[3] 习近平.社会主义市场经济和马克思主义经济学的发展与完善[J].经济学动态,1998(7):3-6.
[4] Hart O D. Corporate Governance: Some Theory and Implications[J]. The Economic Journal, 1995, 105(430):678-689.
[5] 林毅夫,蔡昉,李周.国有企业改革的核心是创造竞争的环境[J].改革,1995(3):17-28.

国有企业改革,发展混合所有制经济"①的过程中,应该注意混合所有制与股份制的差异,"必须在马克思产权理论下进行股份制解读,才能在坚持公有制为主体的社会主义性质基础上,充分利用股份制,才能杜绝把股份制作为公有制实行私有化的工具"②。进而,更全面地发挥国有企业在中国社会主义实践中的中流砥柱作用。

---

① 习近平.决胜全面建成小康社会夺取新时代中国特色社会主义伟大胜利——在中国共产党第十九次全国代表大会上的报告[J].中国经济周刊,2017(42):68-96.
② 康乃馨.混合所有制经济改革中的风险防范与机制完善——基于马克思主义理论的视角[J].毛泽东邓小平理论研究,2016(11):23-29,91.

第七章

中国基本经济制度演进趋势预测

上文基于基本经济制度理论,利用基本经济制度指标体系对中国基本经济制度进行了两方面的实证研究,主要包括整体方面和省域方面。通过实证研究发现,中国基本经济制度理论是政治经济理论中的一般经济规律,因此,中国基本经济制度必然会影响经济安全、经济稳定和风险防范,也会影响到社会、政治、生态和文化等层面,进而其必然影响国家安全、国家稳定和风险防范。特别是在今后的一段时期内,我们还要继续达成"两个一百年"的奋斗目标,中国基本经济制度的演进趋势是否良好就极为重要。

笔者已经测算出了中国基本经济制度指数(2007—2020年),那么,中国基本经济制度之后的演进趋势又是怎样的呢?在中共十五大报告中首次提出了"两个一百年"的奋斗目标,到建党100年时,使国民经济更加发展,各项制度更加完善;到世纪中叶建国100年时,基本实现现代化,建成富强民主文明的社会主义国家。[①] 在中共十八大报告中提出,在中国共产党成立100年时全面建成小康社会,就一定能在新中国成立100年时建成富强民主文明和谐的社会主义现代化国家。[②] 在十九大报告中又进一步对"两个一百年"制定了阶段性的目标。"两个一百年"的奋斗目标是全国人民共同的奋斗方向,这样一个奋斗目标能否实现很大取决于中国基本经济制度的演变状况。通过预测,首先,我们可以更好地制定与基本经济制度相关的经济政策,进而推动基本经济制度不断完善,提高基本经济制度的运作效率。其次,有助于提升政府的管理

---

① 江泽民. 高举邓小平理论伟大旗帜,把建设有中国特色社会主义事业全面推向二十一世纪——在中国共产党第十五次全国代表大会上的报告(1997年9月12日)[J]. 求是,1997(18): 2-23.
② 胡锦涛. 坚定不移沿着中国特色社会主义道路前进 为全面建成小康社会而奋斗[N]. 人民日报,2012-11-18(1).

水平,使得政府对经济的管理不再是停留在对已有数据的描述和总结,通过对基本经济制度的预测能够更进一步提升相关资料的价值,为政府的经济管理提供参考。最后,通过预测还可以检验,中国基本经济制度在今后的演进过程中,是否有助于经济安全、经济稳定和风险防范,是否有助于国家安全、国家稳定和风险防范。因此。本章将运用GM(1,1)模型,通过已有的中国基本经济制度指数(2007—2020年),对中国基本经济制度的演进趋势进行预测。[①]

第一节 预测方法介绍

一、预测方法的演进

预测是对未知或者不确定事件的一种估计。自古以来,预测行为就很常见。在古代,最早期的预测甚至就是对未知事件的一种感觉。后来随着人类实践的积累和经验的总结,人类在预测时,将很多主观感受和客观事件(比如星象、天气等)相结合,乃至逐步衍生出星相术、占卜术等预测手段。随着科学技术水平的不断提升,特别是定量分析技术的不断完善,现如今,预测也逐渐运用科学手段,通过建立合适的模型进行科学预测。特别是对于经济预测,随着计量经济学的不断发展,经济预测的方法愈加多样化,预测精度也不断提高。在此基础上的经济预测对政府、企业甚至个体进行经济决策起到很重要的作用,其不仅有助于提高经济效率,还有助于防范经济风险。

二、预测系统的分类

预测可以运用于很多领域,其在工程领域的预测就是工程预测,其在社会领域的预测就是社会预测,同理,其在经济领域的预测就是经济预测。

不同领域系统的模式完全不同,其大致可以分为以下三个模式。第一,工

---

① 我们承认,预测并不等同于现实,我们试图通过对中国基本经济制度演进趋势的预测,进一步探索与其相关的信息,并分析判断这些信息,作出科学的判断。

程系统具有信息充分、发展规律明显、定量分析客观、具体参数固定等特征,满足这类特征的系统被称为白色系统,比如热学体统、力学系统等。另外一些社会、经济等系统信息不充分、发展规律不明显、难以完全定量分析、具体参数不固定,并且在这些系统的演化过程中,往往很多因素之间相互制约、相互影响。这一类的系统被称为灰色系统。还有一种系统的内部信息完全处于未知,不能进行定量分析,此类系统被称为黑色系统。

三、经济预测方法的比较

经济预测方法主要分为两大类,分别是定性预测方法和定量预测方法。本章首先对这两大类中比较典型的几种方法进行比较,进而有助于选取最优的预测方法对中国基本经济制度演进趋势进行预测。

在进行预测的过程中,我们有时候会遇见以下几种情况。定量分析的数据不完备,或者相关定量分析的数据可靠性不强,或者很多因素很难量化度量,比如政治因素、心理活动,等等。此时,定量分析就会存在较大的偏误,相比而言定性分析的作用就比较重要。专家评估方法在定性预测方法上是最经典、最常用的方法之一。在专家评估方法中,德尔菲法(Delphi Method)最为常用。此方法于20世纪40年代由 O. 赫尔姆和 N. 达尔克构建,后来经过 T.J. 戈登和兰德公司进一步发展和完善。该方法是以匿名的方式,经过几轮咨询征集专家的意见,其具有以下几个特点,即匿名性、轮间反馈性和预测结果的统计特性。

当在不能够有效地进行定量预测的前提下,德尔菲法的应用能够使得调查结果具有较强的收敛性,在定性预测方法中属于比较有效的预测方法。但是,该方法也存在一些不足之处,主要体现在以下几个方面:第一,该方法的预测结果受到专家主观认识的制约;第二,预测的效果受到专家思维的局限;第三,专家评估法很难对专家的权威和合理性进行评估。

在预测的过程中,当相关数据是客观可得的,并且有一定的理论支撑,能够呈现出一定的规律的情况时,定量预测分析就更加科学。定量分析一般也可以分为两大类,一类是时间序列分析;另一类是因果关系分析。以下,我们分别选取这两类预测方法相对应的最常用的两种进行介绍与比较。

博克斯-詹金斯预测法(Box-Jenkins Model)或称为 ARMA 法,属于时间序列分析类型中的一种预测方法。博克斯-詹金斯预测法是在 1968 年由美国学者 George Box 和英国统计学家 Gwilym Jenkins 共同提出的,该方法主要运用于经济领域、气象领域等方面的预测。博克斯-詹金斯预测法是将时间序列作为随机过程,进而探究时间序列过去与现在、现在与未来的相互关系,其预测的基本思想是:首先假设某时间序列是随机过程产生的,然后建立随机过程的数学模型,最后通过模型求出最佳的未来预测值。对于平稳过程而言,其方差也是平稳的,过程的自相关函数随着滞后期增加也较快衰减。此时,建立时间序列的随机线性模型比较容易。但是在实际的经济和社会系统中所涉及的时间序列大多来自非平稳的随机过程,因此在运用此模型前要首先进行零均值化和差分平稳化处理。

运用此预测方法时,其模型的识别需要的历史数据比较多,并且要满足一个基本的假设,即时间序列的未来和其过去的演进模式一致,这一假设对于中长期的预测很难满足。

回归预测属于因果关系分析类型中的一种常见的预测方法,其主要是从各种因素之间的相互关系出发,通过对预测对象有联系的因素的变动的趋势分析,进而对预测对象进行预测。"回归"本是遗传学中的术语,由英国生物学家、统计学家高尔登最早提出。在计量经济学中,回归是研究自变量与因变量之间关系的一种计量模式,其主要是根据自变量的变动预测因变量的发展趋势。以回归分析进行预测模式一般为:第一,从原始数据出发,确定变量之间的关系进而确定使用具体的模型;第二,对定量关系的可信程度进行检验;第三,判断影响预测变量的很多变量的显著性(包括经济学显著与统计学显著);第四,进行分析和科学预测。

迄今为止,回归预测是经济预测中重要的预测方法之一,其不仅不可得出预测的实证方程,还可以具体估算出各个变量的系数与显著性,最后对预测结果进行精度检验。但是,其也有一些局限性,比如:第一,回归方程在很多情况下是一种推测,这就会影响因子的多样性和某些因子的不可测性;第二,在数据数量方面,回归分析要求数据必须满足大样本;第三,在数据质量方面,回归分析要求样本有较好的分布规律。

灰色系统理论是于 1982 年由华中理工大学(现华中科技大学)邓聚龙教

授首创的。灰色预测方法对数据没有特别的要求,而且不需要典型的分布规律,其根据灰色系统的特征数据,充分利用不多的数据中的信息(包括显信息和隐信息),探究数据间的数学关系。灰色预测认为,虽然灰色系统的信息并不充分,但系统还是存在必然的特定功能和有序的,只是系统的这些内在规模需要进一步挖掘。因此,灰色预测理论运用累加、累减或加权累加等方法,将原始数据进行处理,将灰色数的随机性显著减弱得到有较强规律的生成数,进而运用微分方程建立相关模型,即灰色模型(Grey Model,简称 GM),运用灰色模型进行科学的分析和预测。可以说,灰色模型是将随机的没有规律的原始数据进行累加生成具有规律的数列,然后根据新生成的具有规律的数列建立白色化的微分方程,这个方程的解就是灰色预测模型。GM(m,n)表示 n 个变量 m 阶的微分方程的解。

基于以上比较分析,我们发现,如若运用定性预测方法对中国基本经济制度演进趋势进行预测,很难达到较高的精度,如若运用定量预测方法中的 ARMA 或者回归分析对中国基本经济制度演进趋势进行预测,相关的数据质和量的要求又十分苛刻。结合分析方法的科学性、数据结构的局限性、预测系统的信息不完全性,灰色预测方法更加适合于中国基本经济制度演进趋势的预测。当然,灰色预测方法依然存在短期预测较为精准,中长期预测精准程度下降的普遍性的预测问题。

第二节 GM(1,1)预测模型介绍

GM(1,1)模型遵循以下三个步骤进行运用。

一、数据的检验与处理

为了保证预测模型方法的可行性,首先需要对已有数据进行必要的检验与处理。

令原始数据为 $x^0(t)=(x^0(1),x^0(2),x^0(3),\cdots,x^0(t))$,其中 $t=1$,

2，…，14。

计算数列的级比，其计算方法如下：

$$\lambda(k) = \frac{x^0(k-1)}{x^0(k)}$$

其中，$k=2, 3, \cdots, t$。

通过对原始数据计算可以发现，如果所有的级比 $\lambda(k)$ 落入可覆盖 $(e^{-\frac{2}{t+1}}, e^{\frac{2}{t+2}})$ 内则原始数据就可以直接运用 GM(1,1) 模型；如果所有的级比 $\lambda(k)$ 没有落在可容覆盖 $(e^{-\frac{2}{t+1}}, e^{\frac{2}{t+2}})$ 内，则数列 $x^0(t)$ 需要进行变换处理，使处理后的数列的级比落入可覆盖范围。

其处理方法是，取适当的常数 c，将数列进行平移变换：

$$y^0(t) = x^0(t) + c$$

此时，$y^0(t)$ 数列可以作为模型 GM(1,1) 的数据进行数据模拟。

二、建立模型

对通过检验后的数据 $y^0(t)$ 做一次累加生成数列

$$\begin{aligned} y^1 &= (y^1(1), y^1(2), y^1(3), \cdots, y^1(t)) \\ &= (y^1(1), y^1(1)+y^0(2), \cdots, y^1(t-1)+y^0(t)) \end{aligned}$$

其中，$y^1(k) = \sum_{i=1}^{k} y^0(i)$，$k=1, 2, 3, \cdots, t$。

此时，均值数列为

$$z^1(k) = 0.5 y^1(k) + 0.5 y^1(k-1)$$

其中 $k=2, 3, \cdots, t$。

均值数列可以表示为

$$z^1 = (z^1(2), z^1(3), \cdots, z^1(t))$$

由此，可以建立灰微分方程

$$y^0(k)+az^1(k)=b$$

其中，$k=2,3,\cdots,t$。

对应的白化微分方程为

$$\frac{\mathrm{d}y^1}{\mathrm{d}t}+ay^1(t)=b$$

记：

$$u=(a,b)^T$$
$$Y=(y^0(2),y^0(3),\cdots,y^0(t))^T$$
$$B=\begin{bmatrix}-z^1(2) & 1\\ -z^1(3) & 1\\ \cdots & \cdots\\ -z^1(t) & 1\end{bmatrix}$$

则由最小二乘法，当满足

$$J(\hat{u})=(Y-B\hat{u})^T(Y-B\hat{u})$$

为最小值时，$(\hat{u})=(B^TB)^{-1}B^TY$。由此可以求得白化方程的解为：

$$\hat{y}^1(k+1)=\left(y^0(1)-\frac{b}{a}\right)e^{-ak}+\frac{b}{a}$$

其中，$k=1,2,3,\cdots,t-1$。

首先，对累加的数据进行还原，即进行相减运算：

$$\hat{y}^0(k+1)=\hat{y}^1(k+1)-\hat{y}^1(k)$$

然后，将所得的拟合数据进行还原平移：

$$\hat{x}^0(k+1)=\hat{y}^0(k+1)-29$$

三、精度检验

为了验证预测模型的科学性与精确度，本章对模型的预测结果进行后验差检验，其需要以下几步运算。

x^0 的均值：

$$\bar{x} = \frac{1}{t}\sum_{k=1}^{t}x^0(k)$$

x^0 的方差：

$$S_1 = \sqrt{\frac{1}{t}\sum_{k=1}^{t}[x^0(k)-\bar{x}]^2}$$

残差的均值：

$$\bar{E} = \frac{1}{t-1}\sum_{k=2}^{t}E(k)$$

其中，$E(k) = x^0(k) - \hat{x}^0(k)$。

残差的方差：

$$S_2 = \sqrt{\frac{1}{t-1}\sum_{k=2}^{t}[E(k)-\bar{E}]^2}$$

利用以上运算结果可得：

后验差比值为 $C = \dfrac{S_2}{S_1}$，小误差概率为 $P = P\{|E(k)-\bar{E}||<0.6745S_1\}$

表 7-1 预测精度等级划分

小误差概率(P)	方差比(C)	模型等级	后检验
$0.95 \leqslant P$	$C \leqslant 0.35$	一级	好
$0.80 \leqslant P < 0.95$	$0.35 < C \leqslant 0.50$	二级	合格
$0.70 \leqslant P < 0.80$	$0.50 < C \leqslant 0.65$	三级	勉强合格
$P < 0.7$	$0.65 < C$	四级	不合格

第三节 运用 GM(1,1)模型预测

在进行预测之前，我们假设不存在战争、自然灾害等，即客观环境没有发

生突变,并且经济政策能够顺利实施,政府治国理政能够有序推进。在此基础上,我们运用 GM(1,1)模型,利用上文已经得到的 2007—2020 年中国基本经济制度指数,对基本经济制度的演进趋势进行了科学的预测。

一、预测情景的分类

为了更加科学地对中国基本经济制度的演进趋势进行预测,本章设定乐观、基准和保守等三种中国基本经济制度演进的情景,分别对应三种中国基本经济制度的演进状态。国际金融危机发生之后,很长一段时间全球都处于后金融危机时代,因此,我们以 2007—2013 年作为后危机时代,作为悲观情景的场景进行展望。以金融危机为分界点,我们认为,在此之前改革整体释放的红利对中国基本经济制度的贡献大于危机之后。在所有制层面,由于经济危机的出现,不同所有制经济主体面临国际、国内市场的双重挑战;在市场机制层面,由于经济危机的出现,国际贸易条件、国际国内融资条件等与制度环境相关的诸多市场化条件都是出现了不利因素;在收入分配层面,金融危机的发生为收入分配状况的改善,尤其是对脱贫攻坚造成了巨大的挑战。同时,在后金融危机时代中,由于货币政策、财政政策等原因,全球贫富分化的状况也是各国的一项重要课题。聚焦于中国,金融危机之后,中国的各项经济制度层面的改革逐步进入了攻坚期和深水区。因此,设定基于后金融危机的影响,结合基本经济制度演进的特征,本章将对中国基本经济制度演进的预测分为了基准、乐观和悲观等三种场景。①

二、进行数据的检验与处理

在进行基准预测时,通过对原始数据计算可以发现,原始数据的级比并未落入可覆盖范围,此时进行平移变换,以使得数列满足所有的级比落在可覆盖范围。

---

① 乐观预测情景对应的就是中国基本经济制度在 2007—2020 年为样本进行预测的情景,基准预测情景对应的是中国基本经济制度在 2014—2020 年为样本进行预测的情景,保守预测情景对应的是中国基本经济制度在 2007—2013 年为样本进行预测的情景。

首先对中国基本经济制度进行基准预测,将通过检验后的数据 $y^0(t)$ 做一次累加生成数列

$$y^1 = (y^1(1), y^1(2), y^1(3), \cdots, y^1(t))$$

进而计算 $z^1(k)$,构建建立灰微分方程

$$y^0(k) + az^1(k) = b$$

其中,$k = 2, 3, \cdots, t$。

对应的白化微分方程为

$$\frac{\mathrm{d}y^1}{\mathrm{d}t} + ay^1(t) = b$$

求解得到:$a = -0.085397$,$b = 20.574356$。进而可得中国基本经济制度基准预测的实证方程,如下式所示:

$$\hat{y}_l^1(k+1) = 43.3\exp(0.098t) - 40.07$$

同理,我们也可以得到保守预测和乐观预测的实证方程,其中,中国基本经济制度保守预测的实证方程为:

$$\hat{y}_b^1(k+1) = 125.9\exp(0.023t) - 123.69$$

中国基本经济制度乐观预测的实证方程为:

$$\hat{y}_j^1(k+1) = 21.9\exp(0.11t) - 19.74$$

其后,对累加的数据进行还原;最后,将所得的拟合数据进行还原平移,就可以得到中国基本经济制度演化趋势的三种情景的预测结果。

三、精度检验

根据已经得到的预测值,我们按照以上方法计算出后验差比值和小误差概率。

根据预测精度等级划分表可以发现,本预测模型三种预测情景的等级都为二级及以上,通过预测精度检验。

表 7-2 精度检验表

	后验差比值 C	小误差概率 P
乐观情景	0.463 0	0.833 3
基准情景	0.367 1	0.909 1
保守情景	0.360 8	1.000 0

第四节 中国基本经济制度演进趋势预测结果的特征与分析

本章利用 GM(1,1) 模型对中国基本经济制度指数进行预测,其预测结果如图 7-1 所示:

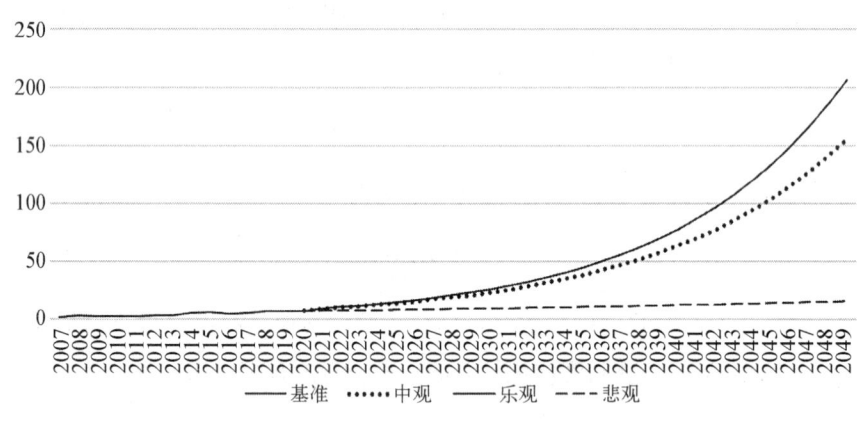

图 7-1 中国基本经济制度预测图(三种情景)(2007—2049 年)

一、中国基本经济制度演进趋势预测结果的特征

上文已经提出,在不存在战争、自然灾害等客观环境没有发生突变,并且经济政策能够顺利实施,政府治国理政能够有序推进的前提下,我们对中国基

本经济制度指数进行了预测。其预测结果的特征主要体现在以下几方面。

（一）预测的结果显示，自 2021 年至 2049 年中国基本经济制度指数依然保持了稳步、健康的演进趋势

中国基本经济制度稳步、健康的演进趋势对应着"两个一百年"奋斗目标的关键时期。其中从 2018—2020 年是全面建成小康社会的决胜期，到 2035 年，基本实现社会主义现代化的远景目标。到 2035 年，中国基本经济制度指数的乐观预测值可达 45.67，基准预测值可达 39.09，保守预测值可达 11.26。以上文同样的方法对应中国基本经济制度体系中所有制、收入分配和社会主义市场经济等三个维度的发展，这里不再赘述。

2020—2035 年，在全面建成小康社会的基础上，通过 15 年的奋斗，我国基本实现社会主义现代化。在此阶段，中国基本经济制度，乃至所有制、收入分配和社会主义市场经济从量的提升逐步达到质的提升。随着基本经济制度体系的完善，不同所有制经济协同发展，经济社会都充满活力，不同类型的经济主体的竞争力显著提升；随着基本经济制度体系的完善，社会主义市场经济水平也大幅提升，法治更加健全，市场愈加有效，政府作用更加规范；随着基本经济制度体系的完善，经济实力不断提升，人民生活水平大幅提升，收入分配状况逐步改善，更好地迈向了共同富裕的发展道路。由此，可以说，我国基本实现社会主义现代化。

2035—2049 年，在基本实现现代化的基础上，通过 15 年的奋斗，我国将成为富强民主文明和谐美丽的社会主义现代化强国。到 2049 年，中国基本经济制度的乐观预测值可达 206.29，基准预测值可达 155.16，保守预测值可达 15.80。在此阶段中国基本经济制度，乃至所有制、收入分配和社会主义市场经济将实现从量的提升到质的优化。随着基本经济制度体系的完善，基本经济制度发展势头更加迅猛，不同所有制经济在不同领域均有机会达到国际领先水平；随着基本经济制度体系的完善，社会主义市场经济也将达到国际最优水平，全球的生产要素将更加高效地在中国配置，中国特色社会主义市场经济必然被证明成为世界典型的市场经济类型，中国政府的治国理政理论必然成为世界各国学习的案例；随着基本经济制度体系的完善，全国人民基本实现共同富裕，中国的综合国力和国际影响力将达到世界领先水平。

（二）在不同预测情景下，中国基本经济制度演进趋势各不相同

在乐观、基准和保守这三种情境下，虽然中国基本经济制度都呈现出了稳步、健康的演进趋势，但是，这三种情境下中国基本经济制度的演进趋势并不完全相同。

在乐观情境下预测中国基本经济制度的演进趋势最为良好。正如上文所说，在乐观情境下，中国经济制度的改革红利最为明显，在此情景下，中国基本经济制度指数可从 2021 年的 10.11 逐步增长至 206.29。在基准情景下预测中国基本经济制度的演进趋势比乐观情境下稍差，此时，中国基本经济制度指数从 2016 年的 9.85 逐步增长至 155.16。在保守情景下预测中国基本经济制度的演进趋势比基准情境下稍差，此时，中国基本经济制度指数从 2016 年的 7.99 逐步增长至 2049 年的 15.80。通过比较分析，可以发现，基准情景下 2049 年的中国基本经济制度指数水平与乐观情境下差距不算特别大，在保守情境下 2049 年的中国基本经济制度水平相当于乐观情境下和基准情境下 2046 年左右的水平。但是即使在保守情境下的中国基本经济制度发展趋势依然有能力保持经济安全、经济稳定和风险防范。

二、中国基本经济制度演进趋势预测结果的分析

（一）从基本经济制度体系而言，中国基本经济制度保持这样一种演进趋势，基本经济制度发展、环境和功能需要整体协同推进

从基本经济制度的所有制维度而言，就必然对应不同所有制经济协同发展，公有制经济继续壮大，非公有制经济持续保持活力。只有不同所有制经济协同发展了，才能够从制度层面说明我国基本经济制度的优越性，同理，中国基本经济制度的稳步、健康的发展趋势，也必然能够说明，以公有制经济为主体，多种所有制经济共同发展的基本经济制度的科学性。

从基本经济制度的经济体制维度而言，就必然对应市场在资源配置中起到决定性作用，更好地发挥政府作用。中国基本经济制度的稳步、健康发展的过程，对应着市场环境逐步从资源配置中的基础作用提升至资源配置中的决定性作用的过程。在这样一个过程中，政府环境和市场环境虽然都在同步提

升,但是在2016年之前,市场环境的贡献都明显高于政府层面的贡献。由此,我们也会发现,政府环境对市场环境的促进作用在这一段时期尤为重要,随着政府环境的改善,经济主体参与市场竞争的行政成本逐步降低,市场效率更高,竞争更加充分,进而市场环境在市场主体的竞争过程中也不断优化、完善。

从基本经济制度的收入分配维度而言,就必然对应效率和公平的统一。这也是检验基本经济制度是否优越的重要标准,中国基本经济制度的稳步发展的过程,也是效率不断提升,同时公平正义程度不断完善的过程。经济主体参与市场竞争获取利润是经济功能提升的根本动力,在一定程度上,效率不断提升会增加调节公平和正义的政策工具。当效率和公平不断提升时,更好的统一效率和公平是解决发展不平衡的关键一环。

我们同时从三个维度更进一步分析可以发现,中国基本经济制度演变趋势的预测结果可以进一步对不同所有制经济在基本经济制度环境下的发展,乃至发挥的功能进行逻辑上的推演。在预测的时间段中,公有制经济的主体地位必然会不断增强。随着经济体制的不断完善,市场环境对公有制经济的制度约束越来越强,政府环境对公有制经济的指导越来越科学,那么其竞争力、活力就会不断增强,公有制经济的主体地位必然更加坚实。而且,创新与不同所有制经济的发展也密切相关,这是推动经济主体高质量发展的关键。值得注意的是,社会主义市场经济体制下,公有制经济的发展和创新之间并不冲突,甚至公有制经济主体在某些行业的创新效果十分显著。比如,中国的航空航天、国家电网、高铁等方面的创新,一直是推动相关行业不断提升竞争力的关键因素。

与此同时,公有制经济在此过程中发挥的功能也愈加重要,在效率提升方面有助于参与国际竞争,在公平调节方面有助于促进社会稳定,抵抗经济风险。在预测的时间段中,非公有制经济的发展势头也会越来越好。非公有制经济在基本经济制度环境不断完善的情况下,特别是改革开放持续推进的条件下,不论是外资经济还是民营经济都会在数量和质量上实现飞跃式的发展。非公有制经济发展的根本动力是追逐利润最大化,由此,其体现的效率提升也越来越重要,在效率不断提升的条件下,为进一步发挥公平调节作用提供了更多的政策工具。

(二) 政府在中国基本经济制度演进过程中起到重要作用

上文已经分析了,在乐观、基准和保守等三种情境下,虽然中国基本经济制度都呈现出了稳步、健康的发展趋势,但是不同情形的具体特征不同。乐观情景的预测趋势最为良好,基准情景相对于乐观情景次之,保守情景相对于基准情景又次之。那么,如何确保中国基本经济制度沿着乐观情景的路径演进呢?这就不得不强调政府治国理政在中国基本经济制度演进过程中的重要作用了。政府治国理政的根本目的就是使得经济运行机制更加顺畅,要想达到乐观情景预测的结果,必须要重视治国理政在中国基本经济制度演进过程中的重要作用。其作用主要体现在三个方面。

第一,政府治国理政有助于政府的调控机制与经济运行机制相匹配。在基本经济制度的运行过程中,政府治国理政为基本经济制度的发展提供了优越的基本经济制度环境,特别是政府环境。政府环境的改善有助于市场环境的改善,进而优化基本经济制度环境,又能够提高基本经济制度的发展效率。

第二,仅仅依靠经济运行机制的自我演化,其面临的问题很可能不会在短期内解决,一旦引起经济系统中的传染效应,经济运行的效率就会下降。特别是在经济出现危机时,政府治国理政能够在短时间内切断经济体系间的传染效应,进而传导出积极的信号,修正经济主体的预期。在此过程中,不同所有制经济起到的作用就不尽相同,政府的信号传递在公有制经济层面更有效、更迅速,进而影响到非公有制经济的市场预期,进而更有效地调控市场。

第三,在基本经济制度动态模型中,我们论证了政府在基本经济制度变迁过程中的作用。政府在推动基本经济制度变迁过程中,若仅仅考虑经济效率最大化,那么基本经济制度必然的实现形式就是混合所有制,若政府的目标函数囊括了政权稳定与经济效率两个元素时,基本经济制度的实现形式就是公有制为主体的混合所有制形式。由此,政府在基本经济制度演化过程中可以达到其多种目标的意志。

(三) 中国基本经济制度在"两个一百年"关键期间的作用

上文已经分析了中国基本经济制度的演进趋势,那么,在中国发展的重要阶段,即"两个一百年"的关键时期,中国基本经济制度又发挥了什么样的作用呢?

为此,我们对此展开更深层次的分析。到2049年,我们要实现第二个百年的奋斗目标是建成富强民主文明和谐美丽的社会主义现代化国家,届时,中国基本经济制度指数(预测值)大概是206.29。由以上关键时间点的预测值可以发现,中国基本经济制度在沿着稳步、健康的演化路径下,其指数不断攀升。基本经济制度指数攀升,必然会对应着经济总量的不断提升。

通过分析发现,基本经济制度的稳步、健康发展是实现"两个一百年"奋斗目标的基本条件,对"两个一百年"奋斗目标的实现提供了总量的保障作用。

深入分析发现,中国基本经济制度基准预测结果显示,从2021—2049年,中国基本经济制度指数(预测值)的增长率逐步收敛,中国基本经济制度指数的逐步收敛过程对应的就是经济增长从不均衡逐步转变为均衡的过程,是基本经济制度不断完善的过程,也是经济增长从经济高速逐步转变为经济高质量的过程。

基本经济制度的增长率逐步收敛的过程,对应的就是经济增长的动力从政府推动到市场促动,从政府行政指导到企业自主竞争激励。中华人民共和国成立后,我国的基本经济制度在所有制层面是完全公有制经济,其对应的经济体制就是计划经济模式,其后我们进行了改革开放,逐步形成了以公有制经济为主体,多种所有制经济共同发展的基本经济制度,市场机制也逐步从计划经济转变为中国特色社会主义市场经济。计划经济时代政府是指导生产的中枢,改革开放后市场机制的作用不断显现。随着市场机制发挥的作用越来越大,市场主体参与市场竞争也越来越充分,市场主体的决策逐步从接受政府指令,转变为主体自主参与市场竞争,市场主体根据市场机制而进行决策。

基本经济制度的增长率逐步收敛的过程,相对应的就是发展模式从要素推动到创新驱动,经济发展的效率内生性的提升。在改革开放之初,我国的发展很大程度上来自生产要素的推动,随着基本经济制度的完善,市场主体根据市场机制进行决策,为了在市场竞争中占据优势,市场主体就会有创新的激励,从早期的模仿式创新,逐步转变为技术变革的引领式创新。与此同时,政府从计划经济的指令模式,也随着基本经济制度的变迁,逐步转向政府调控市场的模式。最后,整个国家的广义创新共同提高了全社会全要素生产率,经济发展的效率也就会得到稳步提升。

基本经济制度的增长率逐步收敛的过程,相对应的就是发展模式从高速发展稳步转换为高质量发展。随着基本经济制度的不断完善,经济增长的动力逐步从外生变成内生,经济发展的效率不断提升,相对应的参与经济发展的生产要素的单位产出不断提高,不同要素之间的更加协调,新技术条件下的产品更智能化、多样化。由此,发展的模型必然是从高速发展稳步转换为高质量的发展。

第八章

结论、建议与展望

第一节 本书的主要结论

一、中国基本经济制度不断完善与经济运行机制不断优化同步

验证中国模式是否成功的最重要的标准之一就是经济是否发展,经济发展最核心的因素就是中国基本经济制度体系是否完善。随着基本经济制度体系的不断完善,中国经济运行的机制也随之完善。那么中国基本经济制度体系完善的过程是怎样的?其引起的经济运行机制有哪些变化?

通过上文的分析发现,在完全公有制经济的模式下,经济运行的主要机制就是计划经济下的行政指导。这种运行机制的本质是以命令的形式推动经济发展,其取得的经济成果就如上文中基本经济制度一般动态模型的理论模型1所示。这种运行机制的最大问题就是计划与实际发展所需之间的信息是否完全与对称,当在某方面计划与实际发展所需的信息是完全的且对称的,那么计划经济的动力就会十分强劲,对经济的发展能够起到积极的作用;当在某方面计划与实际发展所需的信息是不完全或不对称的,那么计划经济的动力就会衰减,甚至产生负面的效果;当在某方面计划与实际发展所需的信息几乎就是不相关的情况下,计划经济的动力机制几乎就是所谓"布朗运动",对经济发展的阻碍作用就十分明显了。在完全私有制经济的模式下,经济运行的主要机制就是市场经济下的价格信号传导。这种运行机制的本质是通过价格信号形

成供给需求相匹配,其取得的经济成果就如上文中基本经济制度一般动态模型的理论模型2所示。这种运行机制是以价格信号传导实现经济发展,但是价格信号的真实性与市场结构、传导时滞等因素密切相关,同上文分析一样,价格信号传导机制也很难在各方面达到最优。一般说来,完全公有制经济的优点在于政府意志的迅速实现,但容易牺牲经济效率;完全私有制经济的优点是经济效率第一,但市场出现市场波动,甚至经济、金融危机,还容易出现社会问题,比如贫富分化。

然而,在改革开放之后,中国的基本经济制度在所有制维度从完全公有制逐步演化为以公有制经济为主体,多种所有制经济共同发展,中国逐步探索出符合自身发展,且优于完全公有制和完全私有制的所有制形态。这种基本经济制度对应的经济体制不是完全公有制基础上的计划经济,也不是完全私有制基础上的市场经济,而是具有中国特色的社会主义市场经济。中国基本经济制度的不断完善,不仅激发了经济主体的动力,提高经济效率,而且能够达成政府意志,甚至能够平抑经济波动的风险。其取得的经济成果就如上文中基本经济制度一般动态模型的理论模型3所示。中国基本经济制度不断完善的过程,经济运行机制从原来的计划经济逐步演化为中国特色社会主义市场经济,经济发展从原来的仅仅依靠不完美的动力机制,逐步转型优化为政府适当调控,市场稳定发展,资源高效配合的动力机制,由此,中国的经济运行机制也不断完善。

二、中国省域基本经济制度的特征是社会主要矛盾的内在表现

中共十九大报告指出:"中国特色社会主义进入新时代,我国社会主要矛盾已经转化为人民日益增长的美好生活需要和不平衡不充分的发展之间的矛盾。"通过上文分析可以发现,我国省域之间的基本经济制度发展状况、环境和功能都明显地呈现出了不平衡不充分的现象。

从省域进行横向比较可以发现,大部分中西部和部分东部地区呈现出发展不平衡和不充分并存的局面。

在发展不平衡方面,从基本经济制度的三个维度进行深入分析可以发现,

省域发展不平衡的本质原因各不相同。其中,以西藏为典型的西部地区,在基本经济制度发展状况、环境和功能都与东部排名靠前的地区呈现出不平衡的特征,这种不平衡的根本原因是该地区(或者此类地区)基本经济制度环境中的市场环境相对恶劣,阻碍了发展的动力,进而限制了功能的发挥;而以海南为典型的某些中东部地区,虽然也在基本经济制度发展状况、环境和功能都与东部排名靠前的地区呈现出不平衡的特征,但是,这种不平衡的根本原因是该地区基本经济制度环境中的政府环境恶劣,降低了发展的效率,进而影响了功能的发挥。

从某个地区进行基本经济制度体系的内部结构比较可以发现,在同一地区几乎都也存在三个维度的不平衡不匹配状况,当然,在程度上存在差异。如表5-5所示,几乎所有的省份都存在明显的基本经济制度发展状况、环境和功能不均衡的状况。东部地区比较典型的是天津,该地区基本经济制度发展排名第一,但是其环境和功能与发展的差距很大,这就凸显了该地区投资驱动发展的特征,这种发展模式的整体效率就会比较低。中西部地区也有很多地区呈现这样的特征,比如重庆、陕西等地区。

在发展不充分方面,从基本经济制度的视角而言,在西部地区的很多省份,其发展还要不充分。虽然此类地区不平衡与不充分并存,但是以不充分问题为主。在基本经济制度省域分析部分我们发现,很多中西部地区,特别是西部地区的发展还处于基本经济制度待发展阶段。此类地区的基本经济制度的经济功能都还没能够正常发挥,发展受到了多方面的制约。

由此我们可以发现,中国省域基本经济制度的特征外在表现出了我国现阶段的主要矛盾。从基本经济制度的视角剖析我国现阶段的主要矛盾可以发现,发展的不充分与不平衡在很多地区同时存在,其中,在同一地区内部,西部地区以发展的不充分为主,东部地区主要以发展的不平衡为主;在省域之间,中西部地区呈现出了显著的发展不平衡状况。

三、不同所有制经济在不同省域发挥的作用不同,但目标一致

不同所有制经济在不同省域发挥的作用各不相同,这也体现了基本经济

制度在省域的差异。在公有制经济方面,其在中国经济发展的不同时期承担了较多的负担,林毅夫(2004)将其归纳为战略性的负担和社会性的负担。[①] 其实在省域层面公有制经济的作用也不相同。在东部地区,公有制经济能够与非公有制经济协同发展,其发展主要集中于两大方面:一方面是集中在掌握国家命脉的相关产业;另一方面是参与国际竞争的产业。因此在东部地区,公有制经济主要发挥的是经济方面的作用。在中西部地区,尤其是在西部地区,公有制经济主要发挥了非经济方面的作用。在非公有制经济方面,其在不同省域的作用也不尽相同。在东部地区,非公有制经济主要是利用人才、资本、技术等集聚的优势参与市场竞争、引领技术创新等作用。在中西部地区,非公有制经济主要是利用劳动力、土地、资源的低成本优势发挥经济赶超的作用。其中不管是公有制经济还是非公有制经济,它们在不同省域表现为经济体量的差异,但是本质是性质的差异,因此发挥的作用不同。

与此同时,虽然不同所有制经济在省域发挥的作用不同,但是不同所有制经济在省域的目标是一致的,这也体现了基本经济制度在省域的目标一致性。不管是公有制经济还是非公有制经济,虽然其发挥的作用不尽相同,但是它们目标都是发展。公有制经济和非公有制经济在不同省域的发展都会遇见很多机遇与挑战,比如在西部地区,由于种种原因,在不适于经济主体发展的市场环境下,公有制经济承担起了该地区的发展责任。很多客观的环境因素不可改变,比如资源、地理位置、环境等,只有通过发展才能在此类地区逐步建立起各类经济要素集聚的市场,社会主义市场经济才能够不断培育。在东部地区,改革开放初期,我国技术水平还远不如国外,因此,就需要逐步引进非公有制经济中的外资经济,为的也是发展。只有通过与外资经济的合作,才能使中国的企业逐步参与到国际市场,由此带来发展的契机,在不断发展的过程中,逐步吸收、掌握并创新各类技术,进而实现不同所有制经济的共同发展。只有不同所有制经济在不同省域持续发展,才能使得基本经济制度逐步完善,才能推进中国省域的经济增长。

---

① 林毅夫,刘明兴,章奇.政策性负担与企业的预算软约束:来自中国的实证研究[J].管理世界,2004(8):81-89.

四、三位一体的基本经济制度是历史、实践和理论逻辑的必然

中共十九届四中全会对中国基本经济制度内涵的丰富与拓展，是中国特色社会主义经济学的重大原创性贡献，其集中体现了中国基本经济理论的历史逻辑、实践逻辑和理论逻辑的有机统一。

在历史逻辑方面，如果深入考察中国经济发展的历程可以发现，中华人民共和国成立之后，中国的所有制、收入分配制度和经济体制都经历了重要的变迁。新中国成立之后，特别是在"一化三改造"之后，所有制、收入分配制度和经济体制三者基本上都实现了传统社会主义的状态。在所有领域体现为"一大二公"，在收入分配领域体现为平均主义，在经济体制层面体现为计划经济。然而，这种生产关系受到生产力的制约，于是在改革开放之后，所有制、收入分配制度和经济体制都发展了变迁，在这次变迁的过程中，我们可以清晰地看到三者之间变迁的历史脉络。从变迁历程来看，三者大致经历相同的历史时期，从变迁的效果来看，三者大致经历了相似的历史成就，从变迁的逻辑来看，三者大致经历了相关的历史逻辑。因此，从历史逻辑层面来看，三位一体的基本经济制度的创新与发展是历史逻辑的必然。

在实践逻辑方面，步入新时代以来，中国的所有制形态已经基本成熟，特别是在十五大确立了以所有制为核心的基本经济制度之后，以公有制经济为主体，多种所有制经济共同发展的态势一直健康发展。然而，经济越是发展，经济体系的内部关系越加紧密，更好地坚持和完善基本经济制度则从实践层面提出了新的要求，因为：一方面所有制领域的改革已经相对完备，不同所有制经济之间的矛盾已经不是主要矛盾；另一方面在迈向经济高质量发展的过程中，对各类经济主体的要求反而更好，这就必然会涉及不同所有制经济发展的效率。而在不同所有制经济关系有机协调的状况下，不同所有制经济发展的效率往往与资源配置的效率密切相关。这在实践中就体现为所有制与经济体制之间的关系必然要更加协调，以更加完善的社会主义市场经济推进不同所有制经济高质量发展。与此同时，随着脱贫攻坚的有序推进，共同富裕成了新的发展目标。然而，共同富裕与分配之间密切相关，这就使得分配制度需要

持续完善。分配领域是生产领域和资源配置领域的延伸,这就进一步使得所有制、收入分配制度和经济体制三者必须紧密结合起来。最终,在实践层面三者的有机统一体现为十九届四中全会关于中国基本经济制度内涵的丰富与拓展。

在理论逻辑方面,中国经济发展过程中尤为注重所有制理论,因为作为社会主义国家,经济基础离不开所有制理论的学理基础,因为从马克思主义政治经济的理论出发,所谓经济基础,就是生产关系,主要是所有制。由于固守传统社会主义的理论框架,我国曾经一度出现完全公有制经济的所有制状况。然而,这种所有制形态对应的计划经济和平均主义的僵化特征逐步显现,需要调整。在进行相应的改革过程中,邓小平提出:"绝对不能要求马克思为解决他去世之后上百年、几百年所产生的问题提供现成答案。列宁同样也不能承担为他去世以后五十年、一百年所产生的问题提供现成答案的任务。真正的马克思列宁主义者必须根据现在的情况,认识、继承和发展马克思列宁主义。"[①]在逐步认清中国生产力水平下,中国的所有制经济形态进行优化调整。步入新时代,中国不同所有制经济形态成了支撑中国经济发展的重要力量,在此过程中,我们从理论上也逐步认清了"把公有制经济巩固好、发展好,同鼓励、支持、引导非公有制经济发展不是对立的,而是有机统一的……公有制经济、非公有制经济应该相辅相成、相得益彰,而不是相互排斥、相互抵消"[②]。

所有制经济的优化调整离不开相应的经济体制优化,这是理论逻辑的必然,只有这样才能更好地优化所有制结构,才能更好地推进生产力发展,正如毛泽东所强调的:"生产关系搞好了,上了轨道了,才为生产力的大发展开辟了道路,为物质基础的增强准备了条件。"[③]随着社会主义市场经济的完善,中国创新性地将社会主义与市场经济结合,不仅提升了经济发展的效率,而且发挥了社会主义的制度优势。同时,所有制的优化与收入分配也密切相关,因为"分配的结构完全决定于生产的结构。分配本身是生产的产物,不仅就对象说是如此,而且就形式说也是如此"[④]。因此,在多种所有制经济共同发展的情景

---

① 邓小平.邓小平文选:第3卷[M].北京:人民出版社,1993:291.
② 习近平.毫不动摇坚持我国基本经济制度 推动各种所有制经济健康发展[N].人民日报,2016-03-09(2).
③ 毛泽东.毛泽东文集:第8卷[M].北京:人民出版社,1999:131.
④ 马克思,恩格斯.马克思恩格斯全集:第30卷[M].北京:人民出版社,1995:36.

下,我们的收入分配结构也不断优化。最终体现为,所有制、收入分配制度和经济体制三位一体的基本经济制度的创新与发展。

五、中国基本经济制度体系的科学性经得起理论和实践的双重考验

通过上文分析可以发现,中国基本经济制度体系的科学性经得起理论和实践的双重考验,基本经济制度结合中国特色社会主义市场经济具有强大生命力和竞争力。

在理论层面,西方经济学理论在满足一定假设的前提下,已经证明了以私有制为主的基本经济制度与市场经济结合是有效率。但很多经济学研究者受到认知和实践经验的限制,没能进一步论证以公有制为主的基本经济制度与中国特色社会主义市场经济结合的成效如何。由于理论的缺失,对于中国模式的内在机制在理论界一直是一种黑匣子的状态。在上文中,笔者提出了基本经济制度主要分为5种:完全公有制、完全私有制、公私平分天下、以公有制为主和以私有制为主。其中,以公有制为主和以私有制为主是两种较优的基本经济制度形式,具体哪种是最优的形式与资源禀赋、市场机制等因素相关。在动态模型中,这五种基本经济制度形式还可以从较低层次逐步转化为较高层次,按照这种转化形式,无论最初的基本经济制度形式是完全公有制还是完全私有制,最终都将转化为以公有制为主或以私有制为主。因此,在理论上以私有制为所有制基础的基本经济制度结合市场经济和以公有制为所有制基础结合中国特色社会主义市场经济这两种模式具有存在的合理性和必然性。

在实践层面,当生产力还不发达时,单纯的公有制必然存在效率的缺失,虽然在特殊时期能够发挥一定的积极作用,但是整体上由于市场机制的僵化和计划机制失灵,最终以苏联为代表的完全公有制经济的基本经济制度已经被历史证明了其失败的必然性;单纯的私有制必然存在市场失灵和两极分化等问题,虽然其效率水平较高,但是面临经济危机和市场冲击也束手无策,最终以美国、英国为代表的完全私有制经济的基本经济制度也随着应对历次经济危机的过程中逐步改良成为以私有制为主的基本经济制度。

与此同时,我们发现,以公有制为主体,多种所有制经济共同发展的基本

经济制度结合中国特色社会主义市场经济取得了世界瞩目的成果。虽然受到各类因素的影响，省域社会主义市场经济的发展发育状况还不完全相同，但是各地区的不同所有制经济的发展状况都极为符合该地区的社会主义市场经济发展水平。在社会主义市场经济发展发育较为完善的地区，各类所有制经济呈现出竞争发展、协同发展的良好局面；在社会主义市场经济发展发育还不充分的地区，不同所有制经济的发展就相对不足。由此可以发现，中国特色社会主义市场经济对于发展的科学性和重要性。特别是在社会主义市场经济发展发育较为完善的地区，虽然省域的发展优势不同，比如，上海最具优势的是外资经济，北京最具优势的是股份制经济，江苏最具优势的是私营个体经济，但这些地区不同所有制经济发展的扩散效应和联动效应极为明显，由此体现了基本经济制度结合中国特色社会主义市场经济具有强大生命力和竞争力。

第二节　相关政策建议

一、持续发展和完善基本经济制度

基本经济制度的持续、健康发展需要基本经济制度内部结构的协同发展。基本经济制度体系主要是基本经济制度发展状况、环境和功能三大子体系组成，这三部分不断发展最终就体现为基本经济制度演进形态。这具体结合到中国的国情可以进一步体现为，所有制、收入分配和经济体制等三个维度。经济体制在很大程度上直接影响了不同所有制经济的发展，而不同所有制经济的发展决定着基本经济制度收入分配维度的状况，收入分配维度的状况又在一定程度上对经济体制进行修正。

基本经济制度体系内三个子体系的两个循环正是基本经济制度体系整体性的体现。当前，中国经济正处于新常态，而此时基本经济制度能否进一步持续健康发展，是决定中国经济是否进一步健康发展的关键因素之一。基于中国基本经济制度发展指数可以得到，2002—2020年中国基本经济制度呈现出稳步、健康发展的趋势，但是，中国基本经济制度指数的增长率却逐步收敛。

虽然基本经济制度指数本身稳定、健康发展，但其增长速度逐步收敛，因此，中国基本经济制度的进一步发展需要注重基本经济制度体系整体性，才能更好地推动基本经济制度持续发展和完善。其具体可从以下三个维度着手。

（一）协调不同所有制经济发展路径，推动不同所有制经济持续发展

本书已经论证了公有制经济主体地位的稳固性，私有制经济不存在取代公有制经济主体地位的可能性。进而结合不同所有制经济的发展效率，我们认为，在基本经济制度发展方面，不能一味地追求公有制经济或者非公有制经济某一方的发展，应该尊重不同所有制经济的发展规律，形成良性互动的局面。公有制经济的发展在经济存在冲击时，能够起到中流砥柱的支撑作用；公有制经济、私有制经济和混合所有制经济的协同发展还很好地激活了市场经济。不论是公有制经济、私有制经济还是混合所有制经济，都是中国基本经济制度中重要的发展主体，在基本经济制度演进的过程中都起到了积极的作用，如何更好地发挥不同所有制经济之间的协同关系，不是一味发展某种所有制，而是需要协调不同所有制经济发展路径，才能更好地推动不同所有制经济持续发展。

（二）重视政府环境和改善市场环境，突出创新作用，优化经济体制

通过分析发现，在中国基本经济制度环境方面，政府环境的贡献一直大于市场环境的贡献，而且它们之间呈现出明显的互补特征。因此，在如何更好地优化基本经济制度环境方面，我们应该重视政府环境对基本经济制度环境的重要贡献，不断优化政府环境是基本经济制度演进路径中的关键所在。与此同时，市场环境的趋势不如政府环境稳健，当前中国市场环境还需继续改善，市场开放程度还应该持续推进。同时，进入新时代以来，中国的经济发展已经逐步迈向经济高质量发展的格局。经济高质量发展在微观层面表现为各种经济主体发展效率的提升，而提升经济发展效率的本质依然离不开全要素生产率的引领。这就需要我们持续关注社会主义市场经济维度中的创新作用，营造良好的创新环境，促进创新成果转化，进而健全优化经济体制。所以，我们

在重视政府环境的同时,持续改善市场环境,突出创新作用,才能更好地优化社会主义市场经济体制。

(三)统筹兼顾效率和公平,持续优化收入分配制度,更好地体现中国基本经济制度的优越性

从全球来看,不论是经济发达国家,还是发展中国家,都十分注重收入分配的状况。这是因为:一方面收入分配的机制与经济激励密切相关,有效的分配制度可以有效推动经济发展,这充分体现了收入分配制度的经济效率效应。另一方面收入分配的机制与社会的稳定也密切相关,如果分配的结构仅仅注重效率,但导致了贫富分化,甚至社会阶层的撕裂,那么收入分配就突破了经济范畴的作用,其作用会进一步对社会造成重要的影响。这种影响一般被总结为效率与公平的关系,对于稳定社会与促进经济社会发展都起到了十分重要的作用。十八大以来,中国的人均可支配收入年均增长为7.4%,收入增长的同时,还需要密切关注收入分配的结构,尤其是城乡之间结构差异。只有这样才能更好使得全体人民共享发展成果,增强所有人的幸福感。这样将更好地推进中国基本经济制度效率和公平的统一,更好地体现中国基本经济制度的优越性,更好地体现中国特色社会主义制度的优越性。

二、解决中国主要矛盾的根本在于完善基本经济制度

上文具体分析了中国省域基本经济制度的特征是社会主要矛盾的内在表现,因此,解决中国主要矛盾的根本在于完善基本经济制度。针对发展不充分的问题,只有通过发展才能够解决,特别是对于发展不充分的中西部地区,发展不充分在基本经济制度体系就体现为不同所有制经济不能够协同发展,进而导致基本经济制度功能不能完全发挥。当然东部某些地区也存在此类问题,比如海南省。由于中西部很多地区发展不充分,还形成了东中西三地区发展不平衡的客观现实,因此,只有进一步完善基本经济制度体系,才能够从根本上解决中西部地区的发展不充分不平衡的问题。同理,在东部很多地区,发展不平衡问题较为突出,其不平衡主要表现在基本经济制度经济功能和非经济功能之间。东部很多地区出现了基本经济制度经济功能远大于非经济功能

的现象,其中比较典型的就是北京、上海和广东。因此,为了解决东部地区发展不平衡的问题,也应该进一步完善基本经济制度体系。

对于中国不同省域完善基本经济制度体系都是经济发展过程中的首要任务。不同省域有不同的实际情况,我们建议不同省域在完善各自基本经济制度体系时要遵循以下三个原则。

(一)在中国省域的某地区层面,应该遵循的原则

该地区应该按照上文中给出的中国省域基本经济制度变迁的最优路径,找准该地区的制度区间,判断基本经济制度体系的主要问题。根据实际情况从基本经济制度体系的发展状况、环境和功能等三个维度,分别按照基本经济制度变迁路径的最优路径决策树各自优化。

(二)在中国省域的地区互动层面,应该遵循的原则

省域之间应该积极融入相应的经济圈或者经济带,特别是与国家经济战略密切相关的地区,如与一带一路相关的地区、与长江经济带相关的地区,等等。只有不同区域之间联动和合作,才能更好地推进基本经济制度体系的完善。

(三)在国家不同省域一盘棋的层面,应该遵循的原则

建立健全与完善基本经济制度体系相关的保障机制,推进基本经济制度在各地区之间能够按照最优变迁路径有序完善。与此同时,国家应该着力关注于发展不充分和发展不平衡的程度,在评估相关程度的过程中,通过建立省域之间的利益矛盾协调机制完善基本经济制度。

三、提高公有制经济发展质量,强化公有制经济的主体地位

以公有制为主体,多种所有制经济共同发展的基本经济制度的目标是发展,其不能脱离当前我国处于社会主义初级阶段的现实。在社会主义初级阶段,从生产力的绝对指标上衡量,我国整体的生产力水平还不高;从生产力的相对指标上衡量,我国省域之间的生产力水平还不平衡。因此,就出现了中国

省域公有制经济的主体地位有所差别的现象。如何进一步提升公有制经济的主体地位,应该从以下几方面着手。

(一) 不断优化中国特色社会主义市场经济

只有不断优化中国特色社会主义市场经济,配置资源的效率才会不断提升。于中国省域而言,在基本经济制度体系的分析框架下,优化中国特色社会主义市场经济的侧重点各有不同。西部地区的改革方向依然是市场环境的不断改善,至此我们需要注意,上文已经深入分析了政府环境和市场环境之间存在显著的相关作用,因此,我们从改革的成本与收益角度而言,单纯对市场化进行改革的措施不如政府环境与市场环境改革双重推进。一方面通过政府环境和市场改善优化基本经济制度环境;另一方面,政府环境改善与市场环境改善相互还形成促进作用,这就形成了优化基本经济制度环境的双重作用。基本经济制度环境改善不仅仅关乎基本经济制度体系的生命力,也关乎中国特色社会主义市场经济的生命力和竞争力。中国特色社会主义市场经济的不断优化有助于不同所有制经济共同发展,当然也就有利于公有制经济的发展壮大。

(二) 持续推进国有企业改革,提高公有制经济的控制力和竞争力

仅仅是公有制经济量的提升还不足以论证基本经济制度的优越性,为此,更要注重公有制经济质的提升。当前主流经济学已经论证了公有制经济的很多不足,比如创新动力不强、效率损失、预算软约束,等等,但这些不足都是可以通过改革不断改进的。中国国有企业改革已经取得了很多的成果,当前很多大型国有企业已经在国际市场竞争中取得了很多成绩。因此,公有制经济在发展质和量上的双重提升,是支撑其主体地位的理论根源。

(三) 注重公有制经济的经济功能和非经济功能的统一

公有制经济与私有制经济的最大不同点之一就是其目标函数的非单一性。私有制经济的目标就是攫取利润最大化,其发展的一切动力都服务于这样一个目标,进而产生了很多的经济和社会问题,比如经济危机、社会两极分

化,等等。公有制经济除了经济功能之外也关注非经济功能。比较典型的就是其承担着政策性的负担,对经济和社会的发展起到了十分关键的稳定作用。我国是社会主义国家,而且是处于社会主义初级阶段的国家,在经济发展的过程中会遇见这样或者那样的问题。比较典型的就是2015年的金融动荡,这时就需要公有制经济体现出其强大的稳定器的作用。因此,公有制经济的经济功能与非经济功能的统一,也是支撑其主体地位的关键一环。

第三节 展 望

笔者对基本经济制度的后续研究提出以下几点展望。

一、对典型国家基本经济制度演进的测算与预测

上文中,通过对中国基本经济制度体系及其指数的测算,分析了中国基本经济制度的演进特征。如何进一步论证在全球视角下中国基本经济制度的优越性?论证基本经济制度体系在不同经济体的制度体系中的重要作用、地位和功能?特别是从三位一体的基本经济制度框架视角对所有制状况、收入分配状况和经济体制状况进行比较分析。这些都需要对典型国家基本经济制度体系进行测算与比较,特别是对以私有制经济为主体的欧美国家的基本经济制度分析;以健全市场机制作为国家转型必要条件的中东国家的基本经济制度分析;以效率和公平的综合作用驱动的新兴经济体的基本经济制度分析,等等。

二、对中国主要城市基本经济制度进行实证研究

在上文,我们已经对中国省域地区基本经济制度进行了研究,并在此基础上,对省域基本经济制度指数进行了测算与排名。通过省域基本经济制度相关指数的测算排名,我们探究了不同省域基本经济制度的不同特征,并根据这

些特征探索了不同省域基本经济制度最优的变迁路径。但必须承认,由于省域的数据会掩盖基本经济制度在典型城市贯彻的更为准确与细致的特征。因此,在以后的研究中,我们将进一步对中国主要城市基本经济制度进行研究,并探索出更多有价值的中国基本经济制度经验与理论。

三、开发相关软件,持续跟踪基本经济制度演进情况

在基本经济制度指标体系及其指数构建的基础上,需要持续跟踪全球主要经济体的基本经济制度演进情况。如此,不仅有助于观测经济体基本经济制度演进的具体特征,为进一步分析其演进趋势提供数据支撑,而且有利于依据观测到的特征为政府出台相关政策提供理论依据。因此,在后续研究中,需要开发相关软件,持续跟踪全球主要经济体的基本经济制度的演进情况。

参考文献

一、中文文献

(一) 著作

[1] 马克思,恩格斯.马克思恩格斯全集：第30卷[M].北京：人民出版社,1995.

[2] 马克思,恩格斯.马克思恩格斯全集：第46卷[M].北京：人民出版社,1979.

[3] 马克思,恩格斯.马克思恩格斯全集：第1卷[M].北京：人民出版社,1995.

[4] 马克思,恩格斯.马克思恩格斯文集：第1至10卷[M].北京：人民出版社,2009.

[5] 马克思,恩格斯.马克思恩格斯选集：第1至4卷[M].北京：人民出版社,2012.

[6] 列宁.列宁选集：第2卷[M].北京：人民出版社,1995.

[7] 斯大林.斯大林选集：下卷[M].北京：人民出版社,2003.

[8] 毛泽东年谱(1893—1949)(修订本)：上册[M].北京：中央文献出版社,2013.

[9] 毛泽东年谱(1949—1976)：第2卷[M].北京：中央文献出版社,2013.

[10] 毛泽东思想形成与发展大事记[M].北京：中央文献出版社,2011.

[11] 毛泽东.毛泽东文集：第6至第8卷[M].北京：人民出版社,1999.

[12] 毛泽东.毛泽东选集：第1至第4卷[M].北京：人民出版社,1991.

[13] 毛泽东在湖北[M].北京：中共党史出版社,1993.

[14] 邓小平.邓小平文选：第1,2卷[M].北京：人民出版社,1994.

[15] 邓小平.邓小平文选：第3卷[M].北京：人民出版社,1993.

[16] 邓小平思想年编(1975—1997)[M].北京：中央文献出版社,2011.

[17] 江泽民.论有中国特色社会主义(专题摘编)[M].北京：中央文献出版社,2002：51.

[18] 习近平.在经济社会领域专家座谈会上的讲话[M].北京：人民出版社,2020.

[19] 习近平关于全面深化改革论述摘编[M].北京：中央文献出版社,2014.

[20] 习近平.习近平谈治国理政：第1至第3卷[M].北京：外文出版社,2018,2017,2020.

[21] 周恩来.周恩来经济文选[M].北京：中央文献出版社,1993.

[22] 李大钊.李大钊选集[M].北京：人民出版社,1959.

[23] 蔡和森.蔡和森文集[M].北京：人民出版社,1980.

[24] 陈独秀.陈独秀文集：第1卷[M].北京：人民出版社,2013.

[25] 十八大以来重要文献选编：上[M].北京：中央文献出版社,2014.

[26] 新时期党的建设文献选编[M].北京：中央文献出版社,1991.

[27] 中共党史参考资料：七[M].北京：人民出版社,1980.

[28] 中共中央关于制定国民经济和社会发展第十三个五年规划的建议(辅导读本)[M].北京：人民出版社,2015.

[29] 中国共产党第十八届中央委员会第三次全体会议文件汇编[M].北京：人民出版社,2013.

[30] 中国共产党第十九届中央委员会第五次全体会议文件汇编[M].北京：人民出版社,2020.

[31] 中国经济发展五十年大事件[M].北京：人民出版社,1999.

[32] 李太淼.中国基本经济制度深化研究[M].郑州：河南人民出版社,2014.

[33] 林毅夫,等.充分信息与国有企业改革[M].上海：上海人民出版社,1997.

[34] 第一,二次国内革命战争时期土地斗争史料选编[M].北京：人民出版社,1981.

[35] 国家统计局.中国统计年鉴(1984)[M].北京：中国统计出版社,1984.

[36] 薛暮桥.中国社会主义经济问题研究[M].北京：人民出版社,1979.

[37] 布鲁斯(Brus,W.).社会主义的所有制与政治体制[M].郑秉文,等,译.北京:华夏出版社,1989.

[38] 道格拉斯·C.诺斯.制度、制度变迁与经济绩效[M].刘守英,译.北京:生活·读书·新知三联书店,1994.

[39] Gruchy, Allan Garfield,徐节文,王连生.比较经济制度[M].北京:中国社会科学出版社,1985.

[40] 阿萨·林德贝克.新左派政治经济学[M].北京:商务印书馆,2013.

(二) 期刊论文

[1] 习近平.把乡村振兴战略作为新时代"三农"工作总抓手[J].社会主义论坛,2019(7):4-6.

[2] 习近平.毫不动摇坚持我国基本经济制度推动各种所有制经济健康发展[J].中国集体经济,2016(8):30-33.

[3] 习近平.决胜全面建成小康社会 夺取新时代中国特色社会主义伟大胜利——在中国共产党第十九次全国代表大会上的报告(2017年10月18日)[J].前线,2017(11):4-28.

[4] 习近平.在庆祝中国共产党成立100周年大会上的讲话[J].社会主义论坛,2021(8):4-8.

[5] 习近平.把生态文明制度的"四梁八柱"建立起来[R/OL].人民网-中国共产党新闻网,2018-03-05.

[6] 习近平.保持战略定力增强发展自信坚持变中求新变中求进变中突破[J].党建,2015(8):6-7,13.

[7] 习近平.不能在改革声浪中把国资变成谋取暴利的机会[R/OL].新华网,2014-03-19.

[8] 习近平.共同为改革想招 一起为改革发力 群策群力把各项改革工作抓到位[J].基础教育参考,2014(17):79.

[9] 习近平.国有企业是国民经济发展的中坚力量[R/OL].人民网,2015-7-17. http://news.cnr.cn/native/gd/20150717/t20150717_519243684.shtml.

[10] 习近平.决胜全面建成小康社会夺取新时代中国特色社会主义伟大胜利——在中国共产党第十九次全国代表大会上的报告[J].中国经济周

刊,2017(42):68-96.

[11] 习近平.理直气壮做强做优做大国有企业[J].国企,2016(7):5.

[12] 习近平.社会主义市场经济和马克思主义经济学的发展与完善[J].经济学动态,1998(7):3-6.

[13] 习近平.严把改革方案质量关督察关 确保改革改有所进改有所成[R/OL].新华网,2014-09-29.http://www.xinhuanet.com/video/2014-09/29/c_133682712.htm.

[14] 习近平十九大后首次调研:紧扣新时代要求推动改革发展[J].四川党的建设,2017(24):6-6.

[15] 习近平再为振兴东北支招:下好供给侧改革先手棋[R/OL].人民网-理论频道,2017-03-08.

[16] 习近平在东北三省考察并主持召开深入推进东北振兴座谈会时强调 解放思想锐意进取深化改革破解矛盾 以新气象新担当新作为推进东北振兴[J].共产党员(上半月),2018(10):4-6.

[17] 习近平在广西考察时强调:扎实推动经济社会持续健康发展 以优异成绩迎接党的十九大胜利召开[J].人事天地,2017(5):6-8.

[18] 习近平主持召开中央财经领导小组第十三次会议强调坚定不移推进供给侧结构性改革[J].党课,2016(12):4-5.

[19] 江泽民.高举邓小平理论伟大旗帜,把建设有中国特色社会主义事业全面推向二十一世纪——在中国共产党第十五次全国代表大会上的报告(1997年9月12日)[J].求是,1997(18):2-23.

[20] 沿着有中国特色的社会主义道路前进——在中国共产党第十三次全国代表大会上的报告(1987年10月25日)[J].党的建设,1987(Z1):3-23.

[21] 敖明.关于中国特色社会主义基本经济制度的发展演变及新内涵研究[J].经济师,2020(6):39-40.

[22] 白永秀,吴航.我国基本经济制度下非公有制经济的发展前景[J].经济体制改革,2003(2):5-8.

[23] 曹永栋.社会主义基本经济制度的显著优势与先进性[J].国家治理,2020(4):18-23.

[24] 查朱和.关于发展非公有制经济若干问题的思考[J].思想理论教育导刊,2011(7):47-51.

[25] 常修泽.如何发展混合所有制经济[J].宁波经济:财经视点,2004(1):5-5.

[26] 常修泽.社会主义市场经济体制的基础:混合所有制经济[J].理论导报,2014(7).

[27] 常修泽.中国混合所有制经济论纲[J].学术界,2017(10):16-35.

[28] 陈频.试论混合所有制经济与公有制经济的关系[J].社会主义研究,2003(6).

[29] 陈文通.对中国特色社会主义经济制度的理论思考[J].中国特色社会主义研究,2012(4):11-16.

[30] 陈文通.社会主义初级阶段基本经济制度的特殊性和相对优势[J].中国特色社会主义研究,2010(4):21-30.

[31] 陈宪.中国基本经济制度的新突破[J].上海交通大学学报(哲学社会科学版),2014,22(2):6-9.

[32] 陈兴发.民营经济与中国特色社会主义的兼容性[J].特区经济,2007(10):106-108.

[33] 陈应斌.所有制结构变动、市场化改革和资源配置效能关联性研究[J].财经问题研究,2005(6):10-13.

[34] 程恩富,程言君.科学发展观关于经济发展的基本思想[J].江苏社会科学,2013(1):16-23.

[35] 程恩富,王朝科.我国基本经济制度的新概括[J].前线,2020(5):25-29.

[36] 程恩富,张福军.要注重研究社会主义基本经济制度[J].上海经济研究,2020(10):17-23.

[37] 程恩富,张建刚.坚持公有制经济为主体与促进共同富裕[J].求是学刊,2013(1):62-67.

[38] 程恩富.面对各种挑战,继续坚持和完善社会主义经济体制和机制[J].国外理论动态,2011(12):24-29.

[39] 程恩富.要坚持中国特色社会主义政治经济学的八个重大原则[J].经

济纵横,2016(3):1-6.

[40] 程霖,陈旭东.改革开放 40 年中国特色社会主义市场经济理论的发展与创新[J].经济学动态,2018(12):37-47.

[41] 程言君.中国特色社会主义基本经济制度的建构发展与历史本质——着重人的异化复归—人力产权实现的视角[J].马克思主义研究,2009,12:66-75,158.

[42] 程言君.新中国基本经济制度建构发展的四座里程碑[J].探索,2012(5):44-51.

[43] 程言君.中国特色社会主义基本经济制度的历史定位[J].马克思主义研究,2008(1):31-37.

[44] 戴静,张建华.金融所有制歧视、所有制结构与创新产出——来自中国地区工业部门的证据[J].金融研究,2013(5):86-98.

[45] 丁永健,刘培阳.中国地区工业所有制结构的变动研究——基于内地31个省市面板数据的实证分析[J].经济问题探索,2011(4):1-6.

[46] 丁永健,鄢雯,侯铁珊.地区工业所有制结构与经济增长的相互影响——基于面板 VAR 模型的实证分析[J].大连理工大学学报(社会科学版),2011,32(3):31-37.

[47] 杜黎明,孙晓雅.以混合所有制经济巩固我国基本经济制度[J].经济纵横,2015(9):50-53.

[48] 樊纲,王小鲁,张立文,等.中国各地区市场化相对进程报告[J].经济研究,2003(3):9-18.

[49] 方辉振."混合所有制经济"论[J].江淮论坛,1998(1):24-29.

[50] 方敏.发展混合所有制经济与完善基本经济制度[J].山东社会科学,2014(11):12-17.

[51] 方敏.基本经济制度是所有制关系、分配关系、交换关系的有机统一[J].政治经济学评论,2020,11(2):59-66.

[52] 方敏.社会主义初级阶段的所有制结构与公有制的实现形式[J].教学与研究,1997(12):9-12.

[53] 方忠.坚持社会主义初级阶段基本经济制度与做强做优做大国有企业[J].思想理论教育导刊,2019(10):53-57.

[54] 冯根福.中国特色基本经济制度：攻克人类"公平与效率"难题的中国贡献[J].当代经济科学,2017,39(6)：1-6,122.

[55] 冯金华.试论社会主义初级阶段的基本经济制度及其科学依据[J].毛泽东邓小平理论研究,2010(1)：14-22,85.

[56] 付钦太.基本经济制度视域下国企混合所有制改革的基本思路[J].江苏行政学院学报,2015(4)：47-51.

[57] 高尚全.坚持基本经济制度 把握"两个中性"原则[J].宏观经济管理,2019(7)：8-9,12.

[58] 葛扬.基本经济制度与马克思主义政治经济学的创新[J].南京大学学报(哲学·人文科学·社会科学),2016,53(2)：58-63.

[59] 葛扬.社会主义基本经济制度的重大理论问题研究[J].经济学家,2020(10)：14-23.

[60] 葛扬.新时代社会主义基本经济制度新发展[J].上海经济研究,2020(10)：71-75.

[61] 葛扬.新时代我国基本经济制度理论的发展与完善[J].社会科学文摘,2019(9)：5-7.

[62] 葛扬.在所有制结构调整中准确理解基本经济制度[J].现代经济探讨,2019(12)：15-20.

[63] 葛扬.中国特色社会主义基本经济制度的历史探索与体系创新[J].政治经济学评论,2020,11(2)：22-27.

[64] 龚三乐,王胤奎.新中国成立以来社会主义基本经济制度的结构性变迁[J].上海经济研究,2020(9)：19-30.

[65] 龚志民,李子轩.资源配置视角下中国基本经济制度的优越性分析[J].湘潭大学学报(哲学社会科学版),2021,45(4)：55-61.

[66] 顾保国.我国社会主义基本经济制度具有强大生命力[J].红旗文稿,2016(23)：20-22.

[67] 顾海良.基本经济制度新概括与中国特色社会主义政治经济学新发展[J].毛泽东邓小平理论研究,2020(1)：1-7,107.

[68] 顾钰民,廉国强.发展混合所有制经济与完善社会主义基本经济制度[J].中州学刊,2020(6)：25-32.

[69] 顾钰民,余婧兰.坚持和完善基本经济制度是马克思主义中国化的新拓展[J].经济纵横,2020(4):20-25,2.

[70] 顾钰民.混合所有制经济是基本经济制度的重要实现形式[J].毛泽东邓小平理论研究,2014(1):35-39,92.

[71] 顾钰民.论社会主义市场经济和基本经济制度的重要理论发展[J].福建论坛(人文社会科学版),2014(11):8-12.

[72] 关利欣.不同所有制企业对中国产业集聚的影响[J].国际经济合作,2014(6):15-21.

[73] 郭洪涛.不同所有制企业承担社会责任的具体形式探讨——基于创新型 CSR 模型基础之上[J].经济问题探索,2011(2):95-100.

[74] 郭克莎.地区工业所有制结构变动及其与工业发展的关系[J].经济学家,1996,4(4):72-81.

[75] 国家统计局课题组.对国有经济控制力的量化分析[J].统计研究,2001(1):3-10.

[76] 韩保江.社会主义基本经济制度的新内涵[J].中国党政干部论坛,2020(1):44-47.

[77] 韩喜平,朱翠明.分配制度上升为基本经济制度的理论逻辑[J].社会科学辑刊,2020(4):5-13,211.

[78] 韩心灵,裴晓鹏.我国基本经济制度的演变逻辑与展望——以新中国成立 70 年为视角[J].中共云南省委党校学报,2019,20(5):5-10.

[79] 郝书辰,田金方,陶虎.国有工业企业效率的行业检验[J].中国工业经济,2012(12):57-69.

[80] 何干强.论公有制在社会主义基本经济制度中的最低限度[J].马克思主义研究,2012(10):46-57,159.

[81] 何立胜,管仁勤.经济改革与发展中国混合所有制经济问题研究[J].南京经济学院学报,2000(4).

[82] 何自力.社会主义基本经济制度是一个伟大创造[J].政治经济学评论,2020,11(1):89-95.

[83] 贺聪,尤瑞章.中国不同所有制工业企业生产效率比较研究[J].数量经济技术经济研究,2008(8):29-42.

[84] 洪银兴.论适应现阶段基本经济制度的所有制转型[J].陕西师范大学学报(哲学社会科学版),2004(1):10-14.

[85] 侯为民.立足完善基本经济制度实现共享发展[J].思想理论教育导刊,2016(3):69-73.

[86] 侯为民.论社会主义基本经济制度范畴中的分配因素[J].经济纵横,2020(9):10-19,2.

[87] 胡钧,李洪标.十九届四中全会《决定》中的基本经济制度与市场经济[J].福建论坛(人文社会科学版),2020(1):5-14.

[88] 胡钧.坚持和完善社会主义初级阶段的所有制结构[J].思想理论教育导刊,2009(11):53-59.

[89] 胡亚莲.中国特色社会主义基本经济制度的发展与创新[J].党政干部学刊,2020(2):4-13.

[90] 黄速建,李倩,王季.我国不同所有制经济工业企业效率比较评价——基于熵权法和灰色关联分析法的分析[J].河北经贸大学学报,2017(3):38.

[91] 黄泰岩.坚持和完善社会主义基本经济制度需处理的三大关系[J].经济理论与经济管理,2020(1):4-6.

[92] 黄文忠,傅尔基.从六个方面划清社会主义初级阶段的基本经济制度与私有化和单一公有制的界限[J].毛泽东邓小平理论研究,2010(2):43-47,85.

[93] 黄志.公有产权制度创新[J].经济体制改革,1996(5):56-61.

[94] 加快改革开放和现代化建设步伐夺取有中国特色社会主义事业的更大胜利——在中国共产党第十四次全国代表大会上的报告(一九九二年十月十二日)[J].党的建设,1992(Z1):4-21.

[95] 简新华.必须正确认识社会主义基本经济制度[J].政治经济学研究,2021(4):70-79.

[96] 蒋永穆,卢洋.坚持和完善社会主义基本经济制度[J].学习与探索,2020(6):87-93,192,2.

[97] 康乃馨.混合所有制经济改革中的风险防范与机制完善——基于马克思主义理论的视角[J].毛泽东邓小平理论研究,2016(11):23-29,91.

[98] 柯希嘉.中国职工收入分配指数指标体系和编制方法研究[J].商业经济研究,2015(22):50-51.

[99] 李成瑞.关于我国目前公私经济比重的初步测算[J].探索,2006(4):190-192.

[100] 李成瑞.坚持统计改革的社会主义方向——研究和把握社会主义市场经济统计区别于资本主义市场经济统计的特点[J].统计与信息论坛,1996(4):2-6.

[101] 李成勋.论社会主义初级阶段基本经济制度的机理与特征[J].毛泽东邓小平理论研究,2010(2):35-37,85.

[102] 李富阁.关于"公有制为主体"及其社会主义初级阶段基本经济制度内在规定之争[J].现代经济探讨,2015(12):10-15.

[103] 李剑力.我国社会主义基本经济制度发展的多重逻辑[J].学习论坛,2020(9):44-51.

[104] 李楠,张凯.分配制度上升为基本经济制度的重大意义与现实进路[J].思想理论教育导刊,2020(5):93-97.

[105] 李萍,杜乾香.新中国70年经济制度变迁:理论逻辑与实践探索[J].学术月刊,2019,51(8):37-47.

[106] 李淑,李松龄.基本经济制度的理论依据与现实意义[J].湖南社会科学,2017(5):98-107.

[107] 李太淼.论我国基本经济制度的经济功能[J].江汉论坛,2014(10):5-10.

[108] 李太淼.正确认识基本经济制度的中国特色[J].河南社会科学,2015,23(10):61-66,124.

[109] 李响.中国不同所有制工业企业生产效率比较分析[J].南开经济研究,1996(4):27-33.

[110] 李新蕊.主成分分析、因子分析、聚类分析的比较与应用[J].齐鲁师范学院学报,2007,22(6):23-26.

[111] 李艳双,曾珍香,张闽,等.主成分分析法在多指标综合评价方法中的应用[J].河北工业大学学报,1999,28(1):94-97.

[112] 李玉堂.论社会主义初级阶段的基本经济制度[J].湖南农业大学学报

（社会科学版），2000(4)：22-24.

[113] 李远远.基于粗糙集的指标体系构建及综合评价方法研究[D].武汉理工大学,2009.

[114] 李跃平.回归企业本质：国企混合所有制改革的路径选择[J].经济理论与经济管理,2015,V35(1)：22-25.

[115] 李占芳,许静.不同所有制企业的创新差异研究[J].改革与战略,2015(3)：44-49.

[116] 李长青,周伟铎,姚星.我国不同所有制企业技术创新能力的行业比较[J].科研管理,2014(7)：75-83.

[117] 李正图,张凯.论公有制经济中的政府行为[J].江淮论坛,2016(2)：12-19,193.

[118] 李正图.改革开放30年来我国所有制理论和政策的结构性变迁[J].毛泽东邓小平理论研究,2008(9)：36-39,43,84.

[119] 李正图.混合所有制公司制企业的制度选择和制度安排研究[J].上海经济研究,2005(5)：19-27.

[120] 李正图.积极发展混合所有制经济：战略构想和顶层设计[J].经济学家,2014(11)：100-101.

[121] 李正图.论诺思制度变迁理论的思维逻辑框架[J].江淮论坛,2007(6)：55-62.

[122] 李正图.论中国特色社会主义政治经济学核心理论[J].毛泽东邓小平理论研究,2017(7)：11-17.

[123] 李正图.我国所有制制度变迁研究[J].社会科学,2005(5)：13-20.

[124] 李正图.社会主义基本经济制度的进一步坚持和完善[J].上海经济研究,2021(12)：22-27.

[125] 林毅夫,蔡昉,李周.国有企业改革的核心是创造竞争的环境[J].改革,1995(3)：17-28.

[126] 林毅夫,李志赟.政策性负担、道德风险与预算软约束[J].经济研究,2004(2)：17-27.

[127] 林毅夫,刘明兴,章奇.政策性负担与企业的预算软约束：来自中国的实证研究[J].管理世界,2004(8)：81-89.

[128] 林毅夫,刘明兴,章奇.政策性负担与企业的预算软约束:来自中国的实证研究[J].管理世界,2004(8):81-89.

[129] 林跃锋.我国非公有制经济发展与社会主义基本经济制度完善关系研究[J].科学社会主义,2012(4):123-127.

[130] 刘国光."两个毫不动摇"的当前价值——公有制是社会主义初级阶段基本经济制度的基石[J].人民论坛,2012(15):47-49.

[131] 刘鹤.坚持和完善社会主义基本经济制度[J].中国金融家,2019(12):20-24.

[132] 刘瑞.中国基本经济制度的自我完善——理解所有制的混合与国有经济"三力"[J].人民论坛·学术前沿,2014(9):69-78.

[133] 刘瑞明.金融压抑、所有制歧视与增长拖累——国有企业效率损失再考察[J].经济学:季刊,2011,10(1):603-618.

[134] 刘瑞明.所有制结构、增长差异与地区差距:历史因素影响了增长轨迹吗?[J].经济研究,2011(s2):16-27.

[135] 刘伟,李绍荣.所有制变化与经济增长和要素效率提升[J].经济研究,2001(1):3-9.

[136] 刘伟.坚持和完善中国特色社会主义基本经济制度 推动现代化经济发展[J].北京大学学报(哲学社会科学版),2020,57(1):5-14.

[137] 刘伟.中国特色社会主义基本经济制度是解放和发展生产力的历史要求[J].政治经济学评论,2020,11(2):3-9.

[138] 刘伟.中国特色社会主义基本经济制度是中国共产党领导中国人民的伟大创造[J].中国人民大学学报,2020,34(1):20-26.

[139] 刘越.我国公有制经济占主体地位之"质"的分析[J].马克思主义研究,2012(8):74-83.

[140] 刘长庚,张磊.理解"混合所有制经济":一个文献综述[J].政治经济学评论,2016,7(6):25-41.

[141] 罗必良.公有产权:基于委托——代理关系的分析[J].经济体制改革,1996(5):62-65.

[142] 吕君临,周倩.从理论与历史双重逻辑理解社会主义基本经济制度内涵[J].现代经济探讨,2020(11):17-21.

[143] 马立政,彭双艳,李正图.基本经济制度指标体系研究[J].上海经济研究,2017(9):18-33.

[144] 马立政.国有企业是中国社会主义经济实践的中流砥柱——新中国70年来国有企业发展历程及主要经验[J].毛泽东邓小平理论研究,2019(6):47-55,108-109.

[145] 马连福,王丽丽,张琦.混合所有制的优序选择:市场的逻辑[J].中国工业经济,2015(7):5-20.

[146] 马相东.混合所有制经济是基本经济制度的重要实现形式——访中国社会科学院学部委员张卓元研究员[J].新视野,2014(1):4-7.

[147] 冒佩华.多种所有制经济共同发展与完善基本经济制度[J].毛泽东邓小平理论研究,2010(2):38-42,85.

[148] 裴长洪.中国公有制主体地位的量化估算及其发展趋势[J].中国社会科学,2014(1):4-29,204.

[149] 戚聿东.深刻理解社会主义基本经济制度的新内涵[J].人民论坛,2019(31):44-47.

[150] 乔惠波.中国特色社会主义基本经济制度的内涵与定位[J].中国特色社会主义研究,2013(4):25-29.

[151] 乔惠波.中国特色社会主义基本制度研究评析[J].高校马克思主义理论研究,2020,6(2):70-80.

[152] 邱海平.基本经济制度理论的重大创新[J].国家治理,2020(4):24-28.

[153] 邱海平.中国特色社会主义基本经济制度为什么要以公有制为主体[J].经济理论与经济管理,2020(2):5-7.

[154] 曲三省.我国不同所有制经济资本配置效率差异分析[J].经济体制改革,2015(3):22-26.

[155] 任毅,丁黄艳.我国不同所有制工业企业经济效率的比较研究——基于规模效率、管理水平和技术创新视角[J].产业经济研究,2014(1):103-110.

[156] 荣兆梓.论公有产权的内在矛盾[J].经济研究,1996(9):16-23.

[157] 荣兆梓.从《哥达纲领批判》到社会主义基本经济制度三位一体的新概

括[J].政治经济学评论,2020,11(1):46-53.

[158] 荣兆梓.公有制为主体的基本经济制度:基于中国特色社会主义实践的理论诠释[J].人文杂志,2019(3):1-13.

[159] 荣兆梓.社会主义基本经济制度新概括的学理逻辑研究[J].经济学家,2020(4):5-15.

[160] 邵学峰,邵华璐,何彬.不同所有制下自然资源开发利用收益比较分析[J].管理世界,2016(6):174-175.

[161] 邵彦敏.社会主义市场经济体制上升为基本经济制度的逻辑必然[J].社会科学家,2020(6):9-15.

[162] 沈开艳.建设中国特色社会主义政治经济学理论体系的构想[J].毛泽东邓小平理论研究,2017(1):26-33.

[163] 沈路涛.社会主义市场经济体制纳入基本经济制度的深刻意蕴[J].中共党史研究,2020(3):14-20.

[164] 沈越.市场决定性作用与基本经济制度——十八届三中全会精神解读[J].经济理论与经济管理,2014(4):5-12.

[165] 宋笑敏.混合所有制经济是基本经济制度的重要实现形式[J].思想理论教育导刊,2017(11):91-96.

[166] 宋醒民.深化对公有制为主体、多种所有制经济共同发展这一基本经济制度的认识[J].当代财经,2003(1):5-9.

[167] 苏为华.多指标综合评价理论与方法问题研究[D].厦门大学,2000.

[168] 苏向坤,肖天策.在实践中坚持和完善我国基本经济制度[J].长白学刊,2015(3):99-103.

[169] 苏晓红.地区所有制结构差距与地区经济发展差距的相关分析[J].生产力研究,2003(2):162-164.

[170] 孙蚌珠.论中国特色社会主义经济制度的内涵、特征和优势[J].思想理论教育导刊,2011(10):32-36.

[171] 孙敬水,赵倩倩.中国收入分配公平测度研究——基于东中西部地区面板数据的比较分析[J].财经论丛,2017(2):18-27.

[172] 孙居涛.中国特色社会主义基本经济制度的创新与发展[J].学习论坛,2010,26(6):11-15.

[173] 孙运福.什么是社会主义基本经济制度?——与陆仁权同志商榷[J].学术界,2002(2):124-132.

[174] 孙宗伟.准确理解"使混合所有制经济成为基本经济制度的重要实现形式"[J].思想理论教育导刊,2014(8):68-71.

[175] 谭劲松,王文焕.公有制经济主体地位的衡量标准与评价体系研究[J].马克思主义研究,2010(10):65-74.

[176] 汤光华,曾宪报.构建指标体系的原理与方法[J].河北经贸大学学报,1997(4):60-62.

[177] 汤在新.论社会主义基本经济制度[J].经济学家,2004(6):39-44.

[178] 田敏,刘海云.生产率影响差异及企业出口竞争力——基于不同所有制企业的实证分析[J].特区经济,2014(4):72-74.

[179] 汪海波.对我国工业经济效益历史和现状的分析(上)[J].中国工业经济,1989(4):50-57.

[180] 汪萍,王彩莲.如何理解以公有制为主体的基本经济制度[J].中国证券期货,2013(5):300.

[181] 王朝科.分配制度上升为基本经济制度的理论必然和实践必然[J].上海经济研究,2020(1):11-15.

[182] 王成元.马克思主义中国化中的社会主义公有制理论[J].喀什师范学院学报,2008(1):8-11.

[183] 王弟海,叶航.公有产权与私有产权经济效率的比较[J].浙江社会科学,2004(2):42-46.

[184] 王国平.论公有产权的效率[J].学术月刊,1992(8):20-24.

[185] 王绍光.坚守方向、探索道路:中国社会主义实践六十年[J].中国社会科学,2009(5):4-19,204.

[186] 王维平,薛俊文.社会主义基本经济制度新内涵与经济治理效能提升[J].西安交通大学学报(社会科学版),2020,40(2):8-16.

[187] 王文,孙早.基础研究还是应用研究:谁更能促进TFP增长——基于所有制和要素市场扭曲的调节效应分析[J].当代经济科学,2016,38(6):23-33.

[188] 王小文.公有产权效率研究[J].财经研究,2000(12):26-31.

[189] 王阳,谭永生,李璐.收入分配评价指标体系重构研究——基于体现效率、促进公平的视角[J].经济纵横,2019(3):80-92.

[190] 卫兴华,何召鹏.近两年关于国有经济的地位、作用和效率问题的争论与评析——结合十八届三中全会的《决定》进行分析[J].经济学动态,2013(12):39-48.

[191] 卫兴华,胡若痴.社会主义初级阶段基本经济制度的形成、成就与问题[J].中共福建省委党校学报,2009(9):44-52.

[192] 卫兴华.坚持和完善我国现阶段基本经济制度的理论和实践问题[J].马克思主义研究,2010(10):5-12,159.

[193] 文魁,徐怀礼.新中国经济60年发展主脉——论基本经济规律与基本经济制度[J].经济与管理研究,2009(10):5-13.

[194] 文魁.从所有制功能认识和把握基本经济制度[J].中国特色社会主义研究,2003(3):12-17.

[195] 乔治·佛梯尔.看得见的手:政府在命运多舛的中国工业革命中所扮演的角色[J].经济资料译丛,2017(2):1-42.

[196] 吴敬琏.让历史照亮未来的道路:论中国改革的市场经济方向[J].经济社会体制比较,2009(5):1-10.

[197] 吴宣恭.坚持和完善社会主义初级阶段的基本经济制度[J].政治经济学评论,2016,7(4):10-14.

[198] 吴延兵.不同所有制企业技术创新能力考察[J].产业经济研究,2014(2):53-64.

[199] 吴幼喜.公有产权双重委托—代理关系及其实现[J].厦门大学学报(哲学社会科学版),1995(4):97-102.

[200] 吴振宇,张文魁.国有经济比重对宏观经济运行的影响——2000—2012年的经验研究[J].管理世界,2015(2):12-16.

[201] 肖贵清,乔惠波.混合所有制经济与国有企业改革[J].社会主义研究,2015(3):50-56.

[202] 谢地.坚持和完善社会主义基本经济制度推动我国经济高质量发展[J].政治经济学评论,2020,11(1):81-88.

[203] 谢伏瞻,蔡昉,江小涓,李实,黄群慧.完善基本经济制度 推进国家治

理体系现代化——学习贯彻中共十九届四中全会精神笔谈[J]. 经济研究,2020,55(1):4-16.

[204] 谢华育. 中国特色社会主义基本经济制度的科学制度体系特征[J]. 上海经济研究,2020(1):22-26.

[205] 辛向阳. 中国特色社会主义制度的三个基本问题探析[J]. 理论探讨,2012(2):24-27.

[206] 许海平,宋树仁. 我国居民收入分配和谐度指标体系的构建[J]. 未来与发展,2011,34(3):9-12.

[207] 杨承训,杨承谕. 落实"五大理念"必须发挥和扩展国企优势——"十三五"期间国有企业发展问题研究[J]. 毛泽东邓小平理论研究,2016(1):28-35.

[208] 杨承训,冷元元. 站在新高度优化基本经济制度——澄清"国进民退"等于"倒退"的论调[J]. 思想理论教育导刊,2010(3):37-45.

[209] 杨承训. 公有制实现形式的实践和理论创新[J]. 马克思主义研究,2021(2):72-80,152.

[210] 杨承训. 社会主义质的规定性与中国特色社会主义基本经济制度[J]. 毛泽东邓小平理论研究,2016(6):12-18,92.

[211] 杨春学,杨新铭. 深化所有制改革,完善社会主义初级阶段基本经济制度[J]. 天津社会科学,2015(6):98-106.

[212] 杨虎涛. 国家治理与基本经济制度协同演化的历史唯物主义分析[J]. 学习与实践,2020(2):5-17.

[213] 叶航,王弟海. 公有产权经济效率的再认识[J]. 浙江社会科学,2001(4):62-64.

[214] 于国辉. 关于中国特色社会主义基本经济制度的研究[J]. 经济研究参考,2019(10):39-48.

[215] 于树一,李木子. 我国基本经济制度和分配制度改革70年:理论共识与实践合力[J]. 山东社会科学,2019(10):116-121.

[216] 余金成. 马克思生产力理论深化与社会主义基本经济制度确立[J]. 当代世界与社会主义,2020(2):53-60.

[217] 袁恩桢. 有关深化国有企业改革的几点思考[J]. 毛泽东邓小平理论研

究,2015(10):6-10,91.

[218] 张晖明.从制度建构的系统性和功能实现的动态性加深理解社会主义基本经济制度新的概括表述[J].政治经济学评论,2020,11(2):35-42.

[219] 张建刚.论社会主义基本经济制度的内在逻辑及其优势[J].经济纵横,2020(9):20-26.

[220] 张雷声.论习近平新时代中国特色社会主义经济思想的理论创新[J].马克思主义理论学科研究,2018,4(2):25-36.

[221] 张乾元.划清社会主义基本经济制度同私有化和单一公有制界限的几个问题[J].思想理论教育导刊,2010(8):52-57.

[222] 张铁男,刘爱丽,徐莹莹.中国不同所有制工业企业经济效益差异性分析[J].世界经济与政治论坛,2012(3):121-130.

[223] 张兴茂.非公有制经济与社会主义初级阶段的基本经济制度[J].经济经纬,1999(2):17-19.

[224] 张宇.论社会主义基本经济制度的创新[J].中国特色社会主义研究,2001(3):29-33.

[225] 张宇.社会主义基本经济制度是党和人民的伟大创造[J].理论导报,2020(1):7-9.

[226] 张宇.中国不能出现颠覆性错误——正确认识社会主义初级阶段的基本经济制度[J].红旗文稿,2014(2):4-7,1.

[227] 张卓元.公有制为主体、多种所有制经济共同发展是我国现阶段的基本经济制度[J].经济学动态,1997(10):4-8.

[228] 张卓元.完善基本经济制度,改革国有资产管理体制[J].经济研究,2002(12):3-6.

[229] 赵华荃.关于公有制经济主体地位的量化分析和评价[J].当代经济研究,2012(3):47-54,99.

[230] 赵华荃.坚持公有制为主体的基本经济制度之我见[J].马克思主义研究,2006(11):28-33.

[231] 赵爽,江心英,胡峰.外商直接投资推动中国城镇化了吗?——基于时空变化分析和门槛效应检验[J].管理学刊,2020,33(3):38-47.

[232] 郑美华.论公有产权的高效率增长[J].现代经济探讨,2004(6):51-53.

[233] 郑志国.以基本经济制度的完善牵引改革[J].南方经济,2014(10):124-128.

[234] 周文,何雨晴.社会主义基本经济制度与国家治理现代化[J].经济纵横,2020(9):1-9,136.

[235] 周文,刘少阳.社会主义基本经济制度、治理效能与国家治理现代化[J].中国经济问题,2020(5):3-16.

[236] 周新城.关于巩固和完善基本经济制度的若干问题——兼论如何正确认识"发展混合所有制经济"[J].学习论坛,2014(8):31-35.

[237] 周新城.关于私营经济性质、地位和作用问题的若干思考——一个长期令人困惑而又十分混乱的理论问题[J].马克思主义研究,2016(7):135-145,160.

[238] 周新城.必须在社会主义初级阶段基本经济制度问题上划清原则界限[J].学习论坛,2010,26(6):33-38.

[239] 周新城.关于巩固和完善基本经济制度的若干问题——兼论如何正确认识"发展混合所有制经济"[J].学习论坛,2014,30(8):31-35.

[240] 周新城.关于基本经济制度的若干理论思考[J].经济经纬,2006(2):1-5.

[241] 周新城.关于我国社会主义初级阶段基本经济制度的理论思考[J].延安大学学报(社会科学版),2019,41(2):5-9.

[242] 周新城.坚持和维护社会主义初级阶段的基本经济制度[J].中国井冈山干部学院学报,2011,4(2):105-110.

[243] 周新城.牢牢把握发展混合所有制经济的方向——关于混合所有制经济同基本经济制度的关系的一点看法[J].经济理论与经济管理,2014(12):10-16.

[244] 周新城.论我国社会主义初级阶段基本经济制度[J].文化软实力,2019,4(3):29-45.

[245] 周新城.一篇反对基本经济制度、鼓吹私有化的文章——评《中国经济新阶段的发展驱动转型与制度治理建设》一文[J].当代经济研究,

2017(7):59-65,97.

[246] 周跃辉.坚持和完善社会主义基本经济制度[J].党课参考,2019(23):42-51.

[247] 朱安东,孙洁民.作为基本经济制度的社会主义市场经济体制初探[J].思想理论教育导刊,2020(5):98-103.

[248] 朱方明,刘丸源.坚持和完善社会主义基本经济制度,保障脱贫攻坚任务全面完成[J].政治经济学评论,2020,11(2):43-51.

[249] 宗寒.论坚持社会主义基本经济制度的几个问题[J].探索,2010(5):4-9.

[250] 宗寒.坚持社会主义基本经济制度的几个问题[J].马克思主义研究,2007(9):24-31.

[251] 宗寒.进一步巩固和完善社会主义基本经济制度[J].学习论坛,2014,30(1):32-35.

[252] 邹升平,张林忆.中国特色社会主义基本经济制度的形成及其基本经验[J].思想理论教育,2020(8):36-41.

(三)报纸论文

[1] 习近平.毫不动摇坚持我国基本经济制度推动各种所有制经济健康发展[N].人民日报,2016-03-09(2).

[2] 习近平.在庆祝海南建省办经济特区30周年大会上的讲话[N].人民日报,2018-04-14(2).

[3] 习近平.共同为改革想招一起为改革发力群策群力把各项改革工作抓到位[N].人民日报,2014-08-19(1).

[4] 习近平.在网络安全和信息化工作座谈会上的讲话[N].人民日报,2016-04-26(2).

[5] 胡锦涛.坚定不移沿着中国特色社会主义道路前进 为全面建成小康社会而奋斗[N].人民日报,2012-11-18(1).

[6] 中共中央关于全面深化改革若干重大问题的决定[N].人民日报,2013-11-16(1).

[7] 中共中央国务院关于深化国有企业改革的指导意见[N].人民日报,2015-09-14(6).

[8] 加强领导周密组织有序推进　统筹抓好中央和地方机构改革[N].人民日报,2018-05-12(1).

[9] 杜尚泽.习近平总书记的两会声音[N].人民日报海外版,2016-03-16(1).

二、英文文献

[1] Akerlof,(1970) The Market for Lemons. Quarterly Journal of Economics 84(3),August,pp. 488-500.

[2] Anand S, Sen A K. Human Development Index：Methodology and Measurement[J]. 1994,volume 5(1-2)：1433-1434.

[3] Bai C E, Li D D, Tao Z, et al. A Multitask Theory of State Enterprise Reform[J]. Journal of Comparative Economics,2000,28(4)：716-738.

[4] Beato, P., and A. Mas-Colel. 1984. "The Marginal Cost Pricing as a Regulation Mechanism in Mixed Markets." In The Performance of Public Enterprises, ed M. Marchand, P. Pestieau, and H. Tulkens, 81-100. Amsterdam：North-Holland.

[5] Boardman A E, Vining A R. Ownership and Performance in Competitive Environments：A Comparison of the Performance of Private, Mixed, and State-Owned Enterprises[J]. Journal of Law & Economics, 1989, 32(1)：1-33.

[6] Cai, H., and D. Treism an 2004. "State Corroding Federalism." Journal of Public Economics, 88(3-4)：819-843.

[7] Capuano, C., and G. De Feo. 2010. "Privatization in Oligopoly：The Impact of the Shadow Cost of Public Funds" Rivista Italianadegli Economisti(I), 15(2)：175-208.

[8] Cook P, Fabella R V. The Welfare and Political Economy Dimensions of Private versus State Enterprise[J]. Manchester School, 2002, 70(2)：246-261.

[9] Cremer, H., M. Marchand, and J. F. Thisse. 1989. "The Public

Firm as an Instrument for Regulating an Oligopolistic Market." Oxford Economic Papers, 41(2): 283 - 301.

[10] David Parker, "lessons from privatistion", Economic Affairs, Vol. 24, 2004, pp. 2 - 8.

[11] De Fraja, G., and F. Delbono. 1989. "A lternative Strategies of a Public Enterprise in Oligopoly." Oxford Economic Papers, 41(2): 302 - 311.

[12] Demirguc-Kunt A, Maksimovic V. Law, finance, and firm growth [J]. Journal of Finance, 1998, 53(6): 2107 - 2137.

[13] Demsetz H, Lehn K. The Structure of Corporate Ownership: Causes and Consequences [J]. Journal of Political Economy. 1985, 93.

[14] Domberger S, Piggott J. Privatization Policies and Public Enterprise: A Survey[J]. Economic Record, 2010, 62(2): 145 - 162.

[15] Garvie, D., and R. Ware. 1996. "Public Firms as Regulatory Instruments with Cost Uncertainty." Canadian Journal of Economics, 29(2): 357 - 378.

[16] Glaeser E L. Public Ownership in the American City[J]. Ssrn Electronic Journal, 2002.

[17] Hagen, K. P. 1979. "Optimal Pricing in Public Firms in an Imperfect Market Economy." Scandinavian Journal of Economics, 81(4): 475 - 493.

[18] Harris, R. G., and E. G. Wiens. 1980. "Government Enterprise: An Instrument for the Internal Regulation of Industry." Canadian Journal of Economics, 13(1): 125 - 132.

[19] Hart O, Shleifer A, Vishny R W. The Proper Scope of Government: Theory and an Application to Prisons[J]. Quarterly Journal of Economics, 1997, 112(4): 1127 - 1161.

[20] Justin, Yifu, Lin. Development Strategy, Viability and Economic Convergence[J]. Economic Development and Cultural Change, 2003, 51(Volume 51, Number 2): 276 - 308.

[21] Kaufmann D, Kraay A, Mastruzzi M. The Worldwide Governance Indicators: Methodology and Analytical Issues[J]. Hague Journal on the Rule of Law, 2011, 3(2): 220-246.

[22] Kornai, Janos, Maskin, Erie, Roland, Gerard. "Understanding the Soft Budget Constraint", 2002.

[23] Kornai, Janos. Economics of Shortage, 1980.

[24] Laffont J J, Tirole J. A theory of incentives in procurement and regulation [M]. MIT Press, 1993.

[25] Lin J Y, Tan G. Policy Burdens, Accountability, and the Soft Budget Constraint[J]. American Economic Review, 1999, 89(2): 426-431.

[26] Martin C. McGuire and Mancur Olson, Jr. The Economics of Autocracy and Majority Rule: The Invisible Hand and the Use of Force[J]. Journal of Economic Literature, 1996, 34(1): 72-96.

[27] Megginson W L, Netter J M. From State to Market: A Survey of Empirical Studies on Privatization [J]. Journal of Economic Literature, 2001, 39(2): 321-389.

[28] Merrill, W. C., and N. Schneider. 1966. "Government Firms in Oligopoly Idustries: A Short Run Analysis." Quarterly Journal of Economics, 80(3): 400-412.

[29] Miyazawa, S. 2008. "Innovative Interaction in Mixed Market: An Effect of Agency Problem in State-Owned Firm." Economics Bulletin, 12 (12): 1-8.

[30] Nee V. A Theory of Market Transition: From Redistribution to Markets in State Socialism[J]. American Sociological Review, 1989, 54(5): 663-681.

[31] Novshek W. Cournot Equilibrium with Free Entry[J]. Review of Economic Studies, 1980, 47(3): 473-486.

[32] Qian Y, Roland G. Federalism and the Soft Budget Constraint[J]. American Economic Review, 1998, 88(5): 1143-62.

[33] Rees, R. 1984. PublicEnterpriseEconomics. London: Weinfeld and

Nicolson.

[34] Roe M J. Political Determinants of Corporate Governance: Political Context, Corporate Impact[J]. Oup Catalogue, 2003, 52(3): 1829 - 1880.

[35] Sappington D E M, Stiglitz J E. Privatization, information and incentives[J]. Journal of Policy Analysis & Management, 1987, 6(4): 567 - 585.

[36] Scott J. Networks of Corporate Power: A Comparative Assessment [J]. Annual Review of Sociology, 1991, 17(17): 181 - 203.

[37] Stiglitz J E. Wither Socialism? [J]. Economic Journal, 1996.

[38] VictorNee, DavidStark. Remaking the economics institutions of socialism: China and Eastern Europe[M]. Standford University, 1989.

[39] Worldwide Governance Indicators — China, 2002 - 2015.

[40] Yair Aharoni, The performance of state-owned enterprises. In Pier Angelo Toninell(eds), the rise and fall of state-owned enterprises in the western word. Cambridge University press, 2000, pp. 52 - 53.

图书在版编目(CIP)数据

中国基本经济制度的理论创新与演进历程 / 马立政著. —上海：上海社会科学院出版社，2022
　ISBN 978-7-5520-4013-5

Ⅰ.①中… Ⅱ.①马… Ⅲ.①中国经济—经济制度—研究 Ⅳ.①F121

中国版本图书馆 CIP 数据核字(2022)第 221108 号

中国基本经济制度的理论创新与演进历程

著　　者：马立政
责任编辑：杨　国
封面设计：杨晨安
出版发行：上海社会科学院出版社
　　　　　上海顺昌路 622 号　邮编 200025
　　　　　电话总机 021-63315947　销售热线 021-53063735
　　　　　http://www.sassp.cn　E-mail:sassp@sassp.cn
排　　版：南京展望文化发展有限公司
印　　刷：上海天地海设计印刷有限公司
开　　本：710 毫米×1010 毫米　1/16
印　　张：15.5
插　　页：1
字　　数：252 千
版　　次：2022 年 11 月第 1 版　2022 年 11 月第 1 次印刷

ISBN 978-7-5520-4013-5/F·721　　　　定价：86.00 元

版权所有　翻印必究